LES GRANDES HEURES DE L'AUVERGNE

DU MÊME AUTEUR

Romans

Le Chien du Seigneur, *Plon, Julliard.*
Les Mauvais Pauvres, *Plon.*
Les convoités, *Gallimard.*
L'immeuble Taub, *Gallimard. Prix Populiste.*
Le fils de Tibério Pulci, *R. Laffont.*
Le péché d'écarlate, *R. Laffont, Prix de l'académie du Vernet.*
La Foi et la Montagne, *R. Laffont. Prix des Libraires.*
La Garance, *R. Laffont.*
Des chiens vivants, *Julliard. Prix du syndicat des journalistes et écrivains.*
Une pomme oubliée, *Julliard. Prix Eugène Le Roy.*
Le point de suspension, *Gallimard. Prix de l'Humour Noir Xavier Forneret.*
Un front de marbre, *Julliard.*
Le voleur de coloquintes, *Julliard.*
Un temps pour lancer des pierres, *Julliard. Prix Maupassant de la ville de Cannes.*
Le tilleul du soir, *Julliard.*
Le tour du doigt, *Julliard.*
Les ventres jaunes, *Julliard.*
La bonne rosée, *Julliard.*
Les permissions de mai, *Julliard.*
Le Pays Oublié, *Hachette.*
La Noël aux prunes, *Julliard.*
Les Bons Dieux, *Julliard.*
Les montgolfier, *Librairie Académique Perrin.*
Pascal, *Librairie Académique Perrin.*
Les Greffeurs d'Orties, *La Palatine.*
Hervé Bazin, *Gallimard (La bibliothèque idéale).*
Sidoine Apollinaire, *Volcans, Horvarth.*
Grands mystiques, *Pierre Waleffe.*
La vie quotidienne dans le Massif Central au XIXe siècle, *Hachette. Couronné par l'Académie française.*
La vie quotidienne contemporaine en Italie, *Hachette.*
La vie quotidienne des immigrés en France de 1919 à nos jours, *Hachette.*
L'Auvergne que j'aime... *Sun.*
Solarama Auvergne, *Solar.*
Histoire de l'Auvergne, *Solar.*
Drailles et burons d'Aubrac, *Le Chêne.*
L'Auvergne et le Massif Central d'hier et de demain, *Editions Universitaires.*
Clermont-Ferand d'autrefois, *Horwarth.*

JEAN ANGLADE

LES GRANDES HEURES DE L'AUVERGNE

Perrin

ISBN 2-262-01290-3

Il semble que l'Auvergne ait été créée par la nature pour faire le bonheur de ses voisins.

LEGRAND D'AUSSY.
(Voyage fait en 1787 et en 1788 dans la ci-devant Haute et Basse Auvergne.)

AVERTISSEMENT

Si l'on regarde une carte de France, et puis si l'on regarde la tranche d'un arbre abattu, on a la même impression : au centre, le cœur, la partie la plus vieille, la plus dure, d'où est né tout le reste, l'aubier, par cercles concentriques. Le centre, c'est-à-dire le Massif Central, l'Auvergne, cœur de ce massif. La géologie, la géographie le confirment, l'émigration perpétuelle des terres, des eaux et des hommes. L'histoire aussi, du moins jusqu'à un certain temps, et puis de nouveau à quelques grandes époques. Ce sont elles que l'on trouvera ici racontées, développées, beaucoup plus qu'elles ne l'étaient dans mon Histoire de l'Auvergne. *Les deux ouvrages ne font donc pas double emploi, mais se complètent. Dans le premier, je promenais mes lecteurs par monts et par vaux ; dans celui-ci, nous resterons ensemble uniquement sur les sommets.*

LES GRANDES HEURES
DES PUYS

LE terme de *puy* s'applique en Auvergne à toute montagne, ronde ou pointue, basse ou élevée, même si parfois, dans certains sites, il vient en concurrence avec des vocables moins usités : *roche, suc, truc, grun, plomb*. Les puys sont presque tous d'origine volcanique, les uns très ruinés, d'autres nés d'avant-hier. Quand on les frappe du pied, ils résonnent étrangement, comme fait un tonneau vide. On les devine caverneux et profonds. Par endroits, si l'on enfonce un doigt dans la cendre dont ils sont composés, on sent le mijotement des laves intérieures.

Combien sont-ils ? Nul n'en a jamais su le nombre exact. D'aucuns proposent : une centaine. Plusieurs avancent : trois mille. Il en reste d'inconnus qu'on peut découvrir encore. Chaque été, les touristes viennent chez nous chasser le volcan comme ils vont ailleurs chasser la girafe. Ils espèrent en dénicher au moins quelque petit encore ignoré, caché sous les noisetiers, auquel ils donneront leur nom sur une carte de l'Auvergne.

Les vulcanologues les ont groupés en trois familles

aux caractères psychosomatiques bien distincts : les stromboliens, les vulcaniens, les péléens. Les uns sont chauves, les autres chevelus ; beaucoup portent au sommet du crâne un affaissement plus ou moins profond pareil à la fontanelle des nouveau-nés. Tous ont le front sillonné de rides, comme il convient aux sages. C'est qu'il ont beaucoup vu, beaucoup retenu. L'Histoire sans eux eût été tout à fait différente : non seulement ils en ont été les témoins attentifs, mais presque toujours ils l'ont faite.

Le puy de Dôme.

De type péléen, il s'est formé comme la montagne Pelée de la Martinique : par la lente sortie d'une lave épaisse qui se figea en s'élevant. Ainsi fait l'enfant mâcheur de chewing-gum lorsqu'il pousse sa pâte avec la langue. Au centre de la chaîne des Puys, il domine les volcanetons qui l'entourent comme un gardeur d'oies sa volaille.

Rien de surprenant donc si les peuplades celtes, venant du nord et arrivant au milieu de la Limagne, en reçurent un éblouissement lorsqu'elles le virent debout sur l'horizon méridional, vert au printemps, pourpre en automne, magnifiquement blanc durant les hivers. Elles l'appelèrent mont *Dumias,* ce qui doit signifier « montagne Haute » ou « mont Royal ». Au début du XVIIe siècle, on prononcera encore son nom *mont Doume.* Après quoi, elles établirent à son sommet le culte de Teutatès, le plus grand de leurs dieux, protecteur des chemins, gardien des voyageurs, maître de la victoire. Chez les Latins, à la fois Mars, Mercure et Jupiter. Un chemin zigzagant creusé dans le flanc sud en facilite l'ascension. Aucun temple ne fut bâti : les druides offraient les victimes en plein air (prisonniers de guerre, criminels, parfois innocents) d'abord égorgées, puis enfermées dans des mannequins d'osier ;

on brûlait contenant et contenu, dont les fumets réunis allaient réjouir les narines de la divinité suprême.

Pour les cinquante nations qui composaient les Gaules, des Pyrénées au Rhin, le mont Dumias devint une Mecque où les pèlerins se rendaient en foule. Parmi ces populations si profondément religieuses, selon le témoignage de Jules César, le rayonnement de ce sommet fut tel que l'Auvergne, protectrice du Protecteur, était considérée comme la fille aînée de Teutatès.

Un jour, vinrent les Romains. Ils apportaient dans leurs bagages leurs lois, leur langue, leurs monnaies, leurs coutumes, leurs dieux. Les changements se firent avec une lenteur géologique, sans décrets, sans interdictions. De même qu'ils prirent l'habitude de revêtir la toge romaine par-dessus leurs braies et leurs bliauds, les Gaulois latinisèrent leurs anciennes divinités. C'est ainsi que Teutatès devint Mercurius. Il y perdit, semble-t-il, son caractère tonnant et contondant pour devenir le dieu des marchandages et des bonnes affaires dont avait besoin un peuple agricole, industrieux, disposé déjà à vendre au loin ses produits ou ses services. On a retrouvé en Rhénanie, en Basse-Meuse, dans le Limbourg et jusque sur les rives du Danube de nombreuses inscriptions, des *ex-voto* dédiés à un certain *Mercurius Arvernus*, témoignages de reconnaissance laissés sans doute par des émigrants de la Gaule centrale.

Une question se pose : où cette dévotion avait-elle son épicentre ? La toponymie révèle que le culte de Mercure s'était établi dans notre province en plusieurs points : *Mercœur*, puy *Mercœur*, *Mercuès*, *Mercuret*, *Meyrueis*... Des statuettes reproduisant les attributs habituels de l'Hermès grec (pétase, bourse, caducée) ou marquées *Mercurius* ont été exhumées çà et là. Telle le petit bronze de Lezoux avec sa barbe et son sayon plus celtes que latins. Pline nous informe d'autre part, sans le situer, que les dimensions de toutes les statues de son temps avaient été dépassées par le Mercure que le sculpteur grec Zénodore édifia pour la cité gauloise des Arvernes, y employant dix années de sa vie et quarante millions de sesterces (environ dix millions de francs-or). Où placer cette statue colossale, objet d'une colossale adoration ? Les preuves décisives font défaut. Le relief toutefois parle assez, et désigne le sommet du puy de Dôme. Le lieu où Teutatès triomphait précédemment. Trois témoignages concrets renforcent celui des yeux et de la raison :

— les ruines d'un vaste temple au sommet du volcan : un quadrilatère de 55 mètres sur 52, avec péristyle, terrasses, sanctuaire, échoppes de marchands ; le tout construit en domite, pierre volcanique des Dômes provenant des puys voisins du Clierzou et de l'Aumône ; mais soixante espèces de marbres apportés des régions les plus lointaines de l'Empire y revêtaient aussi les murs et les sols ;

— un cartouche de bronze trouvé dans le sanctuaire, avec cette inscription votive :

NVM. AVG. et
Deo Mercvri. Dvmiati
Matvtinivs Victorinvs
D.D.

« Dédié à la divinité d'Auguste et au dieu Mercure Dumias par Matutinius Victorinus » ;

— une figurine de bronze représentant le Mercure gréco-latin, découverte dans les ruines du temple ; miniature sans doute du colosse de Zénodore, l'équivalent des tours Eiffel - souvenir que les marchands de notre siècle débitent aux touristes.

La cause me semble entendue.

Par ailleurs, les monnaies romaines trouvées dans les décombres montrent les effigies des divers empereurs d'Auguste jusqu'à Constantin et prouvent que le temple fut fréquenté au moins jusqu'au IVe siècle. La statue colossale dut avoir cependant une vie plus courte. Selon Grégoire de Tours, en 256 les Alamans percèrent les défenses sur le Rhin et se répandirent vers le sud par la vallée de la Saône et du Rhône, derrière leur roi *Crocus*. L'imagination populaire — affirment certains étymologistes — aurait pris ce nom de fleur pour en composer *Croquemitaine*. Elle y réfléchit longtemps, car le Littré donne à ce mot l'année 1840 pour date de naissance ! Quoi qu'il en soit, « étant entré en Arvernie, il incendia, renversa et détruisit un temple nommé en langue gauloise *Vasso Galate* ». On ne possède aucun renseignement sur ce temple et sa divinité. Des fouilles récentes, sous l'emplacement de l'actuelle école Nestor-Perret de Clermont, ont mis au jour d'énormes soubassements conformes à la description qu'en fait Grégoire de Tours ; le mur dit « des Sarrasins », visible rue Rameau, derrière un bloc d'immeubles neufs, serait un vestige de ce temple au Vasso gaulois. Le nom même de « Jaude », donné à la place voisine, dériverait de Galate. A moins qu'il ne descende de *Jovis*, Jupiter. Ou de *gau, jau, djau :* coq en dialecte local. L'ingéniosité des étymologistes n'est jamais prise au dépourvu. Si l'on en juge par l'importance des fondations ainsi découvertes, les troupes de Crocus-Croquemitaine qui renversèrent le temple ne reculaient pas devant les grands travaux. Elles ne durent donc pas hésiter à gravir les pentes du mont Dumias pour abattre à son sommet une statue aux dimensions provocantes.

Il y eut sept cents ans de ténèbres. Au cours desquels le puy de Dôme continua d'arrêter les nuages, de prendre et de quitter son chapeau, de défier la tempête et la foudre. On peut être certain que le christianisme, si habile à récupérer les lieux où souffle l'esprit, n'eut garde de négliger ce sommet ventilé. La preuve que nous en possédons date seulement du XIIe siècle. En ce temps-là, rapporte le moine cantorbérien Robertson dans ses *Matériaux pour l'Histoire de Thomas Becket*, le puy de Dôme était habité par un ermite, desservant une chapelle dédiée à saint Barnabé. Il faut supposer que ce solitaire, comme Robertson et Thomas Becket était d'origine anglo-normande : missionnaire, sans doute, venu évangéliser les populations arvernes encore attachées à leurs divinités anciennes. Sinon, comment expliquer cette vision qu'il eut une nuit, au cours de ses prières ? Becket lui apparut au moment où, recherché par les assassins d'Henri II, il refusait de barricader les portes de sa cathédrale.

Cette séquence shakespearienne se déroula donc sous les yeux du lointain desservant de saint Barnabé, comme s'il y avait été, à l'instant même de l'événement. Ainsi, il est tout à fait légitime d'affirmer que le premier essai historique de télévision en direct et en couleurs eut lieu en Auvergne, au sommet du puy de Dôme. L'antenne ne viendra que sept siècles plus tard.

Par ailleurs, comment le culte de Barnabé, compagnon de saint Paul dans leur lutte contre les dieux païens, s'était-il établi en ces lieux ? Non par tradition locale, mais sans doute par un ordre de l'autorité ecclésiastique qui avait voulu purifier la tête du puy sacré de tous souvenirs teutatiques et mercuriels. En outre, le 11 juin, jour de la saint Barnabé, coïncidait à peu près avec le solstice d'été ; la tradition existait déjà (elle n'a pas entièrement disparu de nos jours) de célébrer là-haut la fête du soleil et des jours les plus longs ; il suffisait de donner une autre signification au vieux pèlerinage. La chapelle était encore debout en 1648 lorsque Florin Périer y fit « à couvert » l'expérience suggérée par son beau-frère Pascal. En 1745, le botaniste Delarbre rapporte que sa voûte n'existe plus. Puis, pâtres et promeneurs consomment sa ruine en faisant rouler ses débris sur les pentes de la montagne.

Venons-en à cette fameuse expérience. Cinq ans

plus tôt, Torricelli a cru démontrer que si le vif-argent s'élève et se maintient dans un tube de verre renversé sur une cuvette emplie du même liquide, ce ne peut être que par la pression qu'exerce le poids de l'air sur le liquide de la cuvette. « Pas du tout ! ripostent les tenants des anciens maîtres. Cela s'explique simplement parce que la nature abhorre le vide, et qu'elle se détruirait elle-même plutôt que de le souffrir. » A Paris, Blaise Pascal, malade, discute de ces choses avec Descartes qui plus tard s'attribuera la paternité de l'expérience ; mais en fait il songeait à vérifier une opinion entièrement fausse, car il niait l'existence du vide, soutenait celle de l'éther, matière subtile et fondement de sa grande théorie de l'univers. Pascal répète d'abord chez lui l'expérience de Torricelli en l'améliorant : il emploie les appareils les plus variés, pompes, soufflets, siphons, et toutes sortes de liquides, dont le mercure. Il imagine enfin une expérience nouvelle ; il la décrit à son beau-frère Périer, au château de Bien-Assis, le 15 novembre 1647 :

... *C'est de faire l'expérience ordinaire du vide plusieurs fois le même jour, dans un même tuyau, avec le même vif-argent, tantôt en bas et tantôt au sommet d'une montagne élevée pour le moins de cinq ou six cents toises... S'il arrive que la hauteur du vif-argent soit moindre au haut qu'au bas de la montagne (comme j'ai beaucoup de raisons pour le croire, quoique tous ceux qui ont médité sur cette matière soient contraires à ce sentiment), il s'ensuivra nécessairement que la pesanteur et pression de l'air est la seule cause de cette suspension du vif-argent, et non pas l'horreur du vide, puisqu'il est bien certain qu'il y a beaucoup plus d'air qui pèse sur le pied de la montagne et non pas sur son sommet ; au lieu qu'on ne saurait dire que la nature abhorre le vide au pied de la montagne plus que sur son sommet.*

Il suggère à Périer de choisir Clermont et le puy de Dôme, et règle tous les détails de l'opération. Celle-ci n'aura lieu cependant que le 19 septembre de l'année suivante. A huit heures du matin, le sommet du puy se trouvant découvert, Florin Périer rencontre quelques amis dans le jardin des Pères Minimes de Clermont (l'emplacement est actuellement occupé par le Crédit lyonnais ; l'ancienne chapelle du couvent, après agrandissement, est devenue l'église Saint-Pierre). Deux tubes longs de quatre pieds, fermés à l'un des bouts, sont remplis de mercure et renversés sur la cuvette de Torricelli. Les deux colonnes qui en résultent mesurent vingt-six pouces et trois lignes et demie : Périer marque d'un trait leurs niveaux. Après quoi, en laissant une à la garde d'un moine, il se rend au sommet du puy de Dôme avec la seconde, et en mesure cinq fois la hauteur à des points différents : « Tantôt à couvert, dans la petite chapelle qui y est ; tantôt à découvert, tantôt à l'abri, tantôt au vent, tantôt au beau, tantôt pendant la pluie et les brouillards qui venaient nous y voir parfois. » Le mercure est descendu à vingt-trois pouces deux lignes, et s'y maintient obstinément. Au cours du retour, une nouvelle épreuve montre que le mercure est remonté à vingt-cinq pouces. On revient au jardin des Minimes où le tube témoin n'a pas varié de la journée. On remet le tube voyageur sur sa cuvette : le vif-argent y remonte exactement à la même hauteur que chez son frère jumeau.

Le lendemain, l'expérience est répétée au pied de la cathédrale et au sommet de la tour de la Bayette : les résultats ont la même signification. Pascal lui-même la refera à Paris, « au haut et au bas de la tour Saint-Jacques-de-la-Boucherie et dans une maison particulière ». La croyance en l'horreur du vide est définitivement détruite, et Pascal en tirera son *Traité du vide,* où il énonce les lois des pressions d'un liquide et la théorie de la presse hydraulique. Mais il en déduit des conséquences plus vastes encore. Ainsi, le tube de vif-argent permet « de connaître si deux lieux sont au même niveau, c'est-à-dire également distants du centre de la terre, ou lequel des deux est le plus élevé ». Par là, il pressent le futur altimètre. Pascal pressent de même la relation qui existe entre le poids de l'air et l'évolution de l'atmosphère : son tube est déjà un baromètre.

Outre d'innombrables anonymes, quelques illustres voyageurs se sont rendus au sommet du puy de Dôme à diverses fins. En novembre 1581, revenant des eaux italiennes où il était allé soigner sa gravelle, Montaigne quitte Clermont de bon matin en direction de Pontgibaud où il devait saluer Mme de La Fayette. Dans son *Journal de voyage,* il prétend être passé « sur le haut du Pui de Doume » avec sa voiture et ses chevaux. Il coucha ce même soir à « Pont-à-Mur » sans avoir vu grand-chose du paysage, à cause du froid et de la neige. Il avoue d'ailleurs : « Ma tête n'était pas bien. »

Celle de Chateaubriand était parfaitement en place quand il visita Clermont et ses alentours les 2, 3, 4, 5 et 6 août 1805. Il vint en simple touriste pour confronter l'expérience avec ses impressions de jeunesse. « Lorsque j'étais enfant dans les bruyères de ma Bretagne, et que j'entendais parler de l'Auvergne et des petits Auvergnats, je me figurais que l'Auvergne était un pays bien loin, bien loin, où l'on voyait des choses étranges, où l'on ne pouvait aller qu'avec de grands périls, en cheminant sous la garde de la Mère de Dieu. » A Clermont, de la place du Toureau (actuellement occupée par le musée Bargoin), il put voir la plaine au grand soleil de Messidor : « Les blés mûrs ressemblaient à une grève immense, d'un sable plus ou moins blond. L'ombre des nuages parsemait cette plage jaune de taches obscures, comme des couches de limon ou des bancs d'algue : vous eussiez cru voir le fond d'une mer dont les flots venaient de se retirer. » Le lendemain, il fait l'ascension du puy de Dôme « par un chemin raide et glissant », avec autant de peine que le Vésuve, en une petite heure. « Au-dessous de moi, des troupeaux de vaches paissaient parmi les monticules que domine le puy de Dôme. Ces troupeaux montent à la montagne avec le printemps, et en descendent avec la neige. On voit partout les *burons* ou les chalets de l'Auvergne, mauvais abris de pierres sans ciment, ou, de bois gazonné. Chantez les chalets, mais ne les habitez pas. »

Lorsque Chateaubriand reviendra en Auvergne, trente-trois ans plus tard, l'illustre vieillard n'entreprendra pas une nouvelle ascension. Il se contentera de toucher les dividendes de sa gloire, acceptant la curiosité de la foule, les compliments officiels et l'hommage d'un banquet offert « par souscription » dans les salons de M. Jay, place de la Comédie (actuellement place de la Victoire) à Clermont. Dès le lendemain, il partira pour Rodez, Albi, Toulouse, Marseille, Toulon où il sera gratifié de semblables génuflexions.

Sur l'auguste cime, rien d'historique ne se passe jusqu'au mois de juillet 1862. Napoléon III comptait dans son entourage plusieurs Auvergnats : le Riomois Eugène Rouher, titulaire de multiples portefeuilles ministériels ; l'Aurillacois Esquiroux de Parieu, ministre de l'Instruction publique et président du Conseil d'Etat ; le duc de Morny, son demi-frère, président du Conseil législatif et engagé en toutes sortes d'affaires importantes autour de Clermont. Tous aspiraient à honorer leur province d'une visite impériale : Napoléon décida de leur donner satisfaction. Une réception grandiose attendait les souverains : l'Auvergne s'était couverte d'arcs de triomphe. Le soir de leur arrivée, des feux s'allumèrent sur les sommets.

Les organisateurs n'avaient pas hésité à mettre les volcans dans le coup en simulant une éruption sur le puy de Dôme. On avait pour ce faire disposé sur ses pentes pas moins de six mille fagots, vingt chars de bois, des *bacholles* et des baquets contenant huit tonnes d'huile et de matières résineuses. A la tombée du jour, dans les rues et aux fenêtres de Clermont, toute la population attendait l'embrasement. On vit certes beaucoup de fumée, mais, pour une fois, aucun feu. L'huile et les résines avaient produit un tel nuage qu'il avait dissimulé les flammes. Telle est du moins l'explication physico-chimique du phénomène. Car des personnes avisées prétendent que la vieille montagne celte avait simplement voulu, par ce ratage, manifester ses sentiments républicains et son hostilité à une mascarade bonapartiste.

Les autorités impériales lui en gardèrent rancune. Cela se vit bien dans l'affaire de l'Observatoire. Pendant des années, un éminent physicien, Emile Alluard, professeur à la Faculté de Clermont, se démena pour imposer son idée de construire sur le puy un observatoire météorologique. On ne pouvait guère trouver en France de point plus favorable. Maire, municipalité, Conseil général ne voulaient rien entendre :

« Eh quoi ! Vous prétendez installer des gens en permanence à cette altitude, été comme hiver ? Ils deviendront très vite idiots ou enragés ! Imaginez-vous leur solitude ?

— Il n'y aura pas de solitude ! Construisez une route carrossable. Et je vous garantis que dix mille visiteurs feront l'ascension chaque année. On pourra prélever un péage, installer des buvettes et des restaurants, vendre des cartes postales et des volcans de porcelaine. Le puy de Dôme enrichira le département ! »

Le ministre Victor Duruy finit par s'intéresser à la marotte d'Emile Alluard et obtint des crédits. Les autorités locales suivirent enfin son exemple. Mais la guerre de 70 faillit emporter le projet. Il fallut attendre 1872 pour que la République s'y intéressât. Les travaux préparatoires commencèrent : on remit en état le vieux sentier gallo-romain, le « chemin des ânes », qui s'accroche au flanc méridional de la montagne. Plus bas, une mauvaise piste conduisait à La Font-de-l'Arbre, à travers le Bois des Charmes. Rien n'avait été prévu pour l'améliorer. Un jour, Alluard invita deux ingénieurs à faire une excursion en voiture, et souffla dans l'oreille du cocher :

« Vingt francs pour vous si, au retour, vous nous versez dans le fossé, en douceur ! »

L'accident eut lieu, et dans les meilleures conditions : les ingénieurs ainsi convaincus créèrent la bonne route qui monte jusqu'au col de Ceyssat.

C'est en creusant les fouilles de l'Observatoire qu'on découvrit les restes imposants du temple de Mercure. Le nouveau monument, de pierre et de bois, avait la forme étrange d'un pressoir. On l'inaugura le 22 juillet 1876 en présence de 800 personnes, sans parler des ânes, mulets et chevaux. Sous deux tentes ornées de fougères, il y eut un grand banquet présidé par le préfet, le sénateur Agénor Bardoux et le savant Claude Bernard. On prononça quatorze discours.

L'ascension par le chemin en lacets restait difficile. Pour attirer les dix mille touristes annuels prophétisés par Emile Alluard, le puy de Dôme devait aplanir leurs sentiers. C'est à quoi s'employa M. Claret, directeur de la Compagnie des tramways clermontois. En 1905 fut inauguré un chemin de fer original qui, partant de la place Lamartine à Clermont-Ferrand, suivait l'avenue de l'Observatoire (aujourd'hui avenue Franklin-Roosevelt) jusqu'aux Quatre-Routes, puis se hissait par la route de la Baraque et gravissait en spirale le volcan. Son système de traction n'était pas l'ordinaire crémaillère, grinçante et trépidante, mais fait de deux disques épais adhérant fortement de part et d'autre à un rail médian. Pendant toute la belle saison, l'excursion dans les voitures aérées, malgré la poussière et la vapeur de la locomotive, obtenait un énorme succès. Comme au temps de Teutatès, les plus illustres Gaulois viendront en pèlerinage et signeront le livre d'or de l'Observatoire. Maurice Barrès — originaire de Blesle — écrira ce commentaire : *Ma pensée française a trois sommets, trois refuges : la montagne de Sion-Vaudémont, Sainte-Odile et le puy de Dôme. Le puy de Dôme régnait chez les Arvernes ; il fut le maître et le dieu du pays où j'ai pris mon nom de famille.* En 1917, les locomotives seront réquisitionnées et envoyées sur le front des Vosges pour remorquer les pièces d'artillerie lourde.

Consciente des intérêts auvergnats, la glorieuse montagne se prêta à l'opération publicitaire manigancée en 1908 par Edouard et André Michelin.

L'homme commençait à voler sur du plus lourd que l'air, et il était de bonne guerre qu'il atterrît sur pneumatiques. Les frères Bibendum fondèrent donc un prix de 100 000 francs-or pour récompenser l'aviateur qui remplirait les conditions suivantes : partir de la région parisienne ; atterrir au sommet du puy de Dôme en moins de six heures, après avoir décrit un cercle de 1 500 mètres autour de la cathédrale de Clermont ; ne pas briser l'appareil. Délai maximum imparti : dix années. Il y eut plusieurs tentatives malchanceuses, qui cassèrent du bois et un certain nombre de jambes. La presse commença à s'indigner, à fulminer contre l'idée des frères Michelin.

Mais les premiers navigateurs de l'air avaient, comme ceux de l'Océan, le cœur bardé de chêne et de triple airain. Au début de 1911, deux Parisiens, Eugène Renaux et Albert Senouque, préparent soigneusement leur tentative. Ils viennent sur place étudier le terrain, puis mettent au point un biplan Farman avec moteur Renault de 50 CV. Le 7 mars, ils partent de Buc, font un arrêt à Nevers, atteignent Clermont, tournent autour des flèches de la cathédrale, atterrissent enfin au sommet de la montagne ronde moins de cinq heures après leur décollage. Renaux saute de son appareil et lance à l'adresse d'André Michelin ces nobles paroles :

« Eh bien ! J'ai mis dans le mille ! Et même dans les cent mille ! »

Ce fut une grande heure.

Il y en eut une autre le 12 juillet 1926 lorsqu'on inaugura la route à péage qui se substituait au petit tacot à disques, due, elle aussi, à l'initiative de M. Jean Claret. *Si un tel projet était tombé entre les mains de l'Etat,* écrivait un chroniqueur de l'époque, *cela nous eût d'abord valu une montagne de paperasses dont la hauteur aurait certainement dépassé celle du puy de Dôme* (1 465 m)... En fait, une année de travail suffit à transformer l'égratignure tracée au flanc de la montagne en une route large de 6,50 m et longue de 5 km. Le premier autobus (un autobus Claret, évidemment !) put transporter jusqu'à l'illustre cime son chargement de personnalités des deux sexes, en canotiers ou chapeaux-cloches. Au cours des allocutions, on parla de « route automobile » (car elle était interdite aux cyclistes et aux piétons) ; il s'en fallut donc de quelques syllabes qu'on n'inventât le terme d'*autoroute* promis à un si brillant avenir. A défaut du vocable, la chose du moins y était. Rien n'y manquait : pas même le péage.

Le Pariou.

Le puy de Pariou, voisin du puy de Dôme, presque aussi haut que lui, doit sans doute son nom à cette gémination, puisque le Pariou veut dire le Pareil. En fait, la ressemblance n'est qu'approximative. Différent du vieux Dumias par son âge, sa nature, sa structure, sa forme, le Pariou est beaucoup plus proche du

Vésuve avec ses deux cônes emboîtés et son cratère profond.

Il eut une grande heure le 28 août 1833 lorsque les géologues européens, réunis en congrès à Clermont-Ferrand, décidèrent de l'aller voir de près, sous la conduite d'Henri Lecoq, pharmacien, académicien, botaniste, minéralogiste et diverses autres choses.

Partie à cinq heures du matin, la caravane de voitures entra dans Chamalières, « joli village entouré de vignes et de jardins potagers », dépassa le hameau de Villars, atteignit Orcines.

Un char, qui se mouvait avec toute la vitesse que pouvaient lui imprimer deux bœufs auvergnats attelés par les cornes, précédait cette nombreuse société et portait l'eau et les provisions nécessaires... On entra dans un des cratères du Pariou. Des buissons d'aubépine, des noisetiers et des cerisiers sauvages y croissaient dans les interstices de la lave. L'œillet de Montpellier mêlait ses fleurs odorantes aux tiges fleuries de la grande gentiane, et la parnassie des marais avait remplacé les anémones du printemps.

On atteint ensuite le cratère central, et les géologues ont l'heureuse surprise de trouver au bord même de cette immense coupe deux grandes nappes étalées, couvertes de viandes froides et de pâtés. Henri Lecoq raconte ainsi leur plaisir :

« Des chansons célébrèrent l'arrivée des géologues et leurs travaux ; les savants, les mastodontes et les soulèvements furent chantés tour à tour. Au silence absolu succédaient de bruyants applaudissements, et, pour la première fois sans doute, ce lieu sauvage reçut une aussi brillante réunion. »

Après quoi, l'assemblée ressortit du cratère, redévala le flanc de la montagne fleurie d'anémones et de digitales pourprées, et partit rendre ses devoirs au puy de Dôme.

Le puy de Montaudoux.

A cause de quelques ruines encore visibles au sommet au siècle dernier, l'abbé Delarbre se donne beaucoup de mal pour expliquer le nom de cet aimable puy, qui n'est guère qu'un monticule, à un quart de lieue au sud-ouest de Clermont. Il pourrait provenir, selon l'érudit académicien, de *Mons Teutatis* ou *Mons Teudatis*. Alors que *Monte-au-doux* semble parfaitement clair, spécialement durant les journées estivales. Fréquenté seulement des promeneurs, des amoureux, des cueilleurs de bourrache, il connut une gloire soudaine en août 1840.

Après avoir fourni à la Révolution quelques-uns de ses chefs les plus audacieux, lasse du sang versé, avide de paix, l'Auvergne dans son ensemble avait pris le parti de s'aligner derrière le pouvoir. Encadrée par ses prêtres, ses hobereaux, son ignorance, ses superstitions, elle fournissait ce qu'on exigeait d'elle en argent, en conscrits, en approbations électorales. Chez elle, les révolutions nouvelles, 1830, 1848, 1871 n'auront que de faibles retentissements. L'opposition y sera le fait d'un petit nombre, ne s'y exprimera qu'exceptionnellement par des désordres, préférera d'autres manifestations : par exemple les banquets où le feu des discours sera vite éteint par la fraîcheur des boissons. Ainsi celui de Montaudoux qui réunit quinze cents personnes venues de Clermont et des villages voisins : Aubière, Beaumont, Pont-du-Château, le Petit-Pérignat, Sayat, Blanzat, Cournon... Son but : réclamer la restauration du suffrage universel, seul garant d'une démocratie véritable, alors que la Monarchie de Juillet s'était contentée d'abaisser légèrement le cens électoral. Chaque participant avait apporté ses provisions ; mais tous les vivres furent mis en commun, pour être ensuite redistribués dans un esprit égalitaire. Les historiens les plus autorisés ont calculé qu'ainsi furent démocratiquement consommés un quintal de saucisson, deux quintaux de fromages, sept quintaux de pain, sans parler des autres victuailles. Le drapeau tricolore flottait au sommet du puy tandis que, sur une montagne voisine, quatre compagnies du 52e s'exerçaient bruyamment au tir à la cible. Elles avaient été envoyées par les autorités censitaires pour troubler la fête, semer la frayeur, intervenir éventuellement. Mais après un certain temps de désarroi, les manifestants prirent leur parti de cette situation. Antoine Couthon, fils du Conventionnel, reçut la présidence et prononça un discours fort applaudi dans lequel il évoqua la mémoire des grands révolutionnaires lâchement assassinés par les ennemis du peuple :

« Laisserons-nous toujours outrager ces martyrs du dévouement au peuple, ces hommes dont l'intégrité était proverbiale, dont la parole foudroyait toutes les aristocraties, en proclamant que les hommes sont frères et que les différents peuples doivent s'entraider, selon leur pouvoir, comme les citoyens d'un même Etat ? »

Après le repas, furent portés des toasts, précédemment élaborés et longuement expliqués par leurs auteurs : *A la Réforme électorale ! — A l'unité sociale et politique ! — Aux progrès immédiatement réalisables ! — A l'égalité ! — Au travail ! — A la résurrection de la Pologne ! — A la France ! — A la fraternité européenne ! — A la probité politique ! — A la jeunesse ! — A Bérenger ! — Aux Bourgeois démocrates ! — A l'union des travailleurs de la ville et de la campagne ! — Aux patriotes de la banlieue de Clermont ! — A l'Assemblée constituante ! — A la nationalité française ! — A la ville de Paris ! — A l'union de tous les peuples ! — Aux conséquences populaires de la Révolution de juillet !*

Plus étonnant, le toast socialiste porté par le citoyen Roux *A l'Armée d'Afrique !* qui « poursuit

..ement la carrière glorieuse où la France a brillé .vec tant d'éclat ; puissions-nous serrer bientôt la main de ces braves de Mazagran et de Mostaganem ».

A six heures, les convives du banquet réformiste se séparèrent aux accents de *la Marseillaise,* sans que le plus grand ordre n'eût cessé de régner. Même les habitants d'Aubière et de Beaumont, ces villages ennemis — comme on ne peut l'être qu'entre voisins — s'en allèrent bras dessus bras dessous, provisoirement réconciliés.

Le puy de Combegrasse.

Il n'est pas possible de gravir une de nos montagnes sans éprouver, une fois atteinte la cime, cet étrange chatouillement dans les bras et dans les jambes qu'Icare appelle *œtrodipsia,* ou soif de l'air, ou désir de voler. Les vallées ouvertes en fond de barque, les versants capitonnés de forêts ou de pâturages, les rondeurs du relief, tout vous invite à faire le saut pour essayer vos ailes. Il vaut mieux résister à cet appel, si l'on n'est pas, comme la pucelle qui se jeta de la Dent du Marais, soutenu par la Sainte-Vierge. Il explique du moins que, dès les premiers instants de l'aviation, l'Auvergne ait produit nombre d'hommes volants : Wehrlé, Beyssère, Rayne, Poutignat, Léon Versepuy, Eugène Gilbert, Colla, Gilbert Sardier, Louis et Henri Chartoire... Aucun de ces pionniers n'aurait pu quitter le sol sans les progrès décisifs apportés au moteur à explosion par un autre Auvergnat, le Clermontois Fernand Forest qui, parmi la centaine de brevets déposés à son nom, prit en 1888 celui d'un moteur en étoile de 32 cylindres développant 50 CV.

Or, la guerre finie, voici qu'on s'intéresse à une autre sorte de vol : l'aviation sans moteur. Elle est à l'aviation ordinaire ce qu'est la marine à voile aux paquebots : plus exigeante, plus formative. Grâce à l'appui du ministère de la Guerre et de l'Aéronautique, le premier Congrès expérimental d'Aviation sans Moteur se tient du 6 au 20 août 1922 sur les pentes du puy de Combegrasse, tout près de Randanne, dans le Puy-de-Dôme.

Pendant deux semaines, ses pâturages sont couverts d'étranges appareils, aux architectures variées : en parasol, en mouette, en chauve-souris, en râpe à fromage, à manivelles, à pédales, à ressort, sans queue ou avec queue, ailes droites ou couchées, fixes ou rotatives, monoplans, biplans, en aluminium, en contreplaqué, en carton-pâte. Un tracteur à chenilles les hisse à tour de rôle jusqu'au sommet du puy, où une sorte d'énorme lance-pierres les projette vers les nues. Mais beaucoup refusent de décoller et roulent le long des pentes avec des titubations d'ivrogne. Certains se fracassent : il y aura un mort et plusieurs blessés. Il faut tenir compte du vent, des courants aériens, des nuages. On se pose où l'on peut. Les hommes qui sont parvenus à rester en l'air racontent leur émerveillement, le sublime silence des altitudes, la stupeur des aigles rencontrés. Il faut quand même faire vite pour éprouver tout cela, car le record de durée sera de 5 minutes et 18 secondes.

Aviateurs et aviatrices (il y en a quelques-unes) logent sous la tente et sont réveillés le matin au clairon ; à leurs moments perdus, ils vont cueillir les airelles et les framboises dans les bois ou regarder les paysans danser la bourrée à l'auberge de Randanne. Toutes sortes de visiteurs viennent apporter leurs encouragements : les maréchaux Pétain et Fayolle, des généraux, des préfets, un évêque, des attachés militaires étrangers, des marchands d'oublies et de cacahuètes. De loin, les yeux ronds et secouant la tête, les vaches seules regardent d'un air navré ces hommes qui se prennent pour des oiseaux.

Le puy de Sancy.

Point culminant du Massif Central, il élevait jadis à 1 886 mètres au-dessus du niveau de la lointaine mer une croix de lave grise. Aussi l'appelait-on le puy de la Croix en même temps que le mont Dore. C'est-à-dire, en langue celte, le mont « d'où coule l'eau ». Et celle-ci, précisément, s'appelle Dordogne : « l'eau de la montagne. » Et puis, par la fantaisie poétique de quelque scribe, l'ancien volcan devint le Mont d'Or, tandis que la station thermale qui porte aujourd'hui ce nom n'était encore que le village des Bains. Les paysans des alentours avaient coutume, en mai, de grimper jusqu'à la croix pour implorer le retour du beau temps favorable aux cultures et à l'*estive.*

Les choses en étaient là lorsque, en 1790, la Constituante s'attela à remplacer les anciennes provinces par des départements. Le Cantal et la Haute-Loire furent rapidement pourvus d'un nom. Il n'en fut pas de même pour la Basse Auvergne. Certains députés proposèrent *Gergovie, Haut-Allier, Mont-d'Or.* Le dernier, qui sonnait bien aux oreilles, semblait devoir l'emporter quand on vit se lever Gaultier de Biauzat, représentant de Clermont :

« Je préfère l'appellation de Puy-de-Dôme, bien que cette montagne ne soit pas le plus haut sommet de la région. Du moins en est-il sans conteste le plus beau. Et puis, l'on évitera ainsi que des étrangers conçoivent l'idée de richesse en prononçant le nom d'un département où il est plus facile de peser l'air que les écus. »

Par un surcroît de précautions et pour ne laisser croire à personne qu'ils avaient chez eux de l'argent caché, les habitants du massif revinrent à l'ancienne orthographe et firent du ci-devant Mont d'Or un Mont-Dore sans particule. Ils allèrent même jusqu'à débaptiser le point culminant, lui attribuant désormais le nom dont se servaient les gens de Saint-Donat. Ceux-ci y montaient en pèlerinage le 6 août, jour de la Saint-Sixte, prononcé en patois *San Sisse*. Ainsi, *lou puè de San Sisse* devint le puy de Sancy. Voulant lui éviter les inconvénients d'une appellation qui évoquait l'or, ils lui en donnèrent une qui évoquait le diamant [1]. Quant à Gaultier de Biauzat, il faillit recevoir une statue des Clermontois reconnaissants ; mais comme cela coûtait vraiment trop cher, on se contenta de donner son nom à une rue.

Après ces événements révolutionnaires, comme les peuples heureux, le puy de Sancy vécut longtemps sans histoire. Il se contentait de jouer honnêtement, parmi ses compagnons les puys de la Perdrix, Ferrand, de Cacadogne, de l'Angle, du Barbier, de Mone, de la Tache, son rôle de montagne à gentiane, à vaches et à forêts. De loin en loin, quelque illustre visiteur venait herboriser sur ses flancs : George Sand, Honoré de Balzac, le comte de Montlosier, John Galsworthy. Rien dans tout cela qui fût digne de chronique. Jusqu'au jour où éclata un scandale qui eût pu inspirer à La Fontaine cette fable : *Le préfet, la bride et l'âne.* Les événements mirent en branle la machine administrative et judiciaire du Puy-de-Dôme, suscitèrent pendant plus d'une année des remous dans l'opinion publique, secouèrent les fondements du régime. Voici les faits.

Le 13 août 1901, une caravane d'excursionnistes loue au Mont-Dore onze montures au sieur Cohadon, tailleur de pierre à la saison froide, mais loueur d'ânes pendant l'été. Les onze personnes du groupe sont gens de conséquence : un avoué, un diplomate, un Marseillais, un sous-préfet (M. Alfred Morin, en poste

1. Ce fameux diamant appartint à Nicolas Harlay de Sancy ; il passa ensuite aux mains de Jacques Ier d'Angleterre, de Mazarin, de Louis XIV, fut volé sous la Législative, émigra en Espagne, fut racheté par Joseph Bonaparte, finit chez un prince hindou. Depuis, on a perdu sa trace.

à Provins), un rédacteur au ministère de l'Intérieur, leurs dames et demoiselles, et surtout M. Paul Joly, préfet du Puy-de-Dôme. Chacun juché de la sorte sur son bât, ils se dirigent vers le Sancy, sous la conduite d'un petit guide âgé de treize ans. Arrivés au pied même de la montagne, ils déjeunent, puis repartent vers le point culminant qu'ils atteignent au bout d'une heure environ.

A cette époque, le sommet du Sancy est une propriété privée, concédée aux époux Lageix qui payent pour en jouir un fermage de 800 francs par an, plus deux patentes à la municipalité du Mont-Dore. Pour rentrer dans leurs frais et vivre de leur exploitation, ils demandent aux visiteurs un péage modique comme il est précisé sur un écriteau :

Il sera perçu un droit de 50 centimes
pour chaque bête, attachée ou non.

Des piquets sont à la disposition des âniers et cavaliers. On appellerait cela de nos jours : *Parking payant obligatoire.* Faute d'acquitter cette redevance, on ne peut atteindre le sommet, protégé par des barrières, et se vanter d'avoir posé le pied sur la tête du Massif Central.

Or la troupe préfectorale, arrivée à cent mètres de la cabane des Lageix, met pied à terre ; puis elle explique au jeune guide :

« Nous allons finir à pied l'ascension, et te confions les ânes. Défense de les attacher aux piquets ! »

Une fois là-haut, ils s'émerveillent, comme M. Perrichon, devant la petitesse de l'homme et la vastité de l'univers. Après quoi, ils redescendent. Mais voilà qu'en arrivant à leurs montures, ils les trouvent toutes retenues aux piquets, malgré les recommandations imparties.

« Ce n'est pas moi, explique l'enfant, mais ceux-là... »

Son doigt désigne les époux concessionnaires. La femme Lageix se présente en personne devant eux, un poing sur la hanche, l'autre main tendue, exigeant les dix sous par bête auxquels elle prétend avoir droit, soit un total de cinq francs cinquante. Le groupe préfectoral pousse des cris indignés :

« C'est une exploitation éhontée !... On se croirait au Moyen Age, à l'époque où chaque seigneur établissait l'impôt qui lui plaisait !... Vous prenez-vous pour des seigneurs ?... »

Tous se préparent à partir, quand la femme Lageix se précipite sur l'un des ânes, celui de Mlle Suzanne Joly, fille de l'attaché ministériel, arrache la bride, et déclare qu'elle gardera ce harnais en gage tant qu'elle n'aura pas été payée !

M. le Préfet se tient à l'écart, se contentant de proférer à voix basse des réflexions sur la rapacité des Auvergnats en général, des Montdoriens en particulier. Son cousin ministériel, M. Gaston Joly, interpelle alors la bonne femme :

« Savez-vous, madame, à qui vous avez affaire ? Qui vous êtes en train d'insulter en ce moment par votre attitude ?... Monsieur le Préfet de votre département, en compagnie de parents et d'amis, tout simplement ! Je vous conseille de rendre cette bride, illico, ou gare aux suites que cela pourrait avoir pour vous !

— Je me moque bien de la préfecture ! répond la bougresse. Et je rendrai la bride quand on m'aura versé mon dû !

— Mais puisque je vous dis que vous avez l'honneur d'avoir pour client le plus haut fonctionnaire du Puy-de-Dôme...

— Ce monsieur a sans doute l'habitude de recevoir des cadeaux et de ne pas payer comme font les autres personnes. Mais ici, dans mon petit domaine, c'est moi qui suis la préfète ! »

Pendant un quart d'heure, on crie de la sorte, on s'invective, on menace de recourir aux voies de fait. A la fin, les Joly-Morin décident de se replier, abandonnant la bride aux mains de la mégère.

Un qui n'est pas content non plus, c'est le sieur Cohadon, lorsqu'on lui ramène ses onze ânes avec dix brides seulement. Le loueur fait remarquer à M. le Préfet qu'il subit par ce fait un tort considérable, car, sans la bride, il ne peut plus utiliser sa bête.

« Soyez tranquille, lui répond le représentant du gouvernement. Vous récupérerez votre bride. Et en attendant, vous serez indemnisé : je m'engage à vous faire obtenir cinq francs par jour tant qu'elle ne vous sera pas rendue ! »

Quelque temps après, les gendarmes montent jusqu'au sommet du Sancy, enquêtent sur les faits et déposent un rapport intitulé : *Procès-verbal constatant le subrepticement de la bride de M. le Préfet.*

Le 13 septembre, les époux Lageix reçoivent une assignation à comparaître devant le tribunal correctionnel d'Issoire pour avoir « soustrait frauduleusement une bride au préjudice d'autrui ». La presse d'opposition, informée de l'affaire, mène grand bruit contre ces fonctionnaires qui touchent de 70 à 80 000 francs de frais de représentation par an et font poursuivre de pauvres montagnards pour la somme de cinq francs cinquante.

Le jour du procès, la salle est comble. On fait témoigner un militaire qui se trouvait en permission le 16 août sur les lieux du drame et qui aida précisément les Lageix à attacher les bourricots.

« A quel titre, interroge le procureur, vous trouviez-vous au Sancy ?

— Je me promenais.

— Et vous avez aidé à attacher les ânes sans être au service des époux Lageix ?

— J'ai donné un coup de main, comme ça, pour rendre service.

— Alors, nous sommes en pays sauvage ! On donne un coup de main pour détrousser les voyageurs ! »

La femme Lageix se fait ensuite admonester par le président :

« Vous avez eu tort de vous approprier cette bride. Car, à supposer que vous ayez droit à une indemnité, ce qui n'est pas établi, il y avait des tribunaux pour décider ! »

Et elle, aussi inspirée que Jeanne d'Arc devant ses juges :

« Je reçois trois ou quatre mille touristes chaque année. Et si j'étais obligée d'envoyer des assignations dans toutes les parties du monde, en Afrique, en Amérique, et jusqu'au Portugal, ce n'est pas souvent que je serais payée ! »

Entre-temps, elle a rendu la bride à Cohadon, lequel réclame une indemnité de 215 francs, selon la promesse du préfet. Il a écrit à ce dernier, qui lui a répondu, par la main de son chef de cabinet, d'intenter un procès aux époux Lageix. Cohadon insiste : il a loué ses ânes au préfet, non aux Lageix. Il obtient cette réponse :

... Monsieur le Préfet vous a promis d'intervenir pour vous faire payer une indemnité et non pas de vous la payer lui-même. C'est ainsi qu'il tiendra sa promesse.

Veuillez agréer, Monsieur, l'assurance de ma considération distinguée.

Le Chef de Cabinet
VATRIN.

La presse fait des gorges chaudes de tout cela. Le 14 décembre vient la sentence : le sieur Lageix Michel, 63 ans, est condamné pour complicité à 16 francs d'amende avec sursis ; sa femme, à 16 francs d'amende ferme.

Ils font appel : l'affaire reviendra devant le tribunal de Riom. Le 6 février 1902, la cour d'appel casse le jugement d'Issoire ; les époux Lageix sont acquittés. « Et les frais du procès, demande *L'Avenir du Puy-de-*

Dôme, qui les paiera ? Pas les époux Lageix, puisque la cour les a acquittés. C'est nous, bons contribuables, qui paierons les fantaisies de nos fonctionnaires de défense républicaine ! Cependant, avec l'argent dépensé, enquêtes, jugements, arrêts, il y aurait de quoi offrir à tous les fonctionnaires du Sancy, préfet en tête, quelques douzaines de brides ou de muselières. Ils paraissent en avoir besoin. »

A l'occasion du 1er avril 1902, le même journal ouvre une souscription pour offrir une bride d'honneur à l'âne de Cohadon.

Le puy Mary.

Malgré ses 1 787 m et ses formes pyramidales, le puy Mary a toujours été un lieu de passage. A cause des treize vallées qui en divergent et au fond desquelles coulent treize torrents, formant de ce massif une étoile de terre. A cause de la guirlande de cols qui l'environne : pas de Peyrol, col de Redondet, col de Rombière, col de Cabre, col de Serres, col d'Eylac, col Lioran. Alentour, les vaches carillonnent de toutes leurs clochettes, produisant cette musique légère qui, peut-être, a donné un nom à ces montagnes : *cantal, cantal, cantal, cantal*... Quant à la pyramide, la plus fréquentée, assurément, de tous les sommets de la région, il était assez normal qu'elle portât le nom de Mary ou Marius, disciple d'Austremoine, qui consacra sa vie à évangéliser la Haute Auvergne comme son maître avait conquis la Basse. Avec son sommet haut dressé dans le ciel, le puy Mary devint de la sorte la cathédrale naturelle du nouveau culte auquel, bon gré mal gré, tous les voyageurs devaient participer.

Le pays de saint Mary, pourtant, n'était point là. Parti de Rome vers le milieu du IIIe siècle, il choisit de s'installer sur une montagne plus modeste, au sud-ouest de Massiac : le *mons Jovis,* ou *Mont-Joux,* ou

Montjournal, au-dessus de la vallée de l'Alagnon. Un culte intense à Jupiter était rendu en ces lieux, si l'on en croit la toponymie. C'est dire que Mary ne craignit pas de s'attaquer au plus puissant représentant du paganisme en terre gallo-romaine. Pendant des années, il déversa sur ces pentes des flots d'éloquence ; en même temps, il bâtissait de ses mains les chapelles de Saint-Mary-le-Plain, sur le plateau, et de Saint-Mary-le-Cros, dans le vallon. A cette époque, chaque confesseur de la religion chrétienne était prêtre-ouvrier.

Sa dépouille fut ensevelie dans l'église de Saint-Mary-le-Cros où elle reçut pendant des siècles la vénération des pèlerins. Jusqu'au jour — vers le milieu du XIe — où Ermengarde, comptouresse d'Apchon, épouse d'Amblard le Malhiverné, c'est-à-dire le Mal-Léché, dame de Massiac, trouva que ces reliques ne jouissaient pas d'une demeure digne d'elles. En outre, le site, alors mal pourvu de chemins, se trouvait isolé en hiver, ce qui interrompait les pèlerinages. Elle résolut donc de les transférer à Mauriac, dans l'église du monastère fondé par une fille de Clovis. La translation fut longue et solennelle. Elle emprunta l'ancienne voie romaine de Clermont à Cahors, franchit le pas de Peyrol et s'y arrêta. A cette occasion, la montagne prit le nom du saint. Les reliques sont encore visibles aujourd'hui à N.-D.-des-Miracles. Saint-Mary-le-Cros se contente de garder la châsse de fer vidée de son contenu. Au flanc du Montjournal, émerge un rocher de basalte ; il a la forme d'un fauteuil avec un accoudoir pour le bras gauche et un creux pour chaque doigt de la main : c'est la chaire de saint Mary, dans laquelle il se reposait de temps en temps, essoufflé par ses homélies.

Le Lioran.

Entre le plomb du Cantal d'une part (la « Pomme Brillante », aux dires des étymologistes) et d'autre part le puy Griou et la Roche de Vascivière, s'insinue la haute vallée au fond de laquelle coulent, en sens inverse, la Cère et l'Alagnon. Son palier le plus élevé est le col du Lioran par lequel passaient, à 1 250 m, les voyageurs entre l'Auvergne aquitaine et l'Auvergne limagnaise ; « les bruyants cortèges des *vinades* qui charroyaient à l'automne les pipes de vin du Bas-Pays ; et les riches bourgeois d'Aurillac et de Saint-Flour, chevauchant pour leurs affaires, fastueusement vêtus de drapature écarlate » (Raymond Cortat) ; les blés de la Planèze ; les fromages de partout ; les châtaignes de Montsalvy ; les cadis du Gévaudan ; les toiles de Vic et de Thiézac ; l'argent de la Ferme, roulé vers les coffres de l'Intendant, au chef-lieu ; les reliques des saints protecteurs ; les pèlerins en route vers Conques et Saint-Jacques. En hiver — un hiver qui dure là-haut jusqu'au mois de mai — le franchissement du Lioran était si difficile et dangereux que l'abbé Brunhes, professeur de philosophie au collège d'Aurillac, l'appelait « les redoutables Thermopyles du Cantal ». En dépit de la centaine de cantonniers qu'on employait à déblayer la voie. Encore les voyageurs étaient-ils souvent bloqués par les congères, pour le plus grand profit des aubergistes.

En 1833, le nouveau préfet Delamarre se préoccupe de ce problème de circulation et demande des solutions aux différents ingénieurs du département. Douze projets lui sont présentés, dont un à ciel ouvert et six avec souterrain. Ajoutez à cela les rivalités de paroisse à paroisse, de vallée à vallée, chacune accusant sa voisine de vouloir canaliser à son profit le flot nouveau du commerce : il faudra six ans pour que soit prise une décision. Il en faudra quatre autres pour mener à bien la percée. Avec ses 1 412 m de longueur, le tunnel sera longtemps le plus grand de France. L'énorme ouvrage international du Mont-Cenis ne sera entrepris que vingt-cinq ans plus tard, avec des moyens techniques et financiers beaucoup plus importants.

La montagne est attaquée par les deux flancs, selon un tunnel en ogive très ouverte, large à sa base de 7 m, haute de 2. Commencé au pic et à la pioche, le travail a très vite recours à la mine de poudre noire, dont la pose est une opération longue et compliquée.

On avance en moyenne de cinquante centimètres par jour dans chaque galerie. Les travailleurs gagnent de 2,70 à 3,40 F pour douze heures quotidiennes d'enfer. La plupart sont des étrangers, Italiens, Allemands, Suisses, excepté pendant la mauvaise saison. La main-d'œuvre locale accepte un engagement provisoire, attirée par les hauts salaires ; mais dès que revient le printemps, elle préfère reprendre sa traditionnelle émigration vers Paris et d'autres villes. Pendant les quatre années du creusement, on tirera 80 000 coups de mine ; on extraira 60 000 m^3 de blocs ; il y aura 6 morts et 56 blessés graves. L'effectif moyen du chantier sera de 80 ouvriers.

A mesure que les deux souterrains avançaient à la rencontre l'un de l'autre, l'évacuation des eaux et des fumées suscitait des difficultés croissantes. Tous les deux cents pas, des pompes à incendie manœuvrées à bras rejetaient 100 litres d'eau à la minute dans des chéneaux de planches fixés aux parois et inclinés vers la sortie. Pour renouveler l'air, des ventilateurs extérieurs furent installés. Formés de roues à aubes enfermées dans un tambour, actionnés à la manivelle par un ou deux hommes, ils communiquaient avec le tunnel au moyen de troncs d'arbre évidés. Ils pouvaient de la sorte aspirer un mètre cube à la seconde. Mais beaucoup de fumée restait à l'intérieur en permanence, formant une nuée si épaisse que la lumière des lampes ne s'apercevait pas à deux mètres. Les ouvriers formèrent une *coalition*, c'est-à-dire un embryon de syndicat, et obtinrent un repos de deux heures dans le milieu de la journée. Dans le ventre du volcan, ils se trouvaient condamnés à l'eau ou au petit-lait, car les cantinières et aubergistes avaient interdiction de leur vendre du vin hors les heures des repas, si ce n'est les dimanches et fêtes jusqu'à huit heures du soir.

Les survivants se rattrapèrent le 22 novembre 1843, jour où le fleuret d'un mineur transperça la cloison de terre qui séparait les deux galeries. On se parla d'équipe à équipe par le trou de sonde, et l'on versa dedans du vin bleu de la Limagne. Mais il en coula ensuite bien davantage et de toutes les teintes jusqu'au milieu de la nuit. Le lendemain, ce fut la fête officielle à Vic, à Aurillac, à Murat : salves d'artillerie, réception à la préfecture, messe en musique à Saint-Géraud, banquet de cent couverts dans la salle électorale, rue du Collège, à la fin duquel fut servi un gâteau gigantesque figurant la montagne du Lioran. On évoqua le souvenir du préfet Delamarre, initiateur de la glorieuse entreprise. On le couvrit de fleurs, de louanges rétrospectives, oubliant qu'en septembre 1839, quelques mois après le premier coup de pioche, il avait été expédié à Mont-de-Marsan après s'être rendu odieux au pouvoir, à ses subordonnés, à ses administrés par son caractère excessif. On avait alors chanté dans les rues, sur l'air de M. Dumollet :

Bon voyage, maudit préfet !
Loin du Cantal, fuis avec ton bagage !
Bon voyage, maudit préfet !
Va-t'en au diable et ne reviens jamais !

Le 23 novembre 1843, les oreilles doivent lui siffler une plus agréable musique : on évoque « le grand administrateur », le « bienfaiteur de la Haute-Auvergne », les ouvriers applaudissent frénétiquement son nom.

Cependant, on n'en a pas fini avec le trou. Il faudra encore des années de dur labeur pour aménager la chaussée, les parois, les accès. Quand, au mois de janvier 1848, la galerie est ouverte à la circulation, elle ne satisfait guère les usagers. Mal éclairés par les vingt-cinq réverbères à huile, piétons, voitures, cavaliers y marchent à l'aveuglette, s'accrochant fréquemment ou rejetés sur les trottoirs. Les dépenses d'éclairage coûtent presque aussi cher que les salaires versés jadis aux cantonniers pour entretenir le col. Mais le plus grave, c'est que le Lioran — s'il n'a pas changé la figure du Cantal — a changé la mentalité ouvrière. « Lorsque pendant plusieurs années, écrit à ses supérieurs le préfet de Bantel, successeur de Delamarre, on a accoutumé de nombreux ouvriers à trouver dans des travaux extraordinaires des salaires élevés qui ne pourront plus leur être continués, on a jeté dans les populations des ferments de troubles ou du moins de mécontentement. »

Voilà comment le trou du Lioran fit naître des idées subversives.

Il connaîtra d'autres grandes heures, un siècle plus tard, du 11 au 14 août 1944. Peu de temps après le débarquement de Normandie, les garnisons allemandes isolées dans le sud de la France reçoivent l'ordre de se regrouper afin de pouvoir mieux s'opposer aux actions de la Résistance. C'est ainsi que le 4e bataillon du 95e régiment de sécurité à Aurillac évacue la ville et se dirige vers Saint-Flour en remontant la vallée de la Cère. La colonne se heurte aux F.F.I. en embuscade à l'entrée du tunnel. La Wehrmacht doit appeler à son aide l'aviation et l'artillerie. Quatre jours durant, les combats la cloueront sur place. Le pont de La Roche-Taillade saute, et il faut le réparer. Le 14 août seulement, elle pourra entrer dans Murat et faire sa jonction avec les éléments venus à sa rencontre.

De leur côté, les maquisards rejoignent leurs compagnons de lutte au nord du département. Ils retrouveront ultérieurement leur gibier et contribueront à sa capitulation finale au confluent de la Loire et de l'Allier où 18 000 soldats allemands déposeront les armes.

LES GRANDES HEURES DES SOURCES

L'Auvergne arrête les nuages, les perce comme des outres de ses crêtes acérées, les relâche ensuite à demi vidés de leur substance. Après cela, quoi d'étonnant si, comme la marquise de Sévigné, elle rend les eaux de toutes parts ? Ruisselantes, stagnantes ou jaillissantes. Ronsard, chantant une de ses maîtresses, dira qu'elle a plus de beautés « que l'Auvergne n'a de fontaines ».

Sources de joie : elles alimentent les lacs, les ruisseaux, les cascades et passementent d'argent la tunique verte des montagnes.

Sources de vie : elles irriguent pâturages et cultures, et remplissent les *serves* où vont boire les troupeaux en provoquant la fuite des salamandres.

Sources de jouvence : elles sont en mesure de guérir un nombre impressionnant de maladies. Ainsi, providence des asthmatiques, « Le Mont-Dore attire les gens soucieux de leurs bronches, les comédiens et les prophètes. La Bourboule, station voisine, dissipe comme un mauvais souvenir le catarrhe naso-pharyngien et la rhinite, même atrophique. Le nez libre et la gorge saine, prenez le pas de course avec des organes rénovés pour aller faire à Saint-Nectaire réviser vos reins déficients. Puis, mettant le cap sur le septentrion, cinglez lestement vers Châtel ; faites-y ausculter les ratés de votre motricité gastro-intestinale. Châtelguyon, on l'a dit cent fois, est la vraie capitale du ventre. La colique s'y rengorge, elle y a ses parchemins. Mais que dire de Royat qui soigne les cardiaques ? Royat, qui vise au cœur, convertit à l'Auvergne » (Alexandre vialatte).

Il va sans dire que ces vertus n'échappèrent pas aux premiers habitants de la région : des sources chaudes, ou salées, ou malodorantes étaient assez insolites pour que cela eût un sens. Ils y goûtèrent, en virent les effets, en devinrent de fervents utilisateurs, bien avant l'arrivée des Romains. La preuve de cette antériorité sortit de terre au Mont-Dore un jour de 1817. Alors que l'architecte départemental, M. Ledru, faisait creuser le sol pour construire l'établissement thermal, le pic des terrassiers découvrit quelques vestiges de fondations romaines. Celles-ci reposaient sur une nappe de terre et de rochers volcaniques provenant d'un éboulement de la montagne. Voulant aller plus bas pour atteindre le solide, les ouvriers mirent au jour une piscine celte en madriers de sapin soigneusement équarris et juxtaposés, assez vaste pour qu'une quinzaine de personnes pût s'y baigner à son aise. Les traces de deux autres piscines semblables furent découvertes à proximité. Ces cuves révélaient l'étape gauloise, antérieure à la romaine sans doute de plusieurs siècles. On reconnut bien là l'ouvrage d'hommes qui employaient le bois de préférence à tout autre matériau, en armaient leurs remparts, et s'en servirent pour substituer le tonneau à la fragile et peu maniable amphore.

Le Mont-Dore de cette époque ne peut avoir été une station isolée ; beaucoup d'autres durent attirer les goutteux, les hydropiques, les poussifs, les paralysés. Car, à la différence des Latins qui aimaient l'eau pour elle-même, l'eau qui lave et purifie, allaient au bain à toute heure du jour et de la nuit, y marinant parfois des journées entières, le Gaulois ne s'y résignait que lorsqu'il en espérait une guérison. Quant au savon qu'il avait inventé, selon Pline, en combinant des cendres et du suif, il s'en servait uniquement pour se colorer les cheveux.

Après la conquête, les Romains eurent très vite connaissance de ces sources bienfaisantes et en développèrent extraordinairement l'exploitation. Ils pratiquaient aussi chez eux, depuis longtemps, une médecine thermale à Baïes, Albula, Pouzolles, Aquae Sextiae (Aix) et mirent leur expérience au service de la Gaule. Ils reconnurent que les eaux d'Auvergne convenaient particulièrement aux maladies du foie, de la rate, de l'intestin, aux pituites, au catarrhe humide de l'estomac.

Les hydrolâtres se donnent beaucoup de mal aujourd'hui pour démontrer que le destin de nos stations thermales se trouve inscrit dans leur nom. Il est vraisemblable en effet que les sources de Bourbon-Lancy, Bourbon-l'Archambault, la Bourboule aient été placées jadis sous la protection d'un vieux dieu celte, *Borbo* ou *Borvo*, préposé aux guérisons de ses adorateurs. On a voulu de même créer une fée *Vichéa*, marraine de Vichy. Or, la plus ancienne carte de l'Auvergne que nous possédions n'appuie guère un tel marrainage. Dessinée par des moines sur un parchemin long de huit mètres, elle montre les principales agglomérations de la Gaule vers le IIIe ou le IVe siècle de notre ère. Une de ses copies étant tombée entre les mains d'un antiquaire d'Augsbourg nommé Peutinger, elle prit le nom de son divulgateur. Entre des lignes ondulées qui veulent représenter les routes, les cours d'eau, les montagnes, les villes d'eaux (*Aquis* ou *Aquae*) sont signalées par un petit établissement thermal rectangulaire. C'est ainsi qu'en un certain secteur, au sud-est du pays des Bituriges, voisinent *Aquis Neri, Aquis Calidis, Aquis*

Bormonis. On pense immédiatement aux sources de Néris et de Bourbon ; *Aquis Calidis* serait alors l'ancien nom de Vichy.

« Pardon ! proteste Chaudes-Aigues. *Aquis Calidis* est la traduction même de mon nom ! J'ai des eaux qui jaillissent à 80 degrés !

— Pas du tout ! rétorque Le Mont-Dore. Des eaux chaudes, j'en possède aussi ! Et des montagnes ! Et des châteaux forts, comme l'écrivait Sidoine Apollinaire ! »

La querelle dure encore, tant est peu fiable la carte de Peutinger : on y voit se dérouler entre *Aquis Neri*, *Aquis Calidis* et *Aquis Bormonis* le cours sinueux de la Garonne ! Quoi qu'il en soit, la nymphe *Vichéa* perd là-dedans son latin.

Laissons cette querelle de mots ; les faits parlent davantage. Une chose est sûre : toutes les stations thermales dont s'enorgueillit de nos jours la région Auvergne étaient connues et pratiquées par les Gallo-Romains. Partout on a retrouvé des piscines, des thermes, des colonnes, des fragments d'aqueducs et surtout une infinité d'ex-voto en bronze, en céramique, en bois, des débris de vases que les malades guéris ou améliorés avaient coutume de jeter dans les sources en témoignage de reconnaissance. Ainsi, à la source de Beaurepaire ou des Roches, près de Clermont. L'eau y jaillit d'une faille, sur le territoire de Chamalières, illustre de nos jours pour sa Banque de France et ses affinités giscardiennes. Gazeuse, faiblement minéralisée, elle servira longtemps à fabriquer la limonade *Aubégny*. Des fouilles y ont exhumé une énorme quantité de monnaies, de tessons, d'ex-voto en bois de chêne représentant en réduction des organes anatomiques : bras tordus, jambes coupées, têtes difformes, orbites vides, estomacs noueux. Tout cela évoque ces processions de suppliants, ces cours des Miracles qui se pressent en notre siècle à Lourdes ou à Fatima.

De semblables découvertes ont été faites à Néris

(Allier), Evaux (Creuse), Royat, Pont-les-Eaux, Beauregard-Vendon, Châteauneuf (Puy-de-Dôme), Coren, Ydes, Vic-sur-Cère (Cantal). La plus étonnante est sans doute le « malade affaissé » de Vichy, petit bronze haut de dix centimètres, exhumé en 1885 et actuellement au musée du Louvre. La statuette représente un curiste accablé par les douleurs et assis sur un siège bas, pierre ou tabouret. Enveloppé d'une robe-peignoir d'où émergent le pied gauche, nu, et le droit dans une pantoufle. Ses mains sont posées sur ses genoux ; la droite tient un gobelet muni d'une anse. Le visage est presque à la même hauteur. C'est celui d'un homme moustachu, dans la bonne tradition gauloise, marqué par la souffrance. Ses cheveux désordonnés sont couverts d'une étrange coiffure pareille à un saladier. Emouvante image de ces lointains ancêtres qui venaient déjà confier leurs membres perclus à nos *aquis calidis.* A Vichy, les buveurs d'eau se rassemblaient autour de la source Lucas et de la source Chomel. Comme aujourd'hui, ils joignaient l'utile à l'agréable et trouvaient près des thermes, près des temples à Esculape, Vénus, Junion, Phébé ou Jupiter Sabatius, des palestres, des théâtres, des volières, des ménageries, des boutiques de frivolités, des tavernes, des salles de jeu et autres lieux de plaisir.

Le Mont-Dore, dans l'Auvergne bossue, offrait mieux encore : un Panthéon. La vocation cosmopolite de nos stations thermales (on y célèbre aujourd'hui des fêtes nationales étrangères pourvu qu'elles tombent pendant la « saison ») déjà s'affirmait. Jusqu'au milieu du siècle dernier, les colonnes de ce temple à « tous les dieux » se dressaient toujours sur la place principale du village des Bains. Elles ont été par la suite transportées dans l'établissement thermal où l'on peut admirer leurs dimensions considérables, leurs chapiteaux, leur parure de feuilles imbriquées comme celles de l'artichaut. Le culte des vieilles divinités celtes, plus ou moins recyclées, s'y maintenait fidèlement : Belennus-

Apollon, Borvo, Lug, Epona. On y adorait aussi Mercure, Diane, Hercule, Jupiter. Et même des dieux étrangers, asiatiques ou africains, comme en témoignent les frises de singes et d'hippopotames, un dieu anguipède (géant dont les jambes ressemblent à des boas) et une curieuse lionne abyssine aux tétines longues et innombrables, sœur farouche de la louve de Rome. Quant au temple, il occupait le centre de la place homonyme, orienté d'est en ouest, mesurant soixante pieds de large et trente-cinq de profondeur. Le fronton était soutenu par six colonnes, au-dessus d'un escalier à cinq marches.

Malgré sa position enclavée dans les montagnes, la station était desservie par un nombre exceptionnel de voies carrossables. Deux venaient d'Augustonemetum : l'une par Randanne et la Croix-Morand ; l'autre par Olloix, Beaune et le col de Diane. La troisième arrivait du Cantal par Latour et La Bourboule. Une quatrième réunissait Le Mont-Dore et l'antique Anderitum, dans la Lozère. Sa fréquentation devait donc être considérable.

Tous les malades cependant ne guérissaient pas. Venus trop tard ou trop mal en point, ils laissaient leurs os près des sources thermales. Et parfois, grâce à des stèles funéraires élevées par leurs parents, le souvenir de leur passage.

L'absence, dans les fouilles, de monnaies postérieures au VIIe siècle prouve que, durant presque un millénaire, la civilisation thermale disparut à peu près entièrement. Certaines stations furent ruinées par des cataclysmes naturels. Ainsi, près de Bort-les-Orgues, Ydes fut recouverte de sable et de gravier, vers l'an 500, par une inondation diluvienne. D'autres furent saccagées par les Barbares, peu amateurs de baignade. Les propagateurs de la foi chrétienne eux-mêmes combattirent tout ce qui évoquait les religions païennes :

pour leur malheur, les thermes voisinaient toujours avec les autels. Et puis, il y eut le vandalisme quotidien de populations insoucieuses de leur passé qui trouvaient commode de traiter ces constructions admirables comme de simples carrières, où les pierres qui plus est se trouvaient toutes taillées. Tel paysan prenait un fragment d'architrave pour en faire un linteau de grange. Tel amateur éclairé enlevait un fût de colonne pour orner sa maison de campagne.

Les sources attendaient leur Renaissance.

Vichy, Bourbon, Néris.

Quoique situées par la politique en Bourbonnais, ces glorieuses sources sont géologiquement auvergnates : nées de la cassure du vieux plateau hercynien et du volcanisme consécutif. Par la suite, les mariages et héritages historiques ont plusieurs fois réuni ces deux provinces, dont la frontière a toujours été changeante et incertaine. On ne peut donc séparer le destin des sources bourbonnaises et celui de leurs sœurs arvernes. Aujourd'hui moins que jamais alors que le découpage régional les a de nouveau réunies. Vichy se trouve prise entre les montagnes de l'est et celles de l'ouest comme une perle entre les deux valves de l'huître. Que les Vichyssois me pardonnent donc d'aimer assez leur ville pour l'annexer à ma province natale. Je ne serai pas le premier.

On ignore le temps de sa renaissance thermale. On sait du moins que dès le XVe siècle, c'était chose faite : un parchemin relatif à l'histoire de l'« hostel-Dieu » révèle qu'en 1485 celui-ci hébergeait gratuitement les malades étrangers venus, « ès temps propices », y boire les eaux.

En 1567, durant une accalmie des guerres de religion, les troupes du prince de Condé tinrent garnison à Vichy. Pour se distraire, les soldats suisses et huguenots se « dépouillaient tout nus et se baignaient dans le puits qui est si chaud ». Cela explique sans doute la vigueur avec laquelle, quelques mois plus tard, ils affrontèrent et défirent les catholiques commandés par Saint-Hérem à Cognat (janvier 1568), entre Gannat et Randan. On dit que, pour échapper à la convoitise des huguenots vainqueurs, les femmes catholiques de Cognat se badigeonnèrent la figure de lie de vin et d'autres ordures ; grâce à ce subterfuge, leur vertu du moins resta immaculée.

La prospérité des sources vichyssoises date de Henri IV qui créa des intendants chargés de surveiller et administrer les bains thermaux. Le renom de leurs succès atteignit les oreilles de Richelieu qui, dans une lettre de 1641, manifesta son intention d'avoir recours à elles : ... *Je m'en vais, tout maintenant, offrir des prières à Dieu pour ce sujet. Et au sortir de là chercher les eaux de Vichy pour tâcher de restaurer ma décrépitude...* Il eut tort de ne pas suivre cette pensée, et en mourut un an plus tard.

Un autre illustre ecclésiastique, de passage en Auvergne, ne manqua pas de se rendre à Vichy : l'abbé Fléchier, précepteur au service du magistrat Lefèvre de Caumartin, et chroniqueur des Grands Jours. Il s'intéressa peu aux sources, étant en bonne santé, notant simplement : *Elles doivent être très précieuses, on les enferme sous des grilles de fer et on les vend aussi cher que les liqueurs les plus réputées.*

Enfin la Marquise vint. Celle qui devait assurer la gloire éternelle de Vichy. Elle souffrait de vapeurs, de rhumatismes et de l'ankylose des écrivains. Elle y fit plusieurs séjours, en 1676, 1677, 1687, y habitant la demeure qui, transformée en hôtel, porte son nom. Grâce à elle, nous avons des détails sur la journée d'une baigneuse : *J'ai donc pris des eaux ce matin, ma très chère. Ah ! qu'elles sont mauvaises ! On va à 6 h à la fontaine ; tout le monde s'y trouve ; on boit et l'on fait une fort vilaine mine, car imaginez-vous qu'elle est bouillante et d'un goût de salpêtre fort désagréable. On tourne, on va, on vient, on se promène, on entend la messe, on rend les eaux, on parle confidemment de la manière qu'on les rend ; il n'est question que de cela jusqu'à midi. A 5 h on va se promener dans des pays délicieux. A 7 h, on soupe légèrement. On se couche à* 10. *J'ai commencé aujourd'hui la douche. C'est une bonne répétition du Purgatoire, on est toute nue dans un petit lieu sous terre où se trouve un tuyau d'eau chaude qu'une femme vous fait aller où vous voulez. Cet état où l'on conserve à peine une feuille de figuier pour tout habillement, c'est une situation assez humiliante...*

Comme l'opération est longue et ennuyeuse, la marquise exige qu'on lui fasse la conversation, et elle fait venir un médecin de Gannat à cet effet : placé derrière un rideau, il lui parle ou lit les romans à succès de l'époque... *Il me parlait donc pendant que j'étais au supplice. Représentez-vous un jet d'eau contre quelques-unes de vos pauvres parties, toute la plus bouillante que vous pouvez imaginer : on met d'abord l'alarme partout, pour mettre en mouvement tous les esprits ; et puis, on s'attache aux jointures qui ont été affligées. Mais quand on vient à la nuque et au cou, c'est une sorte de feu et de surprise qui ne peut se comprendre. Cependant, c'est là tout le nœud de l'affaire. Il faut tout souffrir, et l'on souffre tout, et l'on n'est point brûlée, et l'on se met ensuite dans un lit chaud, où l'on sue abondamment, et voilà qui guérit.*

Sous l'effet du traitement, la malade sort de son corps « en huit jours plus de vingt pintes d'eau », et elle se croit « à couvert des rhumatismes pour le reste de (sa) vie ».

Elle reviendra cependant et sera, dix ans plus tard, à Bourbon, où elle pratiquera d'étranges mélanges : ... *J'y fis venir des eaux de Vichy qui, réchauffées dans les puits de Bourbon, sont admirables. J'en ai pris, et puis de celles de Bourbon : ce mélange est fort bon. Ces deux rivales se sont raccommodées ensemble, ce n'est plus qu'un cœur et qu'une âme : Vichy se repose dans le sein de Bourbon et se chauffe au coin de son feu, c'est-à-dire dans le bouillonnement de ses fontaines.*

Avant elle, d'autres illustres baigneurs étaient venus à Bourbon-l'Archambault : le pauvre Scarron n'y trouva aucun soulagement ; Gaston d'Orléans, frère de Louis XIII, y améliora sa goutte en même temps que les installations balnéaires. Mme de Montespan ne passait pas inaperçue, selon les rapports de la marquise épistolaire : ... *Nous nous faisons conter partout ce qu'elle fait, ce qu'elle mange, ce qu'elle dort. Elle est ce qu'elle dit, dans une calèche de six chevaux... Elle a un carrosse derrière elle attelé de même, avec six femmes ; elle a deux fourgons, six mulets et dix ou douze hommes à cheval... Son train est de quarante personnes.* Mme de Montespan aima si fort Bourbon qu'elle y mourut, après trente années de fréquentation. Son corps repose dans l'église des Capucins.

Boileau — au nom prédestiné — y fit une longue cure contre une aphonie persistante. Quatre médecins besognaient sur lui en même temps ; ce qui explique sans doute pourquoi il n'obtint pas le résultat escompté. Plus heureux, Talleyrand sera un baigneur d'une extrême fidélité à Bourbon, y faisant trente-deux cures consécutives de 1801 à 1832. « C'est aux eaux de cette cité thermale que je dois, assurera-t-il, la vigueur de mon corps et la verdeur de mon esprit. » Une fois de plus, par ses puits, Bourbon a participé à l'histoire de la France.

A l'ouest de l'Allier, Néris bouillonnait tout aussi allègrement : dans le second livre de Pantagruel, Rabelais fait allusion à ses sources chaudes. Les auberges distribuaient les soins d'une façon rudimentaire : montée dans un baquet de bois fixé le long d'un mur, l'eau était lancée sur les malades au moyen d'un tube de fer. En 1755, le tremblement de terre qui détruisit Lisbonne provoqua, à douze cents kilomètres de là, une explosion souterraine à Néris ; elle projeta en l'air une colonne d'eau haute de trois ou quatre mètres, sous les regards stupéfiés de la population, tandis que les autres sources s'agitaient et prenaient une couleur laiteuse. Ainsi, Néris se trouva riche d'une fontaine supplémentaire. Des phénomènes similaires eurent lieu dans les autres stations thermales, et cela jusqu'à de grandes distances de l'épicentre. A Toeplitz, en Bohême, les eaux prirent la couleur du sang et inondèrent la ville.

Vichy s'enrichit et s'embellit sous l'impulsion de l'intendant des eaux Jacques-François Chomel, originaire de Gannat, docteur en médecine. Des lettres patentes lui assurent un droit de deux sols sur chaque bouteille de trois chopines d'eau, sur lesquels dix-huit deniers reviendront à perpétuité à l'hôpital, à charge pour celui-ci de fournir aux pauvres « les lits, linges, bois et autres choses nécessaires dans le bain qui leur est destiné ».

Outre les bains, la douche, les étuves, Chomel conseille aux malades la saignée fréquente et les ventouses simples ou scarifiées. Celles-ci doivent être pratiquées au moyen de cornets, qui sont en fait des cornes de vache raccourcies, ouvertes aux deux bouts. Leur pose exige une belle adresse buccale. Préalablement, le médecin ou son aide se met sur la langue — en prenant bien garde de ne pas l'avaler — une boule de cire qui aussitôt se ramollit. Se servant alors de ses lèvres comme d'une machine pneumatique, il aspire par le petit trou de la corne qu'il obture au bon moment en y poussant de la langue le tampon de cire. En une minute, un aspirateur entraîné peut de la sorte poser plusieurs cornets. Il en existe de toutes dimensions ; les plus petits se fixent aux articulations, sur les doigts, sur les orteils. Chomel chante aussi les beautés et les agréments de Vichy. Sa situation au bord de la rivière, près de coteaux « ornés de vigne et d'arbres fruitiers ».

Ses maisons : riantes, bien fournies de mobilier, surtout de bons lits. Ses habitants : fort honnêtes et d'humeur engageante, cherchant de tout leur pouvoir la satisfaction de leurs hôtes. Ses installations : les bassins revêtus de marbre et de pierre de Volvic, avec « une magnificence royale ». Ses plaisirs de bouche : le pain, le veau, les poulets, les pigeons, les perdrix, les dindonneaux, les cailles y sont excellents ; le levraut admirable ; les vins abondants et de qualité, spécialement celui de la vigne des Célestins.

Se fiant à ce dithyrambe arrivent à Vichy, en 1786, Mesdames de France, filles de Louis XV et tantes du futur Louis XVI, accompagnées par un équipage de deux cent soixante personnes. Le séjour leur procurera quelque déception. Le bourg a d'abord grand-peine à loger tout ce beau monde, les princesses Adélaïde et Victoire prenant d'emblée ce qu'il y a de meilleur : le couvent des Capucins. Les eaux, le climat, le charme du paysage les enchantent ; mais elles froncent le nez à la boue des chemins, aux odeurs des caniveaux. Désireuses de revenir l'année suivante, elles décident de faire le ménage dans la petite station thermale, tout spécialement Adélaïde qu'à cause de sa manie du nettoyage Louis XV appelait « Madame Torchon ». Elles ordonnent la construction d'un nouvel établissement et d'un Pavillon royal ; on curera les fossés, on réparera les routes et le bac sur la rivière, encore démunie de pont. Car sa traversée était une opération bien pittoresque : sur les gabarres, les voyageurs devaient prendre place, pêle-mêle avec les chars à vaches, les voitures à ânes, les cochons, les paniers, les chevaux et les chiens. Total de la dépense prévue : 82 748 livres, qui ne seront pas payées par le Trésor royal, aussi vide que la boîte de Pandore, mais par la Convention. Quant aux princesses, elles oublieront leurs résolutions, ne reviendront jamais et s'en iront prendre les eaux en Italie. En souvenir de leur visite, la source Mesdames porte cependant leur nom.

Pendant la Révolution, Vichy continua ses cures à petit train. En 1799, la ville reçut Maria Letizia Bonaparte dont le fils créa par décret, en 1810, le parc des Sources qui deviendra la principale promenade des curistes.

La Restauration ramène à Vichy la famille royale. Marie-Thérèse, fille de Louis XVI, ex-prisonnière du Temple, duchesse d'Angoulême, y séjourne en 1814 et en 1821. La population l'accueille chaleureusement. Une image d'Epinal et de propagande royaliste répand à travers le pays le renom de sa charité ; on l'y voit sur la rive du Sichon faisant l'aumône à un aveugle.

La saison débute alors quand les troupeaux qui paissent sur la rive gauche hument une certaine émanation provenant du puits de l'Hôpital, encore léché par le cours de l'Allier. Leur instinct les pousse à traverser la rivière, et à venir boire au trop-plein des eaux thermales : elles ont la propriété de dissoudre les concrétions accumulées dans leur estomac durant l'hiver. Suivant l'exemple des ruminants, les curistes viennent aussitôt de toutes parts. Ils voyagent en diligence ou prennent l'« inexplosible », bateau à vapeur mis en service à partir de 1840 sur la Loire et l'Allier. Ainsi nommé pour rassurer fallacieusement la clientèle, alors que tout est susceptible d'exploser, la grenouille, l'atome, la démographie, le soleil. Il est muni de roues à aubes et d'une cheminée rétractile qui s'abaisse au passage des ponts.

Vers 1860, Vichy n'est encore qu'un gros bourg aux rues étroites, sales, mal pavées avec un grossier pont de bois à péage. Pourtant, cinq mille baigneurs y arrivent chaque année et s'y accommodent de ces inconvénients. La gravelle de Napoléon III va changer tout cela et en faire « la reine de nos villes d'eaux ».

Les cures de Plombières ne l'avaient pas soulagé ; de plus, il souffrait à présent de rhumatismes, de goutte, d'une peau irritable. Ses médecins décident alors de l'envoyer à Vichy. Aucune maison n'est digne de le recevoir ; mais son musicien officiel, Isaac Strauss, chef d'orchestre de l'Opéra, lui offre la sienne. Au début de juillet 1861, l'empereur et sa suite arrivent par train spécial et descendent à Saint-Germain-des-Fossés. Le cortège prend la route de Vichy, Napoléon encadré de ses cent gardes à cheval. Mais voilà qu'au lieu dit « les Gadons », un essieu de la voiture impériale se brise ; il n'en faut pas plus pour que, sur-le-champ, il décide de faire construire le tronçon de voie ferrée Saint-Germain-Vichy. L'accueil est triomphal. Tout le temps que dure la cure, la ville est en fête. Cela fait beaucoup de bruit : Napoléon suggère d'édifier une série de chalets dont la façade sera tournée vers la rivière, pour éviter les ovations importunes. Le matin, il prend les eaux à domicile, s'occupe ensuite des affaires de l'Etat, reçoit ministres et ambassadeurs. L'après-midi se passe en promenades : Randan, Thiers, le château de Busset accueillent l'auguste visiteur. Il lui arrive aussi d'assister à des spectacles. A la fin d'une représentation, Mlle Daudoirt, vedette de l'époque, lui récite un compliment :

Puissiez-vous, sire, en revenant ici,
Encourager notre douce espérance.
Si grâce à nous l'Empereur a souri,
Notre théâtre est aujourd'hui
Le plus grand théâtre de France...

Et il revient. En 1862, 1863, 1864, 1866. Dès son second séjour, le train le transporte à pied d'œuvre. La municipalité a fait bâtir, le long de l'Allier, une digue interdisant les divagations du fleuve. Cela permettra plus tard l'aménagement de nouveaux parcs à l'anglaise, avec rocailles, pièces d'eau, cygnes et canards de Barbarie. On dira désormais « Vichy et ses parcs ».

La saison impériale de 1863 est toutefois dramatiquement écourtée. Elle s'annonçait cependant brillante entre toutes. Le 19 juillet, le général de Gallifet avait remis solennellement à son empereur les drapeaux pris aux Mexicains à Puebla. Salves d'artillerie, discours, quadrilles, défilé de la garde. Or, voici qu'après trois jours, Eugénie plie soudain bagage et se retire à Saint-Cloud, où Napoléon la rejoint une semaine plus tard. Tout cela pour un chien ! Un épagneul noir rencontré en ville, fortuitement, au cours d'une promenade et qui s'est élancé vers l'empereur, frétillant de la queue, donnant des signes évidents d'allégresse et de familiarité. Eugénie a reconnu tout de suite cet animal : il appartient à Marguerite Bellanger, l'actuelle maîtresse de son mari. Outragée, elle quitte la place sans étrenner la chaise à porteurs dorée sur tranche que la Compagnie fermière venait de lui offrir pour se rendre aux bains.

Vichy s'embellit pourtant de saison en saison, les hôtels se multiplient, la gravelle devient une mode internationale. La reine d'Espagne, le roi des Belges, des ducs, des princes, des boyards veulent y soigner la leur. Mieux encore : les visites impériales doublent le nombre des bouteilles expédiées ! Le grain de sable de Cromwell. Le grain de sable de Badinguet...

On s'apercevra cependant que ces eaux sont plus efficaces encore contre les maladies de foie. L'« Epopée coloniale » va lui en expédier des cargaisons. Gros propriétaires du Sahel et de la Mitidja, sultans, cheiks, beys, glaouis, nababs, capitaines de spahis, marabouts y apportent leurs jaunisses et leurs figures grêlées comme des écumoires.

Puis viendront les temps noirs. Ceux de Vichy capitale honteuse, équivoque, maudite dès son premier jour. Mais s'il lui fallut contre son gré jouer ce rôle difficile, elle le dut à sa situation géographique, à ses capacités d'hébergement. Les sources sont restées pures de toute responsabilité. Et par conséquent, il n'est pas dans mon propos de raconter ces heures-là.

Le Mont-Dore.

On ne sait à peu près rien de ce qui se passait au village des Bains, ou de Baings, durant la plus grande partie du Moyen Age. Si ce n'est que le curé devait être bien misérable puisque, en 1291, les chanoines de Clermont décident de lui allouer de quoi payer son linge et sa chandelle. Peu de voyageurs s'y risquaient parmi ces montagnes hérissées de châteaux-forteresses et infestées de brigands : « Ici, ils y étaient écorchés, là on les étranglait, ailleurs on leur coupait les poings, partout on vous allégeait de votre bourse », raconte un chroniqueur.

La misère est aussi grande en 1605 quand le médecin moulinois Jean Banc rend visite à ce village, qui possède « un bâtiment rond en pierres noires, de trois ou quatre pieds de diamètre et une seule personne à la fois peut s'y baigner... Les pierres toutes entières de leur Panthéon y sont éparses çà et là. Le vieil lavoir de leurs anciens bains y paroist encore, les médailles de leur antiquité s'y rencontrent en plusieurs lieux. De sorte que je n'aurois d'autre arguement du mérite de ces sources que la muette recommandation que nous en laissent les ruynes de cette entiquité, j'y croirais toujours beaucoup plus de propiétez qu'en plusieurs autres de pareilles conditions. »

Aucun changement notable encore à la fin du siècle suivant, lorsque Legrand d'Aussy s'aventure, en 1788, dans les montagnes d'Auvergne, si ce n'est que l'on commence à désigner les sources par l'expression « les eaux du Mont-d'Or ». Les buveurs viennent y boire à une fontaine en plein air, au milieu de la boue, sous le soleil et la pluie. Quant aux baigneurs, ils n'ont à leur disposition qu'une seule baignoire, si étroite et si peu profonde qu'ils sont obligés de s'y tenir accroupis. « Si les eaux du Mont-d'Or ont quelque renommée, conclut le narrateur, il faut avouer qu'elles n'en sont guère redevables qu'à elles-mêmes. Logements dégoûtants sans cour, sans remises, écuries sans litières, village sale et boueux. Voilà ce qu'on y trouve, mais... elles guérissent ! »

A peu près à la même époque, le marquis Victor Riqueti de Mirabeau, père du célèbre orateur, séjourne au Mont-d'Or pour raisons de santé. Tel l'explorateur moderne de la salle Pleyel, il décrit en termes horrifiques les mœurs des naturels. Ainsi, dans une lettre à la comtesse de Rochefort :

... Je vous peindrais la fête votive du lieu que nous avons eue le 14. Les sauvages descendant en torrent de la montagne. Des hommes affreux, ou plutôt des bêtes fauves couvertes de sayons de grosse laine, avec leur large ceinture de cuir piquée de clous de cuivre, d'une taille gigantesque rehaussée par de hauts sabots, trépignant avec progression, se frottant les flancs avec les coudes, la figure hâve et couverts de leurs longs cheveux gras, le haut du visage pâlissant et le bas se déchirant pour ébaucher un sourire cruel et une sorte d'impatience féroce... Et ces gens-là payent la taille ! Et l'on veut encore leur ôter le sel !... Ah ! Madame, le colin-maillard poussé trop loin finira par la culbute générale.

En 1803, le renom des sources montdoriennes attire une visiteuse de marque : Pauline de Beaumont, maîtresse de Chateaubriand, laquelle, âgée de trente-cinq ans, n'a plus que quelques jours à vivre. Fille du comte auvergnat Montmorin de Saint-Hérem, dernier ministre des Affaires étrangères de Louis XVI, elle avait épousé le comte de Beaumont, tenu alors cependant pour le plus mauvais sujet de tout Paris. Toute sa famille fut victime de la « culbute générale » ci-dessus prophétisée : le père égorgé et empalé, la mère décapitée, sa sœur aînée devenue folle de douleur. Sauvée par un paysan chez qui elle se réfugia, recueillie par Joubert, ami de Chateaubriand, elle entendit dans le salon de son protecteur le Breton échevelé faire la première lecture d'*Atala*. Après son départ, elle avoua à Joubert : « Il me fait éprouver une sorte de frénésie, il joue du clavecin sur toutes mes fibres. » On comprend ce que cela signifiait. Le musicien et l'instrument avaient le même âge : trente-deux ans.

Elle eut trois brèves années de bonheur — au cours desquelles Chateaubriand ne se priva pas de faire vibrer d'autres clavecins. Puis, rongée par la tristesse et la maladie, Pauline décida de tenter une cure à ces eaux de son pays qu'on disait miraculeuses. Après une semaine de voyage, elle arriva épuisée de fatigue et de toux, étendue sur un matelas au fond d'une charrette, tandis que l'« enchanteur » s'établissait joyeusement à Rome dans ses fonctions de premier secrétaire d'ambassade. Partie de Clermont le 3 août au milieu de la nuit, trempée en cours de route jusqu'aux os par le plus romantique des orages, elle atteignit au petit matin un Mont-d'Or surpeuplé de baigneurs, se mit à chercher de porte en porte un logis introuvable. Elle finit par accepter un lit de fortune dans la cuisine d'une auberge, en compagnie d'« une légion de puces ». Les jours suivants, toutefois, « à force de monter en grade et de profiter des départs », elle se trouve dans une chambre à feu assez passable. Entre les soins, elle attend des lettres de Rome, elle s'ennuie à mourir ; elle s'étend sur son lit et compte les solives du plafond. Son mal l'étouffe. De Paris, Joubert lui remonte le moral en lui citant des moribonds devenus octogénaires.

Sitôt les soins terminés, Pauline n'a qu'une idée : rejoindre son amant. Elle s'arrête quelques jours à Clermont, chez sa cousine, Mme de Vichy. Elle se sent dans la province d'où les Montmorin sont issus et se plaît à entendre parler d'eux, de sa malheureuse famille. Elle aime cette ville curieuse, aux maisons noires, aux toits plats et rouges. Vers la mi-septembre, elle prend la diligence de Lyon, puis gagne l'Italie. Le 1er octobre, elle est à Milan ; le 4 novembre, elle meurt à Rome dans les bras de Chateaubriand. Cette fin inspirera au Breton des pages d'une haute tenue littéraire et quelque regret de n'avoir pas été couché sur le testament de l'infortunée mais riche comtesse.

Deux années plus tard, en 1805, les bains du Mont-Dore sont confiés aux soins du docteur Michel Bertrand : son règne durera quarante-quatre ans. Levé chaque jour dès une heure du matin (comme les baigneurs du premier service), on le verra partout, avec sa petite casquette et sa redingote de flanelle grise, parcourant les salles, examinant chaque malade, vérifiant la température des eaux. Il surveille l'alimentation des auberges, exige un vin de qualité, ordonne que les carafes soient sur la table une heure avant les repas, pour être chambrées. Il invente un nouveau traitement, par inspiration de la vapeur hydrominérale : la première salle d'inhalation est installée en 1833. S'improvisant architecte et urbaniste, il préside à la construction d'un établissement thermal, fait élargir et redresser les rues, aménager la place du Panthéon, suggère l'édification de nouveaux hôtels et d'une nouvelle église, plus spacieuse et plus digne des ambitions montdoriennes.

La mode les encourage, depuis que la duchesse de Berry est venue, en 1821. Son mari, fils du futur Charles X, a été assassiné l'année précédente ; mais elle portait dans son sein l'« enfant du miracle », celui qui sera le duc de Bordeaux illustré par une chanson de corps de garde. La duchesse arrive le 1er septembre avec une suite de trente-deux personnes, sans compter sa chienne Foliche. Logée à l'auberge Ramade, elle se fait remarquer par sa gentillesse, sa bonne humeur, sa générosité. Les naturels chantent sous sa fenêtre des chansons patoises qu'elle se fait traduire, qu'elle applaudit et récompense par des poignées de piécettes : les Auvergnats se les disputent avec un acharnement qui l'amuse beaucoup. Le dimanche, c'est de son appartement que tombe la musique : elle y entend la messe parmi les siens. A genoux au milieu de la place, de nombreux paroissiens unissent leurs voix à celles des altesses, avec une grande ferveur que fouette l'espérance d'une nouvelle pluie de bronze. Pour honorer la visiteuse, on déterre une nouvelle source à laquelle on donne son nom : Caroline. Elle écrira dans ses lettres : *Les bons habitants !... Le beau pays !... Je voudrais être Auvergnate !*

Après elle, la mode est lancée. L'année suivante, Scribe fait jouer un vaudeville intitulé *Les Eaux du Mont-d'Or* qui obtient un grand succès au théâtre du Gymnase. De plus en plus miraculeuses, ces eaux attirent les gens de lettres parisiens ! Mieux : elles leur donnent l'inspiration ! C'est d'abord Charles Nodier qui n'en tire aucun profit, si ce n'est médical. Puis Balzac qui exploitera dans *La Peau de chagrin* des extérieurs rapidement vus : *Ces lacs ignorés, ces rustiques chaumières des Monts-Dore, dont les âpres et sauvages attraits commencent à tenter le pinceau des artistes ; ces hauteurs qui offrent un spectacle continuel et changeant, comme les reflets irisés de la gorge des pigeons...* Aveuglé par son enthousiasme, il place le Mont-Dore dans le Cantal et fait pousser la vigne près du lac de Guéry, à 1 300 m d'altitude.

Alfred de Musset débarque aussi, par obligation mondaine. George Sand y séjourne plusieurs fois. La première en 1827, alors qu'elle n'est encore que la baronne Dudevant, en compagnie de son mari et de son fils. Et là, dans un hôtel anonyme, elle reçoit pour la première fois sans doute la visite de l'inspiration littéraire ; au Mont-Dore commence sa glorieuse carrière :

Elle est charmante, ma chambre : quatre pieds carrés, une chaleur délicieuse, une alcôve pour Maurice et pour moi avec deux lits jumeaux, une autre chambre pour Casimir (le baron), *des rideaux blancs, beaucoup de fenêtres et une propreté délicieuse. On est à merveille ici ! Je vais faire le tour de ma chambre. J'aime à voir l'ordre autour de moi. C'est un des premiers biens de la vie. J'écrirai pour me désennuyer* Mon voyage en Auvergne.

L'Auvergne lui inspirera plusieurs romans, et le Mont-Dore plus spécialement *Jean de la Roche,* dont l'action s'achève au sommet du Sancy par une ascension fantastique : elle (Love Butler) dans une chaise à porteurs ; lui, entre les brancards de devant, tandis qu'un professionnel tient ceux de derrière...

Le Mont-Dore recevra bien d'autres artistes célèbres : Anatole France, venu soigner son asthme ; Marie Bashkirtseff sa langueur de poitrine et sa mélancolie ; une foule de chanteurs soucieux de leur gorge, dont le glorieux Melchissédec, natif de Saint-Sauves, qui en valait trois à lui seul, puisqu'il tenait les rôles de ténor, baryton et basse chantante.

Châtelguyon.

Sur la butte qui dominait le village, Guy II, comte d'Auvergne, fit édifier au XIIe siècle un château fort destiné à renforcer la défense de Riom. Il avait la forme d'un quadrilatère crénelé, aux angles duquel s'élevaient de fortes tours. Pas de donjon, mais une seconde enceinte crénelée protégeait les maisons des serfs au pied du monticule. Au XVIe siècle, il n'en restait pas grand-chose. A la suite d'une épidémie de peste, les habitants du village bas abandonnèrent leurs maisons et se réfugièrent sur la butte, y construisant ce qui est aujourd'hui la « vieille ville ».

Les sources minérales commencèrent à cette époque d'être exploitées. En 1787, Legrand d'Aussy y vint boire. « Tout dans ce canton est eau minérale, en écrivait-il. Outre la Source Grillée, il y en a une autre, nommée Azan et connue des paysans sous le nom de Gargouilloux. Dans le lit du ruisseau qui arrose le village, on en voit une nommée La Vernière, qui sort par un trou qu'elle s'est fait à travers une roche. Celle-ci avait 25° de chaleur. Elle jaillissait à 4 pieds 4 pouces de haut et, atteignant une haie qui est là, incrustait et agglutinait les feuilles qu'elle pouvait toucher. Les gens du lieu s'étaient pratiqué, dans la roche même, une baignoire. »

Plus tard, George Sand, qui parcourait l'Auvergne en tous sens, y goûta à son tour. Et aussi à celles du village tout proche d'Enval :

Je ne veux pas oublier la source minérale d'Enval, écrira-t-elle dans ses « Souvenirs », *propriété d'une vieille femme qui l'a enfermée dans une cahute et qui la vend aux amateurs ; eau acidulée, délicieuse au goût et dont les habitants de Riom font usage comme de l'eau de Seltz... Le chemin qui conduit à Châtelguyon à travers les collines luxuriantes est un perpétuel enchantement.*

Le même site fut grandement apprécié par Maupassant qui séjourna trois fois à Châtelguyon, de 1883 à 1886, afin d'y soigner son estomac. On lui appliqua aussitôt une thérapeutique énergique qu'il décrivit dans son récit *En Auvergne.* Elle consiste en un lavage approfondi, qu'il appelle « le supplice de l'eau ». On étrangle d'abord le malade dans une sorte de camisole de force en caoutchouc ou en toile cirée. Après quoi, on lui introduit dans la bouche, puis dans la gorge et peu à peu « jusqu'au fond du ventre » une des branches d'un tube à trois embouchures, « sorte de serpent rouge, long, mince, roulé sur lui-même et qui semble avoir trois têtes ». Un autre bras communique avec le robinet d'une source, le troisième se déverse dans un bocal. « Le patient tend les mains, râle, hâve comme un chien enragé, et, secoué de hoquets à la façon des gens atteints du mal de mer, cherche à rejeter l'horrible tube... Alors, tout à coup, l'aide tourne un robinet et l'eau pénètre le patient, le gonfle à la façon des chameaux qui boivent aux citernes la provision d'un mois. Son corps se tend, sa face devient violette. On croirait qu'il va expirer ! Mais, ô miracle ! un filet d'eau jaillit soudain de l'embouchure posée dans le récipient de verre. » Il ne reste plus ensuite au médecin qu'à examiner et commenter les matières ainsi ramenées des profondeurs, et à en tirer des conséquences.

Maupassant goûta peu ce genre de traitement, ni ceux qui le lui infligeaient. Il aima du moins la région, la Limagne brumeuse, le plateau « hérissé d'anciens cratères », le gour de Tazenat : « un admirable petit lac, tout rond, tout bleu, clair comme du verre », dans lequel le soleil « verse en pluie sa lumière chaude ». Il poussa jusqu'à Châteauneuf, « station de rhumatisants où tout le monde boite ».

Tout cela passera dans un roman ambitieux et médiocre qu'il tirera de ses trois séjours : *Mont-Oriol*. Histoire satirique d'une station thermale, créée et lancée de toutes pièces par une association quelque peu fripouillarde comptant un propriétaire, un notaire, un banquier, des médecins. On exploitera la crédulité des malades, leur peur de mourir, leur goût pour les divertissements puérils. Il y a déjà du docteur Knock là-dedans. De plus, l'Auvergne y passe par toutes les couleurs, tantôt décrite de façon assez exacte, tantôt défigurée. Les vaches y sentent la vanille ! Quant aux indigènes, ils s'expriment de la façon suivante :

« Eh bien mon brave, ça va-t-il mieux ?

— Oui, oui, cha va, cha va a lo voulounta... Ch'est pas le païrè Cloviche qu'est encore là ?... T'nez, monchieu le docteur, en v'là un qu'a bejoin de vos choins, on l'a pas vu faire un pas d'puis diche ans... »

A croire que M. de Maupassant n'entendit jamais parler les Auvergnats que dans le théâtre de Labiche. C'est dire l'accent de vérité qui se dégage d'un tel récit ! Bonnes pour l'intestin, pour l'estomac, les sources de Châtelguyon ne le sont pas nécessairement pour l'inspiration littéraire.

Royat.

Cette station du cœur et des artères doit au volcanisme sa prospérité, ses sources minérales, ses fameuses grottes logées dans des boursouflures de la lave, les pierres dont sont bâties l'église et ses vieilles maisons, et jusqu'à son nom même : *Rubiacum*, tiré de la couleur rougeâtre des scories. Une piscine gallo-romaine a été mise au jour et tout près de là, à Chamalières, ces mètres cubes d'ex-voto dont j'ai déjà parlé. Cependant, ici comme ailleurs, l'usage de l'hydrothérapie disparut après le Vᵉ siècle ; les buissons recouvrirent les ruines, les Royadères plantèrent des vignes et perdirent le goût de l'eau. Royat fut un village misérable et pittoresque, vivant surtout de ses nombreux moulins établis sur la Tiretaine.

Au XVIᵉ siècle, l'évêque de Clermont, Jacques d'Amboise, désireux d'abreuver la partie haute de sa ville, traite avec l'abbé de Mozat, seigneur de la paroisse, l'achat des eaux qui jaillissent dans la grotte. Il charge l'entrepreneur liégeois Pierre Guignon d'établir les canalisations. En même temps, il fait construire près de sa cathédrale par des sculpteurs venus de Tours la belle fontaine qui porte son nom. On s'apercevra par la suite que l'eau manque de pression, et que les trente-six jets prévus ne coulent que goutte à goutte, malgré les efforts des fontainiers. On sera donc amené plus tard à la transporter vers un site inférieur : la place Delille. Elle émigrera deux fois encore, pour des motifs de circulation, véritable monument à roulettes.

On ne sait trop à quel titre le Florentin Symeoni fit graver le 27 octobre 1558 l'inscription ci-dessous sur le rocher, à quelques pieds en aval de la grotte de Royat, laissant entendre qu'il avait été pour quelque chose dans le captage de ses sources :

D.M. MVSIS ET GENIO
ET BLANDE SCATVRIENTIBVS
ROYATICIS NYMPHIS
SVI NOMINIS OEVITERNAE MEMORIAE
GABRIELE SYMEONVS FLORENTINVS

« *Monument dédié aux Muses et au Génie, et aux douces Nymphes qui jaillissent à Royat, éternel souvenir de son nom, Gabriel Symeoni Florentin.* »

Cet humaniste-antiquaire prenait volontiers ses désirs pour réalité, rêvant de jouer près de l'évêque de Clermont, Guillaume Duprat (frère du chancelier), le même rôle que Léonard de Vinci près de Ludovic le More.

Un moment réveillé par les coups de pioche, mais réduit au rôle de château d'eau de Clermont, Royat de nouveau s'endormit pour plusieurs siècles, près du gazouillis de ses ruisseaux et de ses sources. En 1789, un économiste anglais, Arthur Young, de passage en Auvergne, s'intéressa à ce ruissellement et à son exploitation, et fit tout exprès l'excursion de Clermont au village. Curiosité qui devait lui valoir bien des ennuis. C'était le temps de la Grande Peur : on annonçait la venue de brigands qui dévastaient les campagnes et les villes. On les avait vus partout, à Tulle, à Allanche, à Thiers, à Montluçon. A Ambert, on disait Arlanc en flammes ; à Arlanc, on disait la même chose d'Ambert. Le roi, la reine complotaient avec les étrangers pour introduire des troupes en France : des Allemands, des Suisses, des Autrichiens. Et voici notre Anglais au milieu de cette panique :

Je pris une femme pour me conduire aux sources qui se trouvaient plus haut, dans la montagne ; à mon retour, elle fut arrêtée par un soldat de la garde bourgeoise (car même ce misérable village a sa milice nationale), pour s'être, sans permission, faite le guide d'un étranger. Comme la pauvre diablesse se trouvait dans l'embarras par ma faute, je décidai de les accompagner, afin d'essayer de la tirer d'affaire en attestant son innocence.

Au « château », l'Anglais s'explique devant le comité du village : la femme n'est pas une complice de la Reine ; elle a eu seulement l'envie de gagner quelques sous en montrant les sources au voyageur.

« Si vous ne désiriez voir que les sources, pourquoi tant de questions sur le prix, la valeur, le produit des terres, que vous avez faites à cette femme ?

— Je suis moi-même cultivateur en Angleterre, et ce sont là des sujets qui m'intéressent. Plusieurs personnes que je connais à Clermont vous garantiront la véracité de mes paroles. Considérez, citoyens, que c'est la première faute de cette personne et soyez assez indulgents pour la rendre à sa famille éplorée ! »

On s'y refusa d'abord ; enfin l'on y consentit, lorsque je déclarai que, s'ils l'emprisonnaient, ils devaient me traiter de même. Mais alors ils auraient à répondre de leurs actions ! Ils finirent donc par la laisser partir avec une simple réprimande. Je les quittai aussi, convaincus que la Reine conspirait contre leur rocher et leurs montagnes. La foule se partageait en deux opinions : les uns pensaient que j'étais un commissaire venu chez eux évaluer les dommages causés par la récente grêle ; les autres que j'étais un agent de la Reine : elle projetait de faire sauter le village avec une mine et d'envoyer les survivants aux galères. Le soin qu'on a eu de noircir la réputation de cette princesse et de la rendre odieuse au peuple est incroyable ; il semble qu'il n'y a pas d'absurdité assez forte, de faits assez invraisemblables pour qu'on refuse de les croire.

Après des temps si troubles, les sources retrouvèrent leur limpidité. Vers 1850, l'abbé Védrines et le maire de Royat, ayant remarqué un point où la neige ne tenait jamais, firent pratiquer de nouvelles fouilles. Ainsi fut exhumé le captage gallo-romain d'une source chaude, accompagnée d'abondantes émanations de gaz carbonique. On l'entoura d'une baraque en bois ; on aménagea des chambres dans les greniers et les moulins ; on invita les malades à venir essayer de l'ancienne cure. Les Clermontois furent les premiers clients ; puis il en vint d'ailleurs ; on construisit un établissement thermal. En 1862, une visite de l'impératrice fit connaître la station à la France entière. La source redécouverte par l'abbé Védrines devint (avec beaucoup d'exagération, sa température ne dépassant jamais 35°) la « bouillante Eugénie ». Outre ses vertus curatives, elle offrait les rares curiosités de la Grotte du Chien où stagne en permanence une couche de CO_2 : un caniche y donne au ras du sol des signes d'asphyxie, mais reprend vie à un mètre de hauteur ; la flamme d'une bougie s'y éteint ; des bulles de savon, interrompant leur descente, flottent et rebondissent sur le gaz carbonique comme sur un matelas Dunlopillo. Quant à l'Auvergnat adulte lui-même, il ne court aucun danger, sauf s'il lui arrive de laisser tomber une pièce de cinq centimes : les plus difficiles à ramasser. A l'abri de l'oxydation, la viande s'y conserve d'ailleurs fraîche plusieurs semaines.

Bientôt, les foules vinrent. « On se promène quelque temps dans la poussière de la route, écrivait le chansonnier Nadaud ; l'établissement se dispense de faire balayer parce que les robes des dames se chargent de cette opération. » Les frères Goncourt étaient malades dans tout le corps lorsqu'ils y séjournèrent en juillet 1867 ; cela se sent à la description hypocondriaque qu'ils font dans leur *Journal* de Clermont et de Royat :

La tristesse plate et dominicale de la province, à laquelle s'ajoute ici le deuil de l'horrible pierre du pays, la pierre ardoisée de Volvic qui ressemble à ces pierres de cachot, dans les décors de cinquième acte des drames du Boulevard. Une église, la cathédrale des charbonniers, noire au-dehors, noire au-dedans ; un tribunal, un temple noir de la justice, un Odéon de la loi, académiquement funèbre, et d'où l'on tombe sur une promenade, où les arbres maigrissent d'ennui dans une grande ombre moisie. Toujours et partout ces fenêtres encadrées de noir, ainsi que des lettres de faire-part mortuaires. Et sempiternellement à l'horizon, cet éternel puy de Dôme, dont le cône bleuâtre ressemble si épicièrement à un pain de sucre, enveloppé de son papier... La peur nous prend, et nous nous sauvons de l'Auvergne.

Cela ne les empêchera pas de revenir deux ans plus tard. Comme viendront de nombreux autres gens de lettres, sensibles à ces paysages tourmentés autant qu'aux effets bienfaisants des eaux sur leurs cœurs fatigués. Le cœur est le point faible des poètes. Mallarmé y soignera le sien. Maurice Maeterlinck y rêvera *L'Oiseau bleu.* Amélie Murat y tiendra longtemps une boutique de librairie, à la clientèle parcimonieuse, malgré l'enseigne *A la Plume d'Or. La Revue des Deux Mondes* s'y repliera durant la dernière guerre. André Billy s'y prolongera par de nombreux séjours.

Le brave général Boulanger, poète de la politique, avait le cœur non moins fragile. Qui l'eût cru cependant, en le voyant revenir de la revue à la tête de l'armée française, la barbe provocante, son regard d'acier fixé sur la ligne bleue des Vosges ? En 1886, les journaux nationalistes extrapolaient sa carrière, « d'après la méthode de Cagliostro », de la manière suivante :

Né à Rennes le 29 avril 1837
Nativité nocturne sous le 10e du
Taureau et le 29e jour de la lune en une
Année de Jupiter
Général de Division le 18 février 1884
Ministre de la Guerre le 8 janvier 1886
Vainqueur de l'Allemagne
le 7 novembre 1890
Président de la République le 17 mai 1891.

Sa prestance, son revanchisme, les réformes introduites dans l'armée en faveur du bidasse (il avait inventé les « permissions agricoles » ; peint les guérites des sentinelles en bleu-blanc-rouge, ce qui leur ôtait définitivement toute ressemblance avec les niches à chien ; remplacé la gamelle de fer par une assiette de faïence, ajouté une fourchette à la cuiller, qui servait précédemment même pour manger la viande) ; ses prétentions démocratiques l'avaient rendu immensément populaire, faisant oublier son action contre la Commune en 1871. Cet engouement parut dangereux au président du Conseil Rouvier qui nomma le général à la tête du 13e corps d'armée à Clermont-Ferrand, le

30 mai 1887. « Le ministère a pris un parti énergique, écrivit Henri Rochefort dans *L'Intransigeant*. Il vient de déporter le général Boulanger. On lui a désigné comme lieu de sa détention les montagnes de l'Auvergne... » Horrible perspective !

Son départ de Paris fut difficile. La foule se coucha sur les rails devant la locomotive. Déroulède et la « Ligue des patriotes » jouaient à chat perché sur les valises et sur les bancs. Cependant, respectueux du règlement comme tout bon militaire, adversaire de l'indiscipline en général et des coups d'Etat en particulier, « Barbe-Blonde » finit par suivre docilement un policier — Louis Lépine — qui l'installa dans une locomotive sans wagons et le fit partir par une voie détournée. A Clermont, où il arriva le 9 juillet à 5 h du matin, sans tambours ni trompettes, le chef de gare se dévoua pour lui offrir un bouquet. L'entrée officielle fut reportée au dimanche suivant, 11 juillet. Toutes les sociétés représentatives s'étaient rassemblées devant la préfecture : *L'Arvernoise, L'Indépendante, La Jeune Gaule* de Pont-du-Château,*Les Enfants d'Aubière, Les Laboureurs de la Limagne* de Gerzat. Le général parut, monté sur son légendaire cheval noir. On attendait un discours enflammé ; il débita un ordre du jour d'une déplorable sécheresse ; on n'en eut pas pour son argent.

C'est que, derrière ses feuilles de chêne, cet officier général nourrissait des pensées idylliques. Séparé de sa maîtresse, la vicomtesse de Bonnemains, il rêvait au moyen de la faire venir près de lui sans scandale. Où l'installer ? Ses officiers d'ordonnance se mirent en quête d'un nid discret, et choisirent, dans l'ombreuse vallée de la Tiretaine, l'Hôtel des Marronniers, tenu par Marie Quinton, surnommée par les Royadères *lo Dzento Mouneyro* : la Belle Meunière. Fille en effet d'un meunier originaire de Vertaizon, mariée à dix-huit ans, divorcée à vingt-six, elle avait transformé en hôtel le moulin paternel, et l'exploitait avec l'aide de sa mère et de sa sœur. Le visage plein, les yeux très noirs, la bouche expressive, elle portait à l'auvergnate un bonnet de dentelle, entouré d'un large ruban à paillettes, noué sur le front. A en juger par le portrait qui reste d'elle dans le salon de l'établissement, elle méritait bien son surnom.

Un soir d'octobre 1887, elle reçut donc la visite de deux barbus mystérieux ; ils venaient négocier la location d'un appartement destiné à d'importants amis. L'un de ces hommes se révéla par la suite être le capitaine Driant qui devait mourir à Douaumont. Quand les accords furent pris, Marie Quinton eut le droit de connaître l'identité de ses locataires, promettant de garder le secret. Ce fut l'affaire de sa vie. Jusqu'à sa mort, elle garda le souvenir de ces amours clandestines, entre la vicomtesse divorcée et le général quinquagénaire qui, pour la rejoindre, devait faire le mur de la caserne, tel un simple 2e classe. Tout cela sous le signe de la blondeur et de la langueur de poitrine : Mme de Bonnemains s'appelait Marguerite, comme la Dame aux Camélias. Le jour, sur les sources penchée, elle toussait gracieusement dans un mouchoir de batiste. Le soir, son visage se colorait, à l'approche de son bien-aimé. Marie Quinton se sentit en devoir de raconter ces grandes choses à la postérité, et se fit femme de lettres. Selon son *Journal*, voici comment se déroulaient les rencontres : *Il s'est jeté dans ses bras, il la serre à la broyer, il la couvre de baisers avec une impétuosité sans nom. Elle veut parler, il lui ferme la bouche de ses lèvres, il l'embrasse avec furie, sur les cheveux, le front, le cou, les épaules, les bras, les mains... C'est une scène indescriptible de félicité, de délire, de bonheur surhumain. Je me retire, complètement étourdie de ce que je viens de voir...*

Un soir, Barbe-Blonde ne trouve pas Marguerite. Elle a dû s'absenter, a envoyé un télégramme pour annoncer que son retour est retardé de quelques heures. *Je montai la dépêche,* note la Belle Meunière. *J'eus pendant plus d'une heure le spectacle d'un homme en proie à une crise à tel point violente que j'ai pu me croire un instant dans l'obligation d'appeler à l'aide, pour l'empêcher de se broyer le crâne contre un mur. Il poussait des cris rauques, des râles, se roulait par terre dans ses vêtements à elle, arrachés à la penderie, les embrassait, les mordait...*

Dans les intervalles de ses amours épileptiques, Boulanger continuait une action politique non moins désordonnée. Rayé des cadres de l'armée dès mars 1888, élu député, démissionnaire, réélu, manœuvré par les uns et les autres comme le bélier qui devait percer le rempart républicain, traduit en Haute Cour, il fut contraint de s'exiler en compagnie de Marguerite, de plus en plus diaphane. Marie Quinton, sur leur demande, accepta d'aller les voir en terre étrangère. Trois ans après Royat, Mme de Bonnemains mourut et fut enterrée à Ixelles, dans la banlieue bruxelloise. Quelques semaines plus tard, incapable de supporter la séparation éternelle, son amant se suicidait sur sa tombe d'un coup de revolver, s'attirant de Clemenceau cette oraison funèbre : « Le général Boulanger est mort comme il a vécu : en sous-lieutenant. » La fidèle Marie Quinton ne manqua pas d'aller prier sur le sol où tous deux reposaient, tandis que les nymphes royadères pleuraient au fond de leur grotte, intarissablement.

Vic-sur-Cère.

Après leur gloire gauloise et gallo-romaine, les sources de Vic-en-Carladez tombèrent comme les autres en désuétude. Les habitants vivaient de culture et d'élevage, des profits temporels de la justice et de la foi : siège du bailliage d'appeaux (cour d'appel), la ville comptait de nombreux magistrats, jugeant plus de huit cents affaires chaque année ; elle possédait aussi une communauté de prêtres, un monastère de bénédictines et un ermitage sur le rocher de Saint-Curial. En 1602, vient la redécouverte. Un berger remarqua que ses vaches s'en allaient obstinément lécher dans un certain pacage des pierres que baignait un suintement d'eau. Les travertins qui les dissimulaient furent enlevés, et l'on vit jaillir avec abondance une *fon salado,* qui suscita l'intérêt de tous. Les médecins y goûtèrent, essayèrent ses effets curatifs, organisèrent des traitements.

En 1637, le roi Louis XIII, sa femme et le cardinal de Richelieu leur rendirent visite. Stérile depuis vingt-deux ans, Anne d'Autriche essayait de tous les remèdes. Elle but à la source Sauve-Roque plusieurs jours de suite ; et, par surcroît de précaution, elle alla s'agenouiller à Thiézac devant la statue de N.-D. de Consolation, faisant don à son autel d'une nappe au point d'Aurillac qu'on y peut voir encore. L'année suivante, elle donna le jour à un enfant — le futur Louis XIV — qu'elle appela *Dieudonné* en souvenir de sa longue espérance.

Dès lors, les eaux de Vic furent exploitées sous patente royale, à charge pour le fontainier d'emplir et boucher de gomme « pots et fisselles », et de cire d'Espagne avec le cachet des armes de Sa Majesté « bouteilles et vaisseaux ». Le prix de chaque bouteille était limité à douze deniers, ce qui faisait de ce liquide un produit de luxe, presque aussi cher que le vin. Pour éviter abus et tricheries, un arrêté de 1774, affiché à la fontaine, ordonna au garde des eaux de remettre aux voituriers un certificat garantissant la quantité et la qualité des bouteilles transportées, précisant la date de départ, l'adresse du destinataire.

La Révolution porta un rude coup à Vic en installant à Aurillac la cour d'appel et en dispersant la plupart de ses religieux. Heureusement, le choléra et autres pestilences vinrent à son secours : ceux qui en réchappaient accouraient par centaines se revigorer le sang et les entrailles à ses sources, à son air, au pollen de ses plantes. Au siècle suivant, le chemin de fer déversa chaque année des flots de touristes, attirés par les placards publicitaires : l'un d'eux représentait un Auvergnat au teint fleuri, brandissant une bouteille de Vic en forme de bouteille de champagne, et disant à un Parisien livide :

« Il est chertain, Monchieur, que pour avoir une mine comme la vochtre vous ne prenez chertainement pas de l'eau minérale de Vic, fouchtra ! »

Vers 1900, la saison vicoise coûtait cent sous (hébergement non compris) pour lesquels on avait droit à six verres par jour, plus une bouteille à emporter, aux jeux de quille, à la musique, aux danses, aux promenades, au chant des sonnailles. On soignait sa goutte, son diabète, son anémie. Et aussi la chlorose, maladie qui frappait alors spécialement les filles vierges : pour des raisons mystérieuses, elle semble de nos jours avoir complètement disparu.

Chaudes-Aigues.

Bien nichée dans la vallée du Remontalou, entourée de superbes montagnes, la petite ville de Chaudes-Aigues est riche, comme son nom l'indique, de sources chaudes : leur température varie de 52 à 82°. Depuis l'Antiquité, la plupart des maisons profitent de ces calories naturelles : l'eau est transportée jusqu'aux sous-sols par des tuyaux de sapin ; elle y séjourne dans des bassins recouverts de dalles ; la température se règle au moyen de robinets ou de tampons de bois. Autour de la fontaine du Par, les ménagères ont longtemps fait cercle pour tremper la soupe, faire cuire les œufs à la coque ou « parer » (c'est-à-dire nettoyer) des têtes de veaux, des tripes, des pieds de cochon. D'autres habitants faisaient naître les poussins dans une étuve où l'eau chaude remplaçait la poule couveuse.

Ses vertus curatives — quoique démontrées — attiraient cependant peu de malades, à cause d'un accès difficile. En 1832, le naturaliste et géologue Henri Lecoq visite Chaudes-Aigues, est enthousiasmé par ses possibilités que personne n'exploite. Cette histoire de poussins est de la poésie pure ! Place à l'industrie ! Il faut utiliser les eaux dans le lavage des laines, auxquelles ainsi sera conférée une blancheur remarquable ! Il faut traiter les maladies de poitrine par inhalation des vapeurs minéralisées : l'idée que le Dr Bertrand est en train de mettre en œuvre au Mont-Dore. Il faut leur offrir des jardins chauffés, des serres où poussera une flore tropicale : on viendra à Chaudes-Aigues pour cueillir sur l'arbre et manger frais des citrons, des oranges, des bananes, des avocats !

Les habitants accueillent en souriant ce lyrisme clermontois et continuent de laver leurs tripes à la source du Par. La révolution vient des chemins de fer, et elle se fait en petite vitesse. En 1882-1884, un audacieux viaduc est jeté sur la Truyère. L'ingénieur lozérien Léon Boyer en trace les plans ; le maître d'œuvre en est Gustave Eiffel, et c'est grâce à l'expérience acquise à Garabit que ce dernier pourra imaginer et réaliser à Paris sa fameuse tour pour l'exposition de 1889. En sorte que, conçue en Auvergne, la tour Eiffel est le plus grand, le plus illustre des Auvergnats de Paris. Cependant, grâce au viaduc de Garabit, les poitrinaires, les rhumatisants, les cardiaques arrivent plus nombreux. Grâce aussi à une adroite propagande : une affiche de 1900 représente les baigneurs guéris faisant, à la fin de la saison, un autodafé de leurs béquilles. A l'hôtel de l'établissement thermal, le prix de la pension est alors de 8 F par jour en première classe, 5,50 en seconde, traitement compris.

Les sources sacrées.

Et puis, il y a les sources sacrées, dont les vertus ne dérivent pas des mystères de la minéralogie, de la radioactivité, mais du tout simple surnaturel. Cadeau des puissances célestes, des saints, de la Vierge surtout. A chacun de ses passages sur terre, la Vierge a semé des sources derrière elle comme le Petit Poucet des cailloux. Les guérisons qu'elles opèrent sont aussi bien morales que physiques ; on les obtient principalement au cours de pèlerinages encore fréquentés de nos jours, malgré l'atome, les antibiotiques et la télévision. Il va sans dire que dans leur cas l'établissement hydrothermal est remplacé par une chapelle ou une église ; ce qui n'empêche pas les pèlerins de boire.

Les principales sources mariales sont en Basse Auvergne celles de L'Hermitage (près de Noirétable) ; de Vassivière (près de Besse) ; de Clermont, en N.-D. du Port, où, à la vérité, elle se présente sous la forme d'un puits ; d'Orcival ; d'Antoingt (près d'Issoire) ; de Bulhon (près de Thiers) ; de Lisseuil (près de Menat). en Haute Auvergne, celles d'Egliseneuve-d'Entraigues et de la Font-Sainte.

Situé à 1 300 m d'altitude, Vassivière dut être jadis un village assez substantiel, puisqu'il comportait un cimetière dont on a découvert les restes autour de la présente chapelle. Au début du XIIIe siècle, le seigneur de La Tour, de qui dépendait le terroir, constatant que l'église n'est plus que ruines impossibles à relever, que les revenus paroissiaux sont insuffisants pour l'entretien d'un prêtre, donne aux chanoines de Clermont l'autorisation d'en prendre les pierres « pour l'édification de l'église de Compdat ». Si l'on songe qu'entre les deux sites la distance est de dix lieues, que les chars à bœufs de l'époque devaient la parcourir difficilement, par d'étroits chemins de montagne, alors qu'autour de Condat la pierre abonde, on doit conclure que l'avantage du transport se révélait dérisoire. Mais il s'agissait de pierres sacrées, imbibées de plusieurs siècles de culte marial ; de reliques plus que de matériaux. Leur réemploi n'était pas un geste d'avarice auvergnate, mais de piété populaire.

On ne démolit pas tout cependant : on conserva un pan de muraille, avec une niche où logeait une vierge noire. Les gens de passage n'hésitaient pas à faire un crochet pour aller s'agenouiller devant elle. Chaque voyage était alors une aventure remplie de dangers : neiges et tempêtes, mauvais état des chaussées, troupeaux de loups, brigands de grand chemin, gabelous du roi et des seigneurs. La seule assurance disponible était la protection du Ciel et de sa Dame. Aussi était-il inconcevable, inconvenant et imprudent de passer près d'une de ses demeures sans aller lui rendre une courte visite. C'est pourtant l'erreur que commit, en juin 1547, un marchand de la ville de Besse se rendant avec quelques collègues à la foire de Latour. Tandis qu'eux s'écartaient de leur route pour aller rendre leurs devoirs à la vierge noire de Vassivière, lui, un nommé Pierre Gef, dit Sipalis, poursuivit son chemin. Un grand courant de contestation traversait l'Eglise à cette époque. Pierre Gef proclamait à qui voulait l'entendre qu'il partageait les idées de la Réforme, qu'il ne fallait plus compter sur lui pour les processions ni aucune cérémonie papiste. Peut-être avait-il ce jour-là également dans l'esprit un calcul plus sordide : s'il suivait tout seul son chemin, il arriverait avant les autres à Latour et placerait sa marchandise en de meilleures conditions. Ainsi dissimule-t-on parfois des soucis très concrets sous des raisons spirituelles. Ses compagnons prennent donc seuls le sentier de Vassivière. Soudain, ils entendent des appels au secours. « Quelque chose est arrivé à Pierre ! » Précipitamment, ils redescendent, le trouvent au bord du ruisseau, parmi ses mulets sonnaillants, accroché à leurs harnais.

« Que se passe-t-il ?

— Oh ! Jésus ! Oh ! Marie ! Est-il possible ?... Je vous entends, mais je ne vous vois plus ! Le soleil est-il mort ? Est-ce la fin du monde ?

— Le soleil brille comme il ne l'a jamais fait !

— Vous me voyez donc ?

— Naturellement, que nous te voyons ! »

Pierre Gef fond en larmes et gémit :

« Aveugle ! Je suis aveugle ! La Sainte Vierge m'a puni de n'être pas monté vers sa chapelle. »

Il supplie ses compagnons de le guider vers la viergerette de Vassivière, se jette à ses pieds :

« S'il plaît à Dieu de me rendre la vue par votre glorieuse intercession, je vous promets de ne plus jamais retomber dans mon aveuglement d'esprit ! Et je veux être Roi de dévotion à votre fête du mois prochain ! »

Il existait alors une coutume destinée à procurer des ressources au clergé. A l'occasion de la fête patronale, le *reinage,* on établissait un roi et une reine de dévotion : ils dirigeaient les cérémonies, dans des vêtements somptueux ; marchaient en tête des processions, précédés de deux énormes cierges dressés sur des brancards ; versaient le vin bénit qu'il fallait boire dans le creux de la main. Ils obtenaient ces places d'honneur à la suite d'enchères publiques. Touchée par son repentir, N.-D. de Vassivière lui obtint la grâce demandée.

Cette même année, le Dauphin de France, au décès de son père François, montait sur le trône sous le nom d'Henri II. Sa femme, Catherine de Médicis, était auvergnate par sa mère, Madeleine de La Tour, donc suzeraine de ces sommets. Or un seigneur, François de Montceaux, panetier de la reine, eut l'occasion de caracoler aux environs de Latour-d'Auvergne, de connaître Vassivière, ses ruines, son pan de muraille, sa vierge noire. Il se prit pour elle d'un tel sentiment qu'il demanda et obtint de Catherine la permission de relever l'église. Le clergé de Besse s'émut de la nouvelle : pouvait-il accepter que cette œuvre fût le fait d'un étranger à la paroisse ? Qui plus est, l'édifice nouveau aurait un chapelain indépendant, capable de détourner à son profit le ruisseau des offrandes ! Les Bessains écrivirent donc à Catherine pour revendiquer le droit et l'honneur de restaurer eux-mêmes la chapelle. Ce qui leur fut accordé. Tout fut terminé le 6 juin 1555 comme l'indique une inscription gravée au-dessus de la porte principale :

FAICT - LE - SIXI
EME - IOUR - DE
I V N G L A N
1555.

A peu près vers la même époque fut construite la *chapeloune,* pour abriter la source mariale : blottie dans un creux du terrain, sous le fronton de l'église. Ainsi se trouve confirmée une fois encore l'alliance entre la Reine sans tache et notre sœur l'eau, *laquelle est utile, et humble, et précieuse, et chaste*[1].

Comme celle de Vassivière, la Vierge de la Font-Sainte réside au milieu des nuages, non loin d'Apchon, à l'extrême bord d'un plateau que balayent tous les vents. Alentour, les vaches rouges secouent leurs clochettes comme font les enfants de chœur. Les gentianes forment des piquets d'honneur et présentent les armes. Au pied de la chapelle, la fontaine déverse ses eaux glacées dans un bac spacieux, à la disposition des pèlerins ; le surplus s'écoule, arrose le cresson et les violettes. Tout en haut, sur la cime de Roche-

1. Saint François d'Assise.

monteix, un gigantesque calvaire de granit sert d'étoile polaire aux visiteurs venus de tous les horizons. Principalement aux bergers à qui certaines journées d'août sont réservées.

C'est au pied de cette croix que Marie Galvain, au début du XVIIIe siècle, eut une vision de la Vierge.

Elle n'était pas alors une pastourelle à peine sevrée comme Jeanne d'Arc ou Bernadette Soubirous, mais une robuste mère de famille, sur la trentaine, qui ne craignait pas de retrousser ses manches. Elle entreprit de ramasser des pierres, les accumula autour de la fontaine en attendant mieux. Le soir, elle rentrait à la ferme s'occuper de la volaille, du mari, des enfants. Lui ne l'aidait guère ; les voisins la jugeaient un peu folle et plaignaient cet homme d'être si mal loti. Au bout de deux ou trois ans, l'oratoire fut achevé. Marie Galvain écrivit à l'évêque de Clermont, Mgr Massillon, retiré de la Cour et de l'Académie, lui demandant de venir consacrer son ouvrage quand l'occasion se présenterait.

En attendant, elle entreprit de construire la chapelle, avec l'aide de ses fils et de quelques amis dont on connaît les noms : Marguerite Robert, Antoine Faucher, Nicolas Chavaroche, Géraud Tournades, Jean Valarcher, Philippe Fiocres, Jacques Jehan, Jean Refouvelet... L'illustre prélat ne vint point, mais il envoya une statuette : celle qui trône aujourd'hui sous les lambris de l'église terminée seulement en 1837. Provisoirement, on l'installa dans le minuscule oratoire bâti en contrebas, couvert d'énormes lauzes volcaniques et daté de 1744, si exigu que quatre pèlerins ne sauraient y prier ensemble sans enchevêtrer leurs signes de croix. De nos jours, on fait la queue pour y pénétrer, pour y déposer un bouquet de fleurs de la montagne, pour y allumer un cierge devant la niche occupée par une copie, sous le nom de *Marie Galvain* inscrit dans la pierre.

Avant ou après elle, d'innombrables saints sourciers ont complété les présents de la Vierge. A la vérité, celle de Brivas (Brioude) jaillissait déjà lorsque, au début du IVe siècle, Julianus, un jeune notable de Vienne en Dauphiné, récemment converti au christianisme, vint s'y réfugier, poursuivi par les soldats romains. Il y fut rejoint en un lieu nommé Vincella (Vinzelles) à cause, sans doute, de ses nombreuses caves à vin. Pour prouver à leurs supérieurs qu'ils avaient exactement accompli leur mission, les soldats décapitèrent Julien, lavèrent sa tête dans la source et l'emportèrent, enveloppée d'un sac, abandonnant aux chiens le reste de la dépouille. En fait, le corps du martyr fut recueilli par deux vieillards, Arcons et Ilpize, qui le transportèrent à Brivas, là où se trouve le bourg de Vieille-Brioude : celui-ci devait son nom au pont qui enjambait l'Allier. (*Brivas* en langue celte signifiait « pont », comme l'anglais « *bridge* », l'allemand « *Brücke* ».) Ils l'enterrèrent près du temple dédié à Mars et à Mercure. Comme ils se redressaient, leur travail de fossoyeurs achevé, ils ne se reconnurent pas : l'un et l'autre avait rajeuni de trente ans, retrouvé ses forces et son apparence juvéniles. Tel fut le premier miracle de Julien, suivi de beaucoup d'autres. Et telle l'origine de la splendide église actuelle, œuvre du chapitre de moines-chevaliers qui eurent en leur garde le tombeau du saint. Quant à la source où fut lavée sa tête, elle ne se révéla pas moins efficace contre diverses maladies, fièvres et incommodités. Grégoire de Tours affirme, dans le *Livre des Miracles*, avoir été lui-même délivré par son eau de maux de tête violents et persistants. Au temps du pèlerinage, vers la fin août, cette eau prend une coloration rougeâtre dans laquelle les *romiers* voulaient voir des traces sanglantes, rappelant la décapitation. Ils la mettaient en bouteilles et l'emportaient pour s'en servir le reste de l'année.

A quelques kilomètres de là, à Fontannes, se trouvait une source, aux confins d'un pré et d'un bois, placée sous le patronage de saint Eutrope, ex-évêque de Saintes, qui toutefois ne fit jamais rien pour mériter cet honneur. Il le dut sans doute à un calembour : les usagers crurent bon d'établir un lien entre son nom, *Eutropius* et celui des infirmes, *estrupias* dans la langue du pays. Saint Eutrope les prit au mot, et se mit à concurrencer saint Julien ; il devint même le patron de Fontannes qui chaque année, le dernier jour d'avril, se rendit en procession à sa fontaine.

Blesle jouissait des services d'une autre décapitée : sainte Natalène. Son père, gouverneur de Pamiers au IVe siècle, lui fit trancher le cou lorsqu'il apprit qu'elle avait embrassé le christianisme. Pour des motifs mal définis, son corps fut transporté à Blesle et posé au pied des orgues basaltiques qui dominent la ville. Lorsque les fossoyeurs le relevèrent, une source jaillit à l'endroit où elle avait touché le sol, tandis que les cloches de l'église se mettaient à sonner d'elles-mêmes. Près de Saint-Etienne-sur-Blesle, saint Léon fit des miracles par l'entremise d'une autre source : on lui adressait les enfants mauvais marcheurs ; après s'être lavés neuf jours dans son eau, ils se mettaient à courir. Si, par extraordinaire, elle se montrait peu efficace, ils avaient la possibilité de s'adresser à saint Léger, protecteur d'une source à Laval-sur-Doulon, près de La Chaise-Dieu. Au sud-est d'Auzon, sainte Vérine guérissait les troubles de la vue.

Saint Arcons, le vieillard remis à neuf par saint Julien, en même temps que sa jeunesse avait récupéré ses parents âgés et infirmes. Il s'employait à construire, avec d'autres ouvriers, la première église du Puy-Sainte-Marie, sur le mont Anis. Or, il rentrait chaque soir et à pied au logis paternel, situé à trente kilomètres de là ! Marche épuisante que voulurent essayer une fois certains de ses compagnons. Ils se mirent en route avec lui et arrivèrent, morts de fatigue, sous la Durande, près du hameau et du lac de Limagne, à La Cohade. Alors, Arcons tira de sa musette son marteau de charpentier et en frappa le sol : il en jaillit aussitôt une source écarlate et bouillonnante. Une source de vin ! Inutile de dire avec quel empressement ses amis s'y abreuvèrent ! Comprenant le danger qu'elle offrait, Arcons fit alors un miracle contraire à celui des noces de Cana, et changea le vin en eau. En une eau qui chassait les fièvres, au lieu de les donner.

Au XIVe siècle, une autre sainte perdit la tête par le couteau de mauvais garçons qui tentaient de faire violence à sa pudeur, et fit jaillir une source près de Bonneval, non loin de la basilique casadéenne. Après le départ de ses agresseurs, la martyre se releva, lava son chef dans la fontaine, et le replaça sur ses épaules. On peut encore apercevoir quelques gouttes de son sang au fond du bac ; mais il faut pour cela être sans péché.

Au XVIIe, la première Auvergnate à recevoir l'eau courante fut la mère Agnès de Jésus, prieure des dominicaines langeadoises. Brûlante de ferveur religieuse, elle s'infligeait de terribles mortifications, au milieu desquelles elle avait la grâce d'entrer en conversation directe avec Dieu.

« Pardonnez-moi, Seigneur, lui dit-elle un jour, si je dois interrompre ce passionnant entretien, mais il faut que j'aille m'occuper de préparer la soupe pour toute la communauté. Cela fait partie de mes obligations, et personne ne me prête la main, pas même en allant chercher l'eau jusqu'au puits.

— Vous avez mal habitué vos filles, mère Agnès !

— Servir mon prochain, n'est-ce pas vous servir, Seigneur ?... Si seulement ce diable de puits était moins loin !... Oh ! pardon ! Cela m'a échappé ! »

Quand elle revint avec son seau, elle trouva devant la porte de sa cuisine une veine d'eau qui coulait d'une pierre : il lui suffit d'y adapter un robinet.

Ainsi n'eut-elle plus motif, dans son extrême dévotion, de prononcer le nom du diable. De plus, on s'aperçut bientôt que cette source guérissait les malades et rendait la vue aux aveugles.

Les sources pétrifiantes.

L'Auvergne possède d'autres sources étonnantes.

En buvant à certaines, on se sent pris de folie : telle la *fon de lu Martela,* la fontaine des Timbrés, à Jarrix, près d'Ambert. Au contraire, d'autres rendent la raison à ceux qui l'ont perdue. D'autres enfin sont capables de vous changer en pierre pourvu que vous y mettiez la patience nécessaire : il suffit que vous vous placiez sous une source pétrifiante. Celle de Saint-Alyre, à Clermont, montre ainsi un certain nombre d'Auvergnats et d'Auvergnates répandus sur la pelouse du jardin, immobilisés à jamais dans leur position du moment : l'une file la quenouille, l'autre joue de la vielle, danse la bourrée, fume la pipe. On peut de même changer en pierre un fruit, une feuille, une fleur, une souris. Au siècle dernier, on fabriquait à Saint-Nectaire des camées façon toscane. Le procédé était simple : l'eau canalisée dans des conduites remplies de copeaux de bois, puis de cailloux, s'y débarrassait de son fer et de ses carbonates ferreux. Elle descendait alors, par une série de cascatelles, un escalier sur les marches duquel étaient disposés les objets en cours de pétrification : ils se recouvraient en quelques jours d'une incrustation blanche ou ivoirine.

Les sources de Saint-Alyre ont fait mieux en construisant sur la Tiretaine[1] un pont de rocher, dit Pont-Naturel ou pont du Diable. En 1566, le jeune roi de France Charles IX et sa mère, Catherine de Médi-

1. Les noms Tiretaine, Jordane, Dordogne ont la même signification : « eau de la montagne ».

cis, au cours d'un long voyage à travers la France imaginé par le chancelier Michel de l'Hospital pour inspirer au souverain l'amour de son royaume et la haine de la guerre, s'arrêtent trois jours à Clermont. Ils en profitent pour rendre visite à cette curiosité ; ils vont aussi jusqu'au puy de la Poix d'où suinte une source de bitume.

Fléchier, Chateaubriand viendront plus tard admirer le pont du Diable. Le 30 juillet 1816, le duc d'Angoulême, neveu de Louis XVIII, séjournera dans Clermont au milieu de grandes fêtes : réceptions, distribution de pain à plus de deux mille pauvres (belle proportion d'indigents dans une ville de 20 000 habitants !). Il se fera hisser sur le Pont-Naturel, aidé d'un Clermontois, et redescendra sans accident.

Les curieuses vertus de ces sources inspireront poètes et chansonniers, comme le prouve, au XIXe siècle, la romance de M. Bonnardet :

Source, dont l'onde lentement
Tombe d'une roche jaunie,
Toi dont le pouvoir étonnant
Détruit, dessèche et pétrifie,
As-tu donc endurci son cœur
En désaltérant mon Adèle ?...
Quand sur tes bords mon créancier
Viendra chercher un frais asile,
Ah ! songe à le pétrifier,
Afin que je dorme tranquille...

LES GRANDES HEURES SEIGNEURIALES

Les La Tour d'Auvergne.

LIMITÉE par la Dordogne, le cours de la Rhue et le massif des Monts-Dore, l'Artense est un plateau granitique longuement travaillé jadis par les griffes des glaciers. Sur un plateau basaltique, à mille mètres d'altitude, une légende veut que les soldats de César aient élevé autrefois une tour carrée, remplacée ultérieurement par un château féodal entouré de quelques maisons. De là serait venu le nom de La Tour d'Auvergne. Au IXe siècle, le château comprenait presque uniquement un grand rez-de-chaussée voûté, entouré de deux enceintes puissantes, surmontées d'un donjon. Celui-ci dominait la vallée de la Burande et un immense horizon d'où le regard ne pouvait embrasser qu'une petite part de la baronnie. Elle s'étendait dans toutes les directions. A l'ouest, elle franchissait la Dordogne pour pénétrer en Limousin ; au sud, elle comprenait un grand nombre de fiefs, jusqu'à Pleaux, Maurs, Murat et la Truyère ; à l'est, elle touchait aux monts du Forez ; au nord, elle longeait la Sioule.

Les sires de La Tour l'habitèrent jusque vers 1270 ; mais Bertrand III transféra sa résidence au château de Saint-Saturnin, en bordure de la Limagne, dans la vallée de la Monne : demeure beaucoup moins redoutable, mais beaucoup plus attrayante. Après la bataille de Poitiers (1356), Bertrand IV fut choisi comme otage pour tenir compagnie en Angleterre à Jean le Bon ; le traité de Brétigny lui permit de rentrer en France. A partir de 1389, et durant presque un siècle, ces barons eurent dans leurs apanages tout le comté d'Auvergne. Des alliances élargirent encore leur domaine : jusqu'à Boulogne et aux villes de la Somme, jusqu'au comté de Lauraguais. La branche d'Olliergues acquit la vicomté de Turenne, la principauté de Sedan et le duché de Bouillon. L'Ecosse tout entière faillit leur appartenir par le mariage, en 1505, d'Anne de La Tour d'Auvergne avec John Stuart, duc d'Albany[1], ancien roi d'Ecosse. Huit ans plus tard, une sœur de la nouvelle duchesse, Anne de La Tour, épousa Laurent de Médicis comme il sera dit ci-dessous, et mourut en donnant le jour à la petite Catherine, future reine de France. Quant à John Stuart, dépossédé de son trône, il reçut de François 1er un commandement, prit part à la bataille de Pavie et finit ses jours au château de Mirefleurs en 1536. Sa veuve, la duchesse, ayant perdu tous les enfants qu'il lui avait donnés, institua héritière de ses biens sa nièce Catherine de Médicis.

De cette illustre et vaste famille sont issus des personnages au destin éclatant : évêques, cardinaux, comtes, ducs, maréchaux, amiraux, sénéchaux, chanoinesses, mères, épouses ou maîtresses de princes et gentilshommes. Quelques têtes émergent de la phalange.

---

[1] *Albany* est le nom gaélique de l'Ecosse. Le fils puîné du roi portait le titre de duc d'Albany.

Celle d'Henri de La Tour, vicomte de Turenne, seigneur d'Olliergues et autres lieux, qui naquit au château de Joze, en Auvergne, en 1555 et eut pour parrain le roi Henri II. Venu à la cour à l'âge de seize ans, il eut une carrière militaire et politique, longue et tortueuse, tantôt servant Henri IV, tantôt le combattant, obtenant son pardon, puis intriguant de nouveau contre la monarchie. C'est lui qui, par son premier mariage, devint duc de Bouillon et prince de Sedan. Une chanson enfantine a beaucoup fait pour sa popularité :

La Tour, prends garde, La Tour prends garde
De te laisser abattre !
Je n'aurai garde, je n'aurai garde
De me laisser abattre !
J'irai me plaindre, j'irai me plaindre
Au duque de Bouillon.
Va-t'en te plaindre, va-t'en te plaindre
Au duc de Saucisson...

Quoi qu'il en fût, il embellit Sedan, y établit une bibliothèque considérable, y fonda une académie, protégea les artistes. Son mérite principal est d'avoir eu, de son second mariage, huit enfants : l'un d'eux sera le fameux Turenne. Sans parler de quelques bâtards dont la descendance produira Théophile-Malo Corret de La Tour d'Auvergne, Premier grenadier de la République.

Le grand Turenne n'a d'autre lien avec l'Auvergne que les origines de sa famille. Il ne vint sans doute jamais dans notre province, ou ne fit que la traverser. Né et formé à Sedan, élevé dans la religion protestante, il gagna sa gloire sur les champs de bataille européens. Ses victoires permirent à Louis XIV de signer l'avantageux traité des Pyrénées, en 1659. A l'entrevue des deux rois, dans l'île des Faisans, Philippe IV demanda à le voir et le félicita, disant :

« Voilà un homme qui m'a fait passer de bien mauvaises nuits ! »

A sa mort, tout le pays se sentit plongé dans le deuil. « Jamais un homme n'a été regretté si sincèrement : tout ce quartier où il a logé, et tout Paris, et tout le peuple, était dans le trouble et l'émotion. » (Mme de Sévigné.)

Le corps du grand Turenne connaîtra d'étranges vicissitudes. Inhumé d'abord à Saint-Denis sous un superbe mausolée, il y dormira un siècle en paix. En 1793, des révolutionnaires le tireront de son cercueil. Confié au gardien de la basilique et réduit à l'état de momie sèche, il sera exposé dans la sacristie aux regards des curieux moyennant une petite rétribution. L'année suivante, le botaniste Desfontaines le réclamera comme « pièce curieuse », et le fera transporter au Muséum où il restera quatre ans parmi les bêtes empaillées. Ce n'est qu'en 1800 qu'il retrouvera enfin aux Invalides une sépulture digne de lui.

Les Coëffier d'Effiat.

Originaires d'Aigueperse, traditionnellement fonctionnaires des Finances au service des Montpensier, des Bourbon ou du roi de France, les Coëffier se trouvent soudain anoblis quand l'un d'eux, à la bataille de Cérisoles (1554), demande une pique pour combattre aux premiers rangs, avec la noblesse. Promu chevalier, il jouira peu de son élévation et périra bientôt sur un autre champ de bataille.

Son fils Gilbert combat toute sa vie au service du roi légitime et catholique : d'abord contre les protestants, ensuite contre les ligueurs. Son puissant voisin, Jean-Louis de La Rochefoucauld, comte de Randan, prend au contraire le parti opposé. A l'exemple de leurs seigneurs, les villes auvergnates se rangent sous des bannières différentes. Clermont, Montferrand, Aigueperse, Vic-le-Comte, Vodable, Saint-Pourçain, Royat, Auzon croient : Vive le Roi ! Riom, Issoire, Billom, Brioude, Lezoux, Courpière, Ennezat, Cusset, Langeac, Le Breuil, Blesle, Olliergues, Usson, Combronde, Ardes, Sauxillanges, Lempdes, Saint-Nectaire, Cébazat, Saint-Amant, Châteauneuf, Saint-Saturnin, Pont-du-Château crient : Vive la Ligue ! Chaudes-Aigues est aux mains des protestants. Quant aux villes de Haute Auvergne, la plupart ne veulent obéir à personne. Le comte de Randan était gouverneur de toute la province ; Henri III le destitue, nomme à sa place Gilbert d'Effiat. Mais Randan s'accroche ; voilà l'Auvergne pourvue de deux gouverneurs ! Tout cela ne peut qu'amener une confrontation par les armes : elle aura lieu à proximité d'Issoire.

Au début de juillet 1589, les partisans du roi parviennent à occuper cette ville. Le comte de Randan accourt et la reprend. En septembre, il veut enlever de même Vic-le-Comte qui lui est contraire, la fait canonner avec furie treize jours de suite, sans permettre aux habitants de sortir de leur ville. Eux, pour mieux lui résister, démolissent et brûlent de leurs propres mains une partie de leurs faubourgs et même l'église Saint-Pierre avec ses deux clochers. Sous les remparts, ils construisent trois éperons de rochers et de terre, gabionnés de cuves et de tonneaux. Jamais les instruments vignerons n'auront eu un usage si héroïque. Voyant leur détermination, Randan et ses troupes décident enfin de se retirer.

Cependant, les royalistes se préparent à une bataille décisive. En mars 1590, Coëffier d'Effiat a rassemblé une armée de deux mille hommes abondamment munie de mousquets et de couleuvrines, commandée par les principaux chefs fidèles au roi en Haute et Basse Auvergne : Chauvigny de Blot, Jean de La Mothe Arnauld, Lasalle de Sisternes, de Chabannes-Curton, de Chazeron, d'Alègre, d'Effiat, de

Rastignac. Randan sort d'Issoire avec un millier d'hommes seulement et sans artillerie. Le 12, sur la place de Jaude, à Clermont, le marquis de Chabannes-Curton passe les troupes en revue. Le lendemain, elles prennent la route d'Issoire. Toutes les cloches ligueuses sonnent le tocsin. Le soir, les royalistes entrent à Coudes, qui les reçoit mal et qu'ils incendient le jour suivant, en repartant vers le sud. Ils suivent la route difficile qui, en ce temps-là, s'éloigne de l'Allier vers Saint-Yvoine. Un peu au sud de ce village, au lieu dit Cros-Rolland, les hommes de Randan les attendent. Alentour, sur toutes les cimes, les paysans du lieu se sont installés pour assister à ce règlement de comptes qui ne les concerne point, pour piller les morts et les blessés si les circonstances s'y prêtent. Le peuple déteste les hommes d'armes, à quelque camp qu'ils appartiennent, car il est l'éternelle victime de leurs conflits. Parmi les spectateurs, il faut compter aussi la Reine Margot (voir ci-dessous « les Grandes Heures royales ») qui, des tours d'Usson, sa résidence-prison, suit les péripéties de la bataille et regarde brûler les villages. Son royal époux, Henri de Navarre, ce même jour, va battre les ligueurs à Ivry et couvrir de gloire son panache blanc. L'artillerie d'Effiat sème la mort et la panique chez les ligueurs, fusillés d'autre part par les mousquetaires. Après une mêlée furieuse et sanglante, les troupes de Randan sont complètement défaites. L'un des combattants met fin au carnage en s'écriant : « Amis ! Nous sommes tous Français ! Ne nous tuons plus les uns les autres ! » Le comte de Randan blessé est transporté à Issoire où il trépasse le soir même. « Il mourut, écrira d'Aubigné, deux mille hommes sur la place, sans ce que les paysans du pays assommèrent, accoutumés à ce gibier par les accidents passés. »

Selon l'usage de l'époque, le corps de Jean-Louis de La Rochefoucauld fut vidé de ses entrailles afin de faciliter sa conservation et son transport ; la *ventrade* fut enterrée à Issoire dans le monastère des bénédictins. La dépouille embaumée prit ensuite le chemin de Clermont ; elle passa une nuit à Pardines, qu'on mit à sac en représailles de ses sentiments ligueurs. La capitale de l'Auvergne accueillit dans la liesse ce macabre trophée, en même temps que les bannières prises à l'ennemi dont on para la cathédrale. On chanta des *Te Deum*, on dansa devant les canons victorieux, on alluma des feux de joie aux carrefours. Dans les jours qui suivirent, le cadavre fut échangé contre des prisonniers restés aux mains des ligueurs, avant d'être enseveli dans l'église de Randan. Pendant la Révolution, son tombeau sera violé et ses ossements dispersés.

Un autre La Rochefoucauld le dira plus tard nettement : si l'on s'acquitte volontiers de ses petites obligations, il n'y a quasi personne qui n'ait de l'ingratitude pour les grandes. Gilbert d'Effiat en fit l'expérience après l'élimination de son rival. Il espérait bien voir confirmée sa charge de gouverneur général de l'Auvergne ; Henri IV, pour lequel il venait de faire tuer deux mille hommes, la lui retira au profit de Charles de Valois, demi-frère de sa favorite du moment, Henriette d'Entraigues. Mais Coëffier d'Effiat avait le loyalisme chevillé au corps. Ravalant son amertume, il continua de servir le roi, prit part au siège de Rouen en 1591, reçut un cordon en récompense avec, au bout, le titre de chevalier de Saint-Michel. Quand il mourut, quelques années plus tard, il laissa à son fils Antoine une succession grevée de dettes.

Né à Effiat en 1581, ce jeune homme était au nombre des pages royaux. Il brillait par sa prestance, sa taille bien prise, son adresse dans les jeux de chevalerie, sinon dans ceux de l'orthographe, puisqu'il écrivait le mot octobre *auquetaubre* (Tallemant des Réaux). A l'âge de dix-neuf ans, il se trouva fiancé à une noble et belle jeune fille, Marie de Fourcy, héritière d'un conseiller d'Etat, intendant des bâtiments. Celui-ci consentit au mariage, sous réserve que le domaine d'Effiat se trouvât purgé de toute hypothèque. Providentiellement, intervint alors un grand oncle maternel, le sire Martin Ruzé, très riche gouverneur du château de Blois, grand maître des mines de France, seigneur de Beaulieu, Chilly et Longjumeau. Ce généreux parent fit à son neveu l'avance des sommes nécessaires à la seule condition qu'Antoine Coëffier et ses descendants accoleraient à leur nom celui du donateur, et substitueraient aux armes des Coëffier celles des Ruzé. Ainsi, le beau page Antoine épousa la charmante Marie qui devait lui donner cinq enfants, dont Henri, le futur Cinq-Mars.

En 1624, il entre au conseil du roi, et entreprend de grands travaux sur sa demeure familiale, pour la rendre digne de son rang et de ses ambitions. Les ouvriers y besogneront encore dix années plus tard. On remanie les façades, les portes, la disposition et la largeur des fossés. Une source est captée à grands frais à Chaptuzat pour amener l'eau nécessaire aux bassins et canaux. Mais l'opération la plus audacieuse consiste à déplacer entièrement le village d'Effiat, afin de dégager l'emplacement sur lequel doit être aménagé le grand parc. Pour ce faire, le conseiller du roi fait démolir les maisons, attribuant à chaque exproprié une parcelle de terrain plus à l'est, ainsi qu'une indemnité destinée à la reconstruction. Afin d'affirmer ses droits féodaux sur les nouveaux foyers, il impose à chacun de lui remettre annuellement une paire de poulets.

Tout cela coûte beaucoup d'argent. Heureusement, dès 1626, à la suite d'une heureuse mission en Angleterre, Antoine Coëffier-Ruzé obtient la charge lucrative de surintendant des Finances dans laquelle, précise Tallemant des Réaux, « il apprit à voler à ceux qui l'ont suivy ». En outre, la terre d'Effiat est érigée en marquisat.

Il participe au siège de La Rochelle et entre dans la place le jour de la Toussaint 1628, à la suite du roi, en qualité de maréchal de camp. Il guerroie encore contre les huguenots languedociens au siège de Privas, menant en personne et en grand péril l'assaut de la contrescarpe. La paix de Nîmes lui permet de goûter enfin au repos du guerrier. Il rentre en Auvergne afin de préparer le passage du cardinal qui a accepté son invitation à venir se reposer quelques jours au château d'Effiat.

Venant de Montauban et se dirigeant vers Fontainebleau, accompagné par l'armée de Bassompierre, Richelieu entre en Auvergne à Brioude au début de septembre 1629, dans sa litière cardinalice. Sur tout le parcours, de grands honneurs lui sont rendus. A Issoire, les cloches mènent grand tintamarre, les soldats forment une double haie ; les quatre consuls lui rendent hommage, ainsi que l'évêque de Clermont accouru, Joachym d'Estaing. Le juge Duprat le régale d'une harangue. Le lendemain, il poursuit sa route vers Clermont, fait halte en fin de journée chez son ami Gérard de Champflour, au château de l'Oradou ; est salué par les échevins qui lui offrent du vin et des pâtes de fruits. Sa litière rouge gravit la rue du Port. L'évêque lui offre l'hospitalité et un souper magnifique aux dépens du chapitre, « ce qui fut grandement désapprouvé par les chanoines de la cathédrale ». Le jour suivant, il couche à Effiat, converse aimablement avec le jeune Henri, encore enfant, dont il fera tomber la tête treize ans plus tard. Le marquis lui prodigue les festins, la musique et la danse. Il repart le 8 septembre au matin.

Au cours de sa traversée de notre province, les oreilles du cardinal n'ont pas entendu que des hosannas. Il a recueilli les plaintes des villes et des campagnes contre les tailles abusives, les pillages de toutes sortes, tant civils que religieux, les crimes, les incendies, les ravissements de femmes. Il écrira par la suite à Louis XIII : « L'Auvergne requiert un chef. »

En attendant, Antoine Coëffier d'Effiat le sert de toutes ses forces. En Italie, il fait prisonnier le prince Doria, taille en pièces six cents cavaliers ennemis, capture tous les officiers d'un régiment d'infanterie, s'empare de dix-sept drapeaux. Il est à Massé, Saluces, Bresol, Carignan. Il est nommé maréchal de France le 1er janvier 1631, obtient le titre de gouverneur de l'Auvergne, du Bourbonnais et du Nivernais. L'hérédité paternelle s'accomplissait enfin.

Les embellissements du château se poursuivent : partout alentour ce ne sont que charrois, terrassements, éclats de pierre, échafaudages. En 1632, le marquis est nommé à la tête d'une armée envoyée contre l'électeur de Trèves : « Monsieur le maréchal d'Effiat étant entré dans l'Alsace était pour y faire de grands progrez, car il avoit de belles forces et bien payées, qui s'y comportoient fort bien. Mais une soudaine maladie le fit mourir et trancha le fil de si belles espérances » (Bassompierre).

En mourant — comme cela arrive même à des gens plus ordinaires — le maréchal n'inspira que des louanges. Contre son successeur aux Finances, M. de Bullion, on composa cette épigramme :

Après l'accident sinistre
De la mort du bon d'Effiat,
On a vu un scélérat
Sur le trône du ministre...

Tandis que courait un dicton : *Le Maréchal est mort, il n'y a plus de fiat !* C'est-à-dire plus d'argent.
çons. L'aînée, Marie, avait épousé M. de La Meilleray,
Il n'y en avait pas beaucoup non plus dans les

caisses du défunt marquis. La maréchale s'employa comme elle put à terminer ce qui devait l'être. L'avenir lui réservait d'autres chagrins.

Cinq enfants lui restaient : deux filles et trois garçons. L'aînée, Marie, avait épousé M. de la Meilleray, cousin germain de Richelieu, beaucoup plus âgé qu'elle, et fort extravagant : dans ses moments de colère, il avait coutume de manger une chandelle. C'est Marie qui en mourut à Effiat, peu de temps après son père.

La seconde fille, Charlotte, entra dans un couvent de dominicaines et atteignit un grand âge.

Le fils aîné, Martin, nouveau marquis d'Effiat, donna des signes de dérangement cérébral dès son adolescence : il découpait des semelles pour ses souliers dans les plus belles tapisseries du château. Un mariage malheureux n'arrangea pas les choses, et il mourut fou à lier à l'âge de trente-deux ans.

Le plus jeune prit les ordres mineurs, mais mena une vie de scandale : il fut un des favoris de Ninon de Lenclos et condamné à l'exil en 1676 pour conspiration.

Tout l'orgueil, toute la tendresse maternels se reportèrent sur le second : le plus beau, le plus intelligent ; sa mère lui fit don de terres personnelles, le faisant appeler Henri de Cinq-Mars. L'histoire de cet étrange et romantique héros n'appartient à l'Auvergne que par sa naissance (au château d'Effiat, en 1620) et par ses années d'enfance dont nous ne savons rien. Tallemant des Réaux affirme qu'il avait l'accent *auvergnac :* tout au plus était-ce celui du Bourbonnais qui déborde en cette région sur l'Auvergne. Sa vie s'écoula à la cour dès l'âge de treize ans. Dès le premier regard, le roi Louis XIII, alors âgé de trente-trois ans, uni depuis dix-huit à Anne d'Autriche par un mariage stérile, s'enticha de ce merveilleux enfant. Homme pieux, d'une timidité morbide, il souffrait de longues périodes d'impuissance sexuelle qui augmentaient encore son déséquilibre. Les femmes en la compagnie de qui il se plaisait ne furent jamais pour lui que des confidentes. Richelieu les trouva pourtant assez dangereuses pour lui chercher une diversion, et c'est par un froid calcul qu'il encouragea la passion du roi pour Cinq-Mars et l'ascension de ce jeune ambitieux. A quinze ans, celui-ci est nommé lieutenant du roi pour le Bourbonnais ; à dix-huit, le cardinal le fait grand maître de la garde-robe ; à dix-neuf, Louis le nomme son grand écuyer. Il partage le lit (platoniquement) de Louis XIII qui l'accable de faveurs et de scènes de jalousie. Absent de la cour, il doit envoyer deux courriers par jour à son royal ami, sinon celui-ci fond en larmes.

Tout ce miel tournera bientôt au vinaigre. Le roi, le cardinal, le favori finiront par se prendre en haine réciproque. Louis appellera Cinq-Mars « l'homme aux trois cents paires de bottes ! » et ira un jour jusqu'à déclarer : « Il y a six mois que je le vomis ! » Henri d'Effiat gémira de son côté : « Je suis bien malheureux de vivre avec continuellement cet homme qui m'ennuie si fort ! » Puis ce sera le complot suicidaire avec de Thou et Gaston d'Orléans, frère du roi ; la trahison de Monsieur ; l'arrestation des deux autres conjurés ; le simulacre de justice ; leur double exécution, à Lyon, place des Terreaux. Vainement, la maréchale d'Effiat intervient pour essayer de sauver le seul fils qui lui reste. Elle écrit au cardinal, lui rappelle les services que le maréchal, son défunt époux, a rendus à la cause royale. « Je vous supplie, les larmes aux yeux, de ne pas abandonner un jeune malavisé et d'adoucir l'indignation du Roi par votre commisération de mes extrêmes douleurs. » Richelieu répond sèchement : « Si votre fils n'était coupable que de divers desseins qu'il a faits pour me perdre, je m'oublierais volontiers moi-même ; mais l'étant d'une infidélité inimaginable envers le Roi et d'un parti qu'il a formé pour troubler la prospérité de son règne en faveur des ennemis de cet Etat, je ne puis en façon quelconque me mêler de ses affaires, selon la prière que vous me faites. Je supplie Dieu qu'il vous console. »

Lorsque Louis XIII reçut la nouvelle des deux décapitations, il s'employait, sous les yeux de ses courtisans admiratifs, à remuer des confitures au moyen d'une cuiller de bois, dans la cuisine de son palais. Chacun guettait ses réactions. Montrant l'envers de la bassine, il se contenta de laisser tomber :

« L'âme de Cinq-Mars était aussi noire que le cul de ce poêlon. »

Outre les douleurs qu'elle reçut de ses enfants et les difficultés matérielles dans lesquelles elle se débattait, la maréchale eut à souffrir de démêlés très exaspérants avec ceux mêmes qu'elle avait protégés. Notamment, les oratoriens qui desservaient l'église d'Effiat. Ces prêtres devaient cependant apporter un lustre considérable à la vieille demeure qu'elle n'habitait plus, et où elle ne fit pas transporter ses os comme elle se l'était promis à la mort du maréchal. Son petit-fils, descendant de Martin-le-dément, héritier du domaine et sans progéniture, fonda, près de mourir (1714), dans les dépendances du château une maison d'éducation pour jeunes nobles peu fortunés : confiée aux oratoriens, elle allait devenir une célèbre école militaire.

Créé par Bérulle en 1613, l'Oratoire avait choisi l'enseignement pour mission essentielle. Ses maîtres réussirent si bien qu'on les demanda partout. En vingt ans, ils édifièrent en France quelque soixante maisons de leur ordre. Celle d'Effiat fut ouverte gratuitement à dix-huit garçons pauvres, mais de mérite, auvergnats ou bourbonnais, qui pouvaient y entrer à sept ans et en sortir à dix-huit. Plus tard, furent admis contre rétribution nombre de jeunes gentilshommes : en tout, une centaine. L'école devint enfin militaire à partir de 1776 et reçut en outre cinquante « élèves du roi », pensionnaires-boursiers. Ils portaient un uniforme « à la française » : chapeau noir, habit bleu à parements rouges, boutons blancs (fondus et moulés à l'école même), surtout de drap blanc et culottes noires. Tous, petits ou grands, avaient droit au titre de *Monsieur ;* si plusieurs frères s'y rencontraient, l'aîné était le *Chevalier,* les autres ses *Cadets.* Tous venaient de la petite noblesse ou d'anciennes familles bourgeoises. L'un d'eux, Desaix de Veygoux, né au château d'Ayat-sur-Sioule, s'illustrera à Marengo au prix de sa vie.

Outre les disciplines militaires et aristocratiques, escrime, équitation, géographie, mathématiques, blason, etc., les élèves étudiaient les belles-lettres, les langues anciennes et modernes, les sciences physiques et naturelles, la musique, la danse ; ils pratiquaient les travaux manuels et agricoles. L'année scolaire se trouvait divisée en deux semestres : un d'hiver se terminait à Pâques ; un d'été allait jusqu'à fin août, sanctionné par plusieurs jours d'examens et d'exercices qui se déroulaient publiquement. Parfois même devant d'éminentes personnalités : l'évêque de Clermont, en 1782 ; les princesses royales en 1785, Mesdames Adélaïde et Victoire. Au matin de chacune de ces journées probatoires, Messieurs les Elèves rassemblés exécutaient une *symphonie ;* après chaque série d'interrogations venaient des *ariettes* et des *duos ;* la soirée se terminait par un *grand chœur.* Le public, à la fois juge et spectateur, passait ainsi du grave au doux, du plaisant au sévère.

Le programme de l'année 1785 pourrait laisser croire que ces études datent d'hier. Ainsi, en *géométrie transcendante,* on cherche les applications du calcul différentiel et intégral à la théorie des courbes, depuis l'équation du cercle, de la parabole, de l'ellipse jusqu'à la conchoïde et à la cissoïde. Les *langues étrangères* le plus en faveur sont l'anglais, l'allemand, l'italien.

Cela n'empêche pas les pères de conserver leur estime aux langues mortes, notamment au latin. « La langue latine... a une si grande affinité avec la nôtre qu'il est douteux que la française pût être parfaitement entendue par quiconque ignorerait la première. »

Mais le plus surprenant est la philosophie générale qui préside à la pédagogie des maîtres d'Effiat, à la veille de la Révolution. Manifestement, ils ont lu, médité, apprécié Rousseau, Diderot et les autres encyclopédistes : « L'homme naît avec le germe des talents et des vertus et il reçoit cette heureuse disposition de l'âme qui le rend susceptible des meilleures impressions... Mais quelle force active et puissante développera ces germes féconds ? Quelle savante main fera sortir de cette masse brute les traits qui doivent l'animer ? L'*Education*... C'est elle qui façonne, qui finit ce que la nature n'avait fait qu'ébaucher. L'Education doit donc être regardée comme le plus grand bien que l'Homme puisse recevoir. »

Et qui doit impartir cette éducation ? L'Eglise ? Non point : l'Etat. « Il serait à souhaiter que sur une partie aussi essentielle, les méthodes fussent plus déterminées et moins soumises à l'arbitraire. Un corps complet d'instruction autorisé par le ministère public serait, ce nous semble, le moyen le plus propre à le fixer. »

En face du problème de la religion même, le langage de ces pères annonce celui de Georges Couthon ou de Robespierre : « L'idée d'un Etre suprême quel qu'il soit, auteur et conservateur de cet univers est innée dans tous les esprits... Cette voix intérieure qui crie à l'homme : Tu fais mal, qu'est-elle autre chose que celle de l'Etre bon par essence ? »

Ainsi, tout doucement, consciemment ou non, après avoir fait le lit du jansénisme (cf. « les Grandes Heures de l'esprit »), les pères oratoriens préparent la Révolution. Quoi d'étonnant si tant de leurs anciens élèves, comme les Auvergnats Gilbert Romme [1], Soubrany de Bénistant [2] ou Desaix de Veygoux [3], y adhéreront tout de suite avec enthousiasme ? L'accueil des oratoriens aux premières mesures révolutionnaires sera chaleureux ; ils prêteront serment à la constitution civile du clergé et leur supérieur, le Père Périer, deviendra l'évêque élu du diocèse de Clermont. La population d'Effiat, en revanche, beaucoup moins ouverte aux idées nouvelles, refusera d'assister aux offices des assermentés, et préférera, même après le Concordat, marcher une lieue et demie pour se rendre à Aigueperse ou à Bas plutôt que d'entendre la messe célébrée par un ancien oratorien, le Père Py.

Du fait de cette attitude, l'école militaire d'Effiat

---

1. Fils d'un procureur riomois, Gilbert Romme fut élève des oratoriens de Riom. Féru de médecine et bon mathématicien, il deviendra membre de la Convention et du comité de l'Instruction publique, animé par Condorcet. Il est l'auteur du calendrier républicain où les noms des saints se trouvaient remplacés par des termes agricoles : *Raiponce, Turneps, Chicorée, Nèfle, Cochon, Chou-fleur, Genièvre.* Il s'ensuivit qu'un certain nombre de jacobins tranchèrent leurs vieilles racines, renoncèrent à leurs prénoms de Pierre, Jacques, Paul et se rebaptisèrent *Concombre, Coriandre, Tonneau, Four-à-Chaux, Arrosoir !* Bonaparte se fera lui-même appeler quelque temps *Vendémiaire.*

2. Soubrany de Bénistant, marquis de Verrière, fils d'un trésorier de France, capitaine au Royal-Dragon en 1789. Donne sa démission en exprimant ses regrets que « le hasard de la naissance l'ait placé dans cette classe justement détestée ». Entre à la Législative, puis à la Convention. En 1795, s'enfonce un couteau dans le ventre pour échapper à la guillotine. On décapitera quand même son cadavre.

3. Figure légendaire, « d'un fil aussi net que celui de son épée » (Michelet). Lors de la campagne d'Egypte, les musulmans le surnomment « le Sultan juste ». Le 14 juin 1800, à Marengo, il retourne le sort des armes et fait d'une bataille perdue une bataille gagnée.

ne fut pas inquiétée pendant les années révolutionnaires. Mais le nombre de ses élèves décrut régulièrement. A la fin de 93, ce qu'elle conservait d'effectif fut transféré en d'autres maisons : Brienne, Tournon, Pontleroy, les bâtiments furent vendus.

De nos jours, il en reste un corps de logis assez vaste, proche de l'église : l'ancienne paneterie et lingerie.

Les Motier de La Fayette.

Le berceau de cette illustre famille se trouve probablement entre les bourgs de Saint-Germain-l'Herm et d'Echandelys, à l'ouest d'Ambert en Basse Auvergne. Près du village d'Aix, se dressent encore les ruines d'une ancienne maison forte appelée la Fayette. A l'origine, donc, un modeste terroir planté de *fayards,* de hêtres. Quoi qu'il en soit, dès le XIe siècle, les Motier de La Fayette font parler d'eux : un Gilbert Motier prend part à la première croisade. Et ils ne cesseront point. On les rencontrera désormais sur tous les champs de bataille. Dans ses *Mémoires,* le « chevalier de la Liberté » racontera que tant d'hommes parmi ses ancêtres étaient morts en combattant qu'on en avait fait une sorte de proverbe. S'il fit lui-même exception à la règle, ce ne fut point faute d'occasions. Avant d'en venir au plus glorieux représentant de la famille, faisons connaissance avec certaines figures, tant masculines que féminines, qui auraient suffi à en assurer le renom.

Né vers 1380, Gilbert III Motier de La Fayette, guerroie en Italie et en France pour le duc de Bourbon et comte de Clermont, Jean 1er. Il s'attache ensuite au Dauphin, le futur Charles VII, défend Caen et Falaise contre les Anglais, libère plusieurs villes sur la Loire, est créé maréchal de France en 1421. L'année suivante, il remporte une belle victoire sur les Godons. Les drapeaux ennemis enlevés à cette bataille sont présentés au Dauphin, qui loge alors au château d'Espaly et qui ordonne de les suspendre aux voûtes de la cathédrale du Puy : ils l'orneront plus de trois siècles. Le maréchal se range par la suite derrière l'étendard blanc de Jeanne d'Arc, participe à la délivrance d'Orléans, assiste à Reims au sacre de Charles VII, prend Compiègne avec elle, continue la lutte après elle, jusqu'à ce que les Anglais soient boutés hors le royaume de France. Il meurt le 23 février 1462, riche de gloire et de domaines en Auvergne, Velay, Forez, Bourbonnais. Il est, sur ses recommandations, enterré dans l'église de l'abbaye de La Chaise-Dieu, sous l'arc gauche du jubé. En 1562, les Huguenots détruiront son mausolée. Une plaque de cuivre rouge sera par la suite apposée sur cet emplacement, portant ses armes et sa devise : *MERITO,* anagramme de son nom *Motier.*

D'un premier mariage avec Dauphine de Montrognon, Gilbert III n'eut point d'enfants ; mais d'un second contracté avec Jeanne de Joyeuse, il laissa cinq fils et plusieurs filles. L'un de ces fils, un autre Gilbert, héritier des domaines de Saint-Romain (Haute-Loire), Pontgibaud et Roche-d'Agoux (Puy-de-Dôme), servit Louis XI comme chambellan. En 1465, une ligue se forma, animée par les ducs de Bourbon, de Bretagne et de Bourgogne, dite « du Bien public » : elle prétendait défendre le roi contre les abus de la monarchie ! En janvier 1467, pourvu d'une commission royale, ce La Fayette obtint une compagnie de cinquante hommes d'armes et se rendit au Puy afin de soumettre Guillaume-Armand, vicomte de Polignac, lancé dans la révolte des grands seigneurs contre la couronne. Les bourgeois de la ville s'empressèrent de lui fournir des renforts, trop heureux de jouer un mauvais tour à leur seigneur. Le 14, les défenseurs du roi se présentent devant le château de Polignac qui ouvre ses portes sans résistance. La Fayette est reçu courtoisement par la vicomtesse entourée de ses suivantes et de ses trois filles, dont l'aînée, Isabeau, atteint à peine sa treizième année. Visiblement, Mme de Polignac attend un autre enfant. Quant au vicomte, il s'est noblement réfugié dans la chapelle et refuse d'en sortir.

« Mesdames, dit le commissaire royal, nous ne vous ferons aucun mal pourvu que le seigneur de Polignac se livre entre mes mains afin d'être jugé selon sa félonie et rébellion aux volontés du roi de France.

— Mon mari est malade, répond la vicomtesse, et je vous supplie de lui épargner tout déplacement dans son état.

— De quelle maladie ?

— D'un accès de goutte.

— Nos médecins le soigneront. »

Isabeau ne dit rien, mais elle fond en larmes. Et les larmes vont si bien à ce ravissant visage que La Fayette se sent tout ému. Il hésite. Il traiterait volontiers, si ses hommes et les bourgeois ponots n'étaient là pour le contraindre à son devoir. On se rend à la chapelle, on s'empare du vicomte furieux que La Fayette entraîne à Clermont. Il le traite bien, car l'image d'Isabeau l'empêche de dormir et de manger. Un jour, il convoque son prisonnier :

« Monsieur, je vous offre la paix et la liberté.

— En échange de quoi ?

— De votre fille Isabeau, que j'ai l'honneur de vous demander en mariage. Je sais qu'elle n'a que treize ans, bien qu'elle en paraisse davantage ; mais j'attendrai le temps nécessaire, si vous me l'accordez.

— Ma fille n'est pas pour vos dents, Monsieur, et je vous prie d'aller au diable ! »

Les La Fayette ont toujours été hommes d'action. Celui-là repart incontinent pour Polignac, avec quelques compagnons. Les portes s'ouvrent. La vicomtesse, invisible pour motif d'accouchement, ne peut le recevoir. Gilbert demande Isabeau qui paraît devant lui toute tremblante. Il s'agenouille d'abord devant elle, baise le bas de sa robe. Puis, il la saisit soudain par le bras, l'entraîne dans sa chambre, ordonnant à ses hommes de le suivre. Et là, en présence de ses gens de guerre, il la déshabille, la met au lit et se couche près d'elle. On ignore ce qui se passa exactement sous les couvertures ; il est à supposer que Gilbert eut trop de mal à calmer la frayeur de l'innocente pour pouvoir songer à mieux. Il lui suffisait d'ailleurs qu'elle eût été publiquement compromise, que le père se trouvât dans l'impossibilité de la lui refuser désormais.

C'est pourtant ce que fit la vicomtesse, informée sans doute par sa fille que rien d'irréparable n'avait été commis. Elle expédia Isabeau chez des parents lointains, au fond de la Savoie, et se plaignit de ces violences au roi Louis XI. De son côté, le chambellan amoureux courut se jeter aux genoux de son prince, qui lui accorda rémission pourvu que le mariage se fît au plus vite. Mais il fallut remuer terre et ciel pour que le père accordât son consentement. Après deux années de patience et de négociations, le mariage eut enfin lieu, et la « très accomplie demoiselle » Isabeau de Polignac entra triomphalement au château de Saint-Romain. Mais le têtu beau-père n'avait accepté cette alliance qu'à contrecœur, et il déshérita sa fille avant de mourir. Gilbert et Isabeau s'en consolèrent, puisqu'ils eurent dix-sept enfants et furent longtemps heureux.

Louise Angélique de La Fayette fut de leur descendance : fille de Jean II, seigneur de Saint-Romain, et de Marguerite de Bourbon-Busset, dame d'honneur d'Anne d'Autriche. Quoique précocement attirée par la vie religieuse, elle dut très tôt vivre à la cour, dans l'entourage de la reine. Le roi Louis XIII, alors âgé de trente-quatre ans, timide et bourré de complexes, entre une épouse stérile et pudibonde, le souvenir d'une mère acariâtre et ambitieuse et qu'il avait dû condamner à l'exil, un frère faux et lâche, privé d'amitié et d'amour, entendit un jour chanter cette jolie fille de dix-sept ans au visage grave, aux yeux tendres et intelligents, à la voix charmante. Lui-même se piquait de poésie et de musique. Ainsi commencent leurs relations innocentes. Louise participe aux chasses de Louis, coiffée d'un large feutre empanaché, presque à la mousquetaire. Bientôt, toute la cour peut constater qu'elle a supplanté Mlle de Hautefort, la précédente amie platonique du roi. Il la consulte et fait grand cas de ses avis. Mais elle lui apporte surtout le réconfort d'une présence chaleureuse et désintéressée.

Cependant, les conseils de Louise s'opposent parfois à la politique du cardinal. Elle prend la défense de la reine exilée, du peuple misérable qu'offense le train de la cour et des grands, met le roi en garde contre les projets de Richelieu. Celui-ci essaye d'obtenir son appui par des promesses d'élévation, auxquelles elle demeure insensible. Alors, il se rappelle sa vocation religieuse, gagne à sa cause le dominicain Carré, confesseur de la jeune fille, brave homme sans trop de malice, le persuade que Louise Angélique a entendu l'appel des anges, qu'il doit à tout prix aplanir ses sentiers et la rapprocher du Ciel. Et le frère prêcheur se met à souffler sur les braises attiédies, matin et soir, finit par ranimer en elle cette flamme qui s'éteignait. Opposé à son rival céleste, Louis XIII n'ose rien faire. Il avoue seulement au machiavélique cardinal : « *J'en ai pleuré toute la nuit... Je suis dans cette opinion qu'elle s'est toujours moquée de moi, depuis que je lui ai témoigné de l'affection.* » Boisenval, le premier valet de chambre du roi, est mis dans le complot : il manigance entre les deux amis d'artificielles brouilleries, comme dans une farce de Molière.

Pour sortir de toutes ces intrigues, Louis XIII

trouve enfin une solution : il offre à Louise de l'élever au rang de « favorite » officielle, de donner une suite concrète à leur amour. De la part d'un tel homme, quel admirable sacrifice ! Elle s'indigne, puis elle sourit, puis elle s'apaise. Sa solution à elle est d'entrer chez les Visitandines. Elle quitte le roi sanglotant, qui la reverra pourtant plusieurs fois au parloir, jusqu'au jour de sa profession définitive, le 28 juillet 1638. Avant de mourir, en 1643, il lui enverra son petit crucifix d'argent. Elle lui survivra douze années, et mourra supérieure du couvent de Chaillot en 1665, âgée de quarante-six ans.

Dix ans plus tôt était entrée dans la famille une demoiselle Madeleine Pioche de La Vergne, qui devenait la seconde femme de François de La Fayette, un des frères de Louise Angélique. Pour lui donner une brillante éducation, son père l'avait confiée aux plus renommés précepteurs, notamment à l'illustre Ménage, dictateur des belles-lettres de son temps, avant d'inspirer à Molière son Vadius. Les nouveaux époux vécurent d'abord près des rives de la Sioule, entre Auvergne et Bourbonnais, à Nades, à Chouvigny, puis à Espinasse, dans la sénéchaussée de Riom. Quand Madeleine eut pris le temps de faire quelques enfants, elle ressentit l'impossibilité de les élever loin des salons parisiens, de Ménage et autres beaux esprits. Aussi se sépara-t-elle à l'amiable de son Auvergnat de mari, lui se consacrant à ses terres, elle a ses passions littéraires et pédagogiques. Son salon rue de Vaugirard, face au petit Luxembourg, eut bientôt autant de renommée que celui de Rambouillet. Elle y rencontra Mme de Sévigné, La Fontaine, Segrais, et un homme selon son cœur, François de La Rochefoucauld. En 1678, elle publia, sous l'anonymat, le premier grand roman psychologique de notre littérature, *La Princesse de Clèves,* dont le public s'efforça de trouver les clés, comme le titre l'y invitait. Elle seule les connut, sans jamais les livrer.

Quant au mari délaissé, indifférent à sa gloire, empêtré dans les procès et les difficultés d'exploitation, il acheva ses jours seul à Nades sur le domaine que devait plus tard racheter le duc de Morny, demi-frère de Napoléon III.

Héritier des amours, des prouesses militaires et littéraires, d'une tradition de fidélité au roi de France, le futur « Héros des deux Mondes » naquit en 1757 au château de Chavaniac, entre Langeac et Paulhaguet, dont la terrasse regarde au nord les terres à blé de la Limagne, au midi, vers le Gévaudan, les montagnes à vaches, à forêts et à loups.

Son père, Christophe-Roch-Gilbert, marquis de La Fayette et colonel aux grenadiers de France, fut tué à la bataille de Minden, alors que l'enfant était encore dans les langes. Gilbert fut élevé par des femmes, sa mère, née Julie de La Rivière ; ses deux tantes, une célibataire et une veuve ; sa grand-mère paternelle.

Les *Mémoires* du marquis de Bouillé, parent de la famille, nous introduisent dans la maison : « Pendant tout le temps que je fus à Chavaniac, le château ne désemplissait pas. Des familles entières de gentilshommes voisins y venaient passer plusieurs jours, même plusieurs semaines. »

Alors que l'enfant entre dans sa huitième année, toute la population de l'endroit est bouleversée par les exploits de la Bête du Gévaudan. Apparu en 1764 aux environs de Langogne, cet animal féroce a déjà dévoré ou blessé des dizaines de personnes. Il s'attaque principalement aux femmes et aux enfants, les saisit par le cou, leur perce la veine jugulaire et lappe leur sang comme du petit lait. Quelquefois, il préfère leur dévorer le cœur et le foie ; il enterre ce qui reste en réserve. On raconte qu'il s'agit d'un loup-cervier, d'une hyène, d'un chat-tigre ou d'un monstre né de l'accouplement d'une louve et d'un ours. On met sa tête à prix. Il semble se moquer des coups de feu et des coups de pique.

Le 15 décembre, la présence de la Bête est signalée en Auvergne, au lieu dit La Fage, paroisse de Védrines-Saint-Loup, diocèse de Saint-Flour, où elle décapite une bergère de quarante-cinq ans. Elle retourne ensuite en Gévaudan. Et le 12 janvier, près de Saugues, elle attaque sept enfants du Villeret, paroisse de Chanaleilles, garçons et filles, âgés de huit à douze ans. Heureusement, leurs parents ont pris la précaution de les armer de piques rudimentaires formées d'un couteau lié au bout d'un bâton, et tous ensemble ils réussissent à la repousser. Quelques jours après, on la signale entre Saint-Flour et Massiac. Le jeune Gilbert manifeste à sa mère le désir de se joindre aux chasseurs pour aller la combattre. Déjà, il fait preuve de cette générosité qui marquera toute sa vie. Il rêve d'un duel contre le monstre : il veut être le saint Georges de Chavaniac ! Hélas ! la Bête sera tuée sans lui.

A onze ans, il est envoyé à Paris et entre au collège du Plessis, il perd coup sur coup sa mère et son grand-père maternel : il hérite d'eux et se trouve soudain riche de 120 000 livres de rente. Comme il convient à un Motier de La Fayette, il prépare la carrière des armes, devient à seize ans sous-lieutenant au régiment de dragons de Noailles.

Cependant, à Chavaniac, on décide son mariage avec la seconde fille du duc d'Ayen, Adrienne-Françoise : ils ont respectivement dix-sept et quinze ans au jour des épousailles. Maigrichonne, pas très jolie, Adrienne nourrira dès cet instant pour son mari une tendresse passionnée qui jamais ne se démentira. Elle partagera ses goûts, ses opinions (« Je suis la plus fervente des fayettistes »), sa prison à Olmutz et, pour finir, son tombeau au cimetière de Picpus.

Tous deux mènent d'abord la vie mondaine de

leur classe. Vers la fin de l'année 1776, arrive la nouvelle de l'insurrection des colonies américaines et de la déclaration du 4 juillet : elle a mis cinq mois pour traverser l'Atlantique. « A la première connaissance de cette querelle, mon cœur fut enrôlé, et je ne songeai qu'à joindre les drapeaux » (*Mémoires de ma main.*) Il prend pour devise à ses armes *Cur non ?* (Pourquoi pas ?) et entre en relation avec un Américain, Silas Deane, qui, avec l'aide intéressée de Beaumarchais, se procure à Paris de vieilles armes et les expédie clandestinement aux *insurgents.* La Fayette achète de sa poche à Bordeaux un brick qu'il baptise *La Victoire,* le garnit de vivres et de munitions, l'envoie s'abriter dans le petit port espagnol de Los Pasajes, où il donne rendez-vous à un groupe de jeunes hommes décidés comme lui à tenter l'aventure de l'Amérique et de la liberté. Son beau-père, le duc d'Ayen, fait l'impossible pour le retenir : « Votre jeune femme ! Votre enfant ! Votre carrière ! Votre fidélité au roi ! Irez-vous au secours de protestants ? La Sainte Eglise catholique ! La Croix ! La bannière !... » Lui ne veut rien entendre. Les forces royales se lancent alors à ses trousses : trop tard, il est parti.

Du milieu de l'Atlantique, il écrit à Adrienne, enceinte pour la seconde fois : « Le bonheur de l'Amérique est intimement lié au bonheur de toute l'humanité ; elle va devenir le respectable et sûr asile de la vertu, de l'honnêteté, de la tolérance, de l'égalité et d'une tranquille liberté. » L'accueil de cette population républicaine suscite son enthousiasme. Il fait de l'Amérique une peinture arcadienne, aussi éloignée de l'Amérique présente que l'est notre Eglise des chrétiens primitifs : « Ce qui m'enchante ici, c'est que tous les citoyens sont frères. Il n'y a en Amérique ni pauvres, ni même ce qu'on appelle paysans. Tous les citoyens ont un bien honnête, et tous les mêmes droits que le plus puissant propriétaire du pays. Les auberges sont bien différentes d'Europe ; le maître et la maîtresse se mettent à table avec vous, font les honneurs d'un bon repas, et en partant vous payez sans marchander. »

Il est présenté à George Washington qui se prend aussitôt pour lui d'une vive affection et le traitera toujours comme un fils. Puis, ce sont les événements que l'on sait : Brandywine, où une balle anglaise lui traverse la jambe ; Saratoga ; le traité d'alliance entre la France et les Etats-Unis ; Monmouth ; l'arrivée d'une flotte française aux ordres de l'amiral d'Estaing. Adrienne lui apprend le décès de leur premier enfant, la petite Henriette ; il en éprouve une profonde douleur ; mais la naissance d'une seconde fille le console. Son cœur bouillonne de passions. En septembre 1778, il juge offensante pour la France une lettre adressée par des commissaires anglais au Congrès américain, et provoque en duel le principal auteur, lord Carlisle.

George Washington, consulté, désapprouve cette rencontre avec un admirable bon sens :

« L'expérience a prouvé que souvent le hasard décide dans ces sortes d'affaires autant que la bravoure, et toujours plus que la justice de la cause ; je ne voudrais donc pas que votre vie courût le moindre danger, lorsqu'elle doit être réservée pour tant de plus grandes occasions. »

Quant à lord Carlisle, il se défile purement et simplement, sur cette bonne raison : *Je pense que toutes ces disputes nationales seront mieux décidées lorsque l'amiral Byron et le comte d'Estaing se rencontreront.*

En fait, les premiers engagements de l'escadre sont décevants. La Fayette retourne en France plaider à son tour la cause américaine auprès de Louis XVI. Et cette fois, il obtient un véritable corps expéditionnaire aux ordres de Rochambeau. Revenu sur les lieux des combats, il reçoit le commandement en chef des forces en Virginie, tandis que Lord Cornwallis, à la tête des forces anglaises, se lance à sa poursuite.

Il affirme, dans une lettre interceptée : *The boy cannot escape me.* (Le petit gars ne peut m'échapper.) Ils s'affrontent sans résultat décisif à Jamestown. Finalement, c'est l'Anglais qui se trouve assiégé dans Yorktown par les forces franco-américaines, et qui capitule le 17 octobre 1781.

La Fayette rentre en France, le temps de prononcer un mot historique. L'année 1783, les récoltes ont été très mauvaises. En revanche, les greniers de Chavaniac débordent de réserves, sagement entretenues par les régisseurs. L'un d'eux, prévoyant la disette, conseille à son maître :

« Voici le moment de vendre, Monsieur le Marquis ! Et avec quelle hausse !

— Non. Voici le moment de donner. »

Et il commande la distribution.

Sa popularité est immense. Chaque fois qu'il rend visite à l'Auvergne, des réceptions grandioses jalonnent ses itinéraires. Ayant entendu dire qu'il désire étendre ses domaines en direction de Langeac, une délégation de notables langeadois vient lui exprimer le désir de la population de « lui appartenir ». Il lui donnera satisfaction en 1786, acquerra pour 180 000 livres la seigneurie de Langeac, fera une entrée solennelle dans la petite ville le 13 août, monté sur un cheval blanc.

En 1787, l'Auvergne allait lui mettre le pied dans un autre étrier.

La Révolution française est née de la Révolution américaine par le jeu des idées et par celui des écus. La guerre avait coûté à la France trois milliards de livres. Somme énorme qu'on ne pouvait couvrir qu'en instaurant de nouvelles impositions. Pour en faire endosser à d'autres que lui la responsabilité, le ministre des Finances, Calonne, provoque la réunion d'une « assemblée de notables », en février 1787, dont les membres sont désignés par le roi. L'Auvergne y a six représentants, tous grands seigneurs sauf un : de Montmorin, de Bouillé, d'Estaing l'amiral, de Montboissier, de La Fayette et Reboul, maire de Clermont. Une caricature de l'époque représente cette assemblée sous l'aspect de dindons, oies, canards, poulets, auxquels le président, un singe nommé Calonne, déclare :

« Mes chers administrés, je vous ai réunis pour savoir à quelle sauce vous voulez être mangés.

— Mais nous ne voulons pas être mangés du tout ! ! !

— Vous sortez de la question.... »

En fait, sur ces matières délicates, les notables décident de ne rien décider, et renvoient la balle à des assemblées provinciales qui se réuniront ultérieurement, en principe deux fois chaque année : première ébauche de nos Conseils généraux. En d'autres domaines, toutefois, les notables prennent un certain nombre de mesures, dont plusieurs sur l'initiative de La Fayette : suppression des galères pour les faux-sauniers ; institution d'un état civil laïc pour les protestants qui, depuis la révocation de l'Edit de Nantes, n'avaient pas d'existence légale. Mais surtout La Fayette lance un jour une idée féconde et redoutable :

« Le droit imprescriptible de déterminer les charges publiques appartient aux seuls représentants de la Nation ! Il me semble qu'est venu le moment où nous devons supplier Sa Majesté de fixer la convocation d'une Assemblée vraiment nationale. »

Le comte d'Artois, frère du roi, se fait préciser la pensée de l'orateur :

« Je demande à Monsieur le marquis de La Fayette s'il réclame par là la convocation des Etats Généraux.

— C'est en effet, Monseigneur, ce que je suggère. »

Les notables accueillent d'abord très froidement la proposition. Mais la conviction de l'Auvergnat finit par les gagner l'un après l'autre. On en vient même à examiner les détails pratiques. Un point capital est longuement débattu : la représentation du Tiers Etat. Faudra-t-il accorder à cet ordre le même nombre de députés qu'à chacun des deux autres ? Ou bien, étant donné qu'il compose à lui seul les neuf dixièmes de la nation, lui concédera-t-on autant de députés qu'à la Noblesse et au Clergé réunis ? Après d'infinies discussions, le principe du « doublement du Tiers » est retenu, à une voix de majorité. Dans cette affaire, l'Auvergne joue encore un rôle déterminant. Fatigué par tant de palabres, le comte de Montboissier s'était assoupi. Au moment du vote, un coup de coude le réveille :

« Qu'est-ce qu'on dit ? demande-t-il à son voisin, le duc de La Rochefoucauld.

— On dit oui.

— D'accord donc. »

Sans la voix du somnolent comte auvergnat, la face des Etats Généraux aurait changé.

Quant à l'assemblée provinciale, elle se réunit au mois de novembre 1787 dans la grande salle du Collège royal de Clermont, le futur lycée Blaise-Pascal. La Fayette y siégeait parmi les dix membres de la noblesse, et il y fut affecté au « Bureau du Bien public, Agriculture et Commerce ». Ses rapports dénoncèrent principalement les droits innombrables qui frappaient toutes les marchandises à chaque déplacement et transformation. En d'autres domaines, quoique formulées il y a près de deux siècles, ses plaintes ont une résonance très actuelle :

Nous ne parlerons ici des blés que pour en remarquer l'engorgement, et rendre grâces à la loi qui en permet l'exportation ; elle aurait plus d'effet, Messieurs, si l'Auvergne n'avait été tellement oubliée dans la distribution des routes qu'à l'inspection de la carte des postes on serait tenté de croire que cette partie du royaume n'est pas habitée. Aussi voit-on les voyageurs et le commerce tourner autour de cette province centrale qu'ils devraient vivifier...

Une telle liberté d'expression inquiéta fort l'intendant Chazerat qui fit connaître à l'assemblée « la surprise et le mécontentement de Sa Majesté » et clôtura la session brusquement, le 11 décembre, après un mois de travaux.

Les mois suivants, l'opinion se passionna pour la rédaction des cahiers de doléances et le choix des députés de chaque « bailliage » aux Etats Généraux. La Fayette décida de représenter la noblesse, et il fut élu de justesse par celle de Riom. Ce fut ensuite son départ pour Versailles. La nuit du 4 août, il cessa d'être le marquis de La Fayette et n'écrivit plus désormais son nom qu'en un seul mot. Le cours des événements qui rempliront sa longue vie appartiendra dorénavant, non plus à l'histoire de l'Auvergne, mais à celle de la France et de l'Europe.

De temps en temps, il revient à Chavaniac. Ainsi en octobre 1791. Il y entreprend d'aménager le château, sous la conduite de l'architecte Vaudoyer. De Paris, une délégation de la garde nationale, dont il est le général, lui apporte une épée forgée avec des verrous de la Bastille. De Lyon, on vient lui offrir un étendard à la romaine. Il doit aller se faire applaudir au Puy, à Yssingeaux, à Monistrol. Il repart en décembre, laisant en Auvergne sa femme et ses enfants qu'il ne reverra de longtemps.

Après la journée du 10 août et la déchéance du roi, demeuré farouchement fidèle à la Constitution, il quitte son quartier général de Sedan, essaie de gagner l'Angleterre pour passer en Amérique, tombe aux mains des Autrichiens qui le traîneront de geôle en geôle durant cinq années. Sa femme, sa tante, sa fille aînée sont arrêtées à Chavaniac et un moment incarcérées au Puy ; mais on les relâche bientôt, prisonnières sur parole. Pendant la Terreur, Adrienne continue de signer fièrement ses lettres *femme Lafayette ;* elle ne craint pas de protéger les prêtres réfractaires, est arrêtée de nouveau, emprisonnée à Brioude, puis transférée à Paris. Sa mère, sa grand-mère et sa sœur montent sur l'échafaud. Son tour allait venir quand le 9 Thermidor la sauve. Retour à Chavaniac. Après huit jours de repos, elle repart pour aller solliciter à Vienne la faveur de partager la captivité de son mari. L'empereur la lui accorde.

Dans le cachot d'Olmutz, elle rencontrera aussi le scorbut, le froid, les privations, les premières atteintes du mal qui l'emportera en 1807 à l'âge de quarante-six ans. Lafayette poursuivra une existence remplie de déboires et de succès. Le 13 juillet 1824, pour répondre à l'appel pressant de ses amis d'Amérique, il débarque à New York avec son fils prénommé George-Washington et reçoit pendant treize mois un accueil triomphal de ville en ville, comme « hôte de la nation ». En 1830, après la chute de Charles X, porté à l'Hôtel de Ville, il pourrait proclamer la République : c'est le duc d'Orléans qu'il présente au peuple de Paris, sous les plis du drapeau tricolore.

Toute sa vie il a lutté contre la tyrannie. A huit ans, il voulait s'opposer à la sanglante tyrannie de la bête du Gévaudan. A vingt, il a combattu la tyrannie anglaise. A trente-deux, la tyrannie de Louis XVI, de Marie-Antoinette et de la Cour. A trente-quatre, et ensuite à diverses reprises, la tyrannie de la populace. A soixante, la tyrannie de Napoléon. A soixante-cinq, la tyrannie de Charles X. Un moment, Louis-Philippe a semblé le satisfaire ; mais Lafayette le combat dès qu'il juge tyrannique son comportement. En 1834, il meurt donc comme il a vécu : dans l'opposition.

Les d'Estaing.

Toute illustre famille se doit d'avoir eu quelque ancêtre aux croisades, quelque autre à Bouvines ou à Poitiers, dans les troupes de Jeanne d'Arc ou de François 1er. Celle-ci ne fait point exception à la règle. Dans la célèbre bataille de 1214, un Pierre d'Estaing (que certains généalogistes nomment Dieudonné) sauve Philippe Auguste désarçonné par un piquier flamand. Déjà dix ennemis l'entouraient, cherchant un joint de sa cuirasse pour le percer de leurs dagues. D'Estaing le secourt, écarte les assaillants, l'emporte sur son cheval. Cette prouesse lui vaudra, à lui et à ses descendants, le privilège unique de marquer leur écusson aux lys de France : coiffés seulement d'un bandeau d'or pour les distinguer des lys royaux. Avec cette devise : *Sic me mea facta decorant :* « Je dois cet ornement à mes actions. »

Le berceau de la famille fut le site d'Estaing, dans le Rouergue, au confluent du Lot et de la Coussane. Il n'y eut d'abord qu'une tour et une enceinte sur une motte féodale ; mais chaque génération voulut retoucher, refaire ou compléter le premier édifice. Cela donna enfin, au XVIe siècle, cet ensemble tarabiscoté qu'on voit aujourd'hui se refléter dans la rivière au-dessus du pont gothique : un désordre d'étages, de chapelles, de terrasses, d'échauguettes, de mâchicoulis d'où surgit une tour longue et arrondie comme une asperge. Le pont s'orne d'une statue de François d'Estaing, évêque de Rodez, qui fit construire le superbe clocher de sa cathédrale. Mais, par une suite de mariages, de donations, d'héritages, d'acquêts divers, les branches de la famille s'étendront sur un grand nombre de fiefs et de châteaux, depuis Landorre au sud de Rodez jusqu'à Ravel aux portes de Clermont ; en passant par Sébrazac, Esparrou, Authun en pays rouergat ; le Sailhant, Cheylane, Lugarde, Val en Haute

Auvergne ; Lavaur, Murols, Vernines dans la Basse. Les d'Estaing produiront de vaillants soldats, six évêques dont quatre titulaires d'évêchés auvergnats, quelques nobles dames dignes de mémoire.

Ainsi cette baronne d'Estaing qui vivait au XIVe siècle au château d'Authun, et dont le nom était béni par toutes les bouches à cause de sa générosité. Mais son mari avait le cœur aussi dur qu'elle l'avait tendre, et il lui reprochait ses prodigalités : « Vous feriez mieux de donner les restes de nos repas aux cochons de nos serfs, afin qu'ils les engraissent ; ainsi, nous en profiterions à notre tour. » Un jour de la fin de l'hiver, tandis qu'il était parti chasser de grand matin, voici que se présentent aux portes du château plusieurs misérables affamés et transis. La baronne descend en hâte de ses appartements, portant dans un pan de sa robe les provisions qu'elle avait pu trouver. Soudain, son mari se présente à elle, revenu plus tôt qu'elle n'escomptait. « Que portez-vous ainsi caché ? » demande-t-il, les sourcils froncés. Comme elle ne répond pas, muette de frayeur et de saisissement, il insiste : « Allons, Madame ! Lâchez les coins de votre vêtement ! » Elle obéit, laisse retomber sa robe, dont s'échappe une brassée de pâquerettes qui vont fleurir la terre gelée. Et depuis, au milieu des ruines du château d'Authun, s'ouvrent toujours les premières pâquerettes du printemps. Une tradition s'établit aussi dans cette branche de la famille de donner à ses filles des noms de fleurs : Marguerite, Flore, Anémone, Eglantine...

En 1501, les chanoines de Rodez élurent donc un nouvel évêque, François d'Estaing, malgré l'opposition et les intrigues d'un candidat rival, soutenu par la maison de Polignac. Animé d'une foi très vive et d'une haute conscience de ses devoirs, François parcourait sans cesse son diocèse, visitant églises, chapelles, monastères. Mais l'œuvre de sa vie fut l'achèvement de sa cathédrale. Il y ajouta quatre travées et un clocher de grès rouge, à trois étages, en gothique flamboyant, portant une statue de la Vierge. Il n'oublia point, en toute modestie, d'ajouter partout sa signature, aux clefs de voûte, sur les murs, au sommet des tours et des vitraux : *Franciscus, claro Stannorum sanguine natus* : « François, né de l'illustre sang des Estaing... »

C'est par mariage que la maison des Murols se fond dans celle d'Estaing au milieu du XVe siècle. La forteresse, à l'entrée de la Basse Auvergne, avait la réputation d'être imprenable ; mais quand y vinrent les d'Estaing, elle était aussi sûrement inhabitable. Sous Louis XIII, Jean III y entreprit des aménagements pour abriter sa nombreuse famille, donnant à chaque chambre le nom d'un de ses enfants. Après avoir combattu dans la Ligue, participé à la bataille de Cros-Rolland, près d'Issoire, en 1590, fini par se rallier à Henri IV, il reprit les armes en 1621 contre les protestants à l'appel de Louis XIII et mourut au siège de Montauban la même année. Il laissait dix enfants vivants, dont sept fils. Deux entreront dans les ordres et seront successivement évêques de Clermont : Joachim, de 1614 à 1650 ; Louis, de 1650 à 1664. Un troisième donnera naissance à la branche qui s'éteindra avec l'amiral d'Estaing guillotiné en 1794. Un quatrième, Charles, se perpétuera au-delà de la Révolution pour aboutir à Lucie-Madeleine, comtesse de la Tour-Fondue, morte en 1844. Les autres s'éteindront avant 1789.

L'année où Joachim, malgré sa cécité, devint évêque de la Basse Auvergne, l'hiver ayant été d'une exceptionnelle rigueur, on craignait de ne pas voir mûrir les récoltes. Une assemblée des autorités ecclésiastiques décida de porter en procession la Vierge noire du Port. Huit mille personnes la suivirent, dont huit cents jeunes filles en chemise, pieds nus, les cheveux défaits sur leur épaules ; et cinq cents écoliers encadrés par leurs régents. A la suite de quoi, les récoltes ayant été très satisfaisantes, Mgr d'Estaing ordonna que, le 15 mai, la même fête, la même procession se répéteraient éternellement.

Ayant ainsi confié à Notre-Dame le soin de veiller sur le bonheur de son diocèse, ce curieux prélat s'employait à assurer le sien propre. Du moins si l'on en croit les *Mémoires* de Fléchier :

S'il n'eût eu que de la fermeté, c'eût été une vertu épiscopale ; mais il avait des faiblesses qui n'édifiaient pas trop son peuple, et des abaissements qui le rendaient presque méprisable. Tous les bals se tenaient chez lui, et sa maison, qui devait être une maison de prières et de pénitence, était une maison de réjouissances et de festins ; toutes les assemblées se faisaient dans la salle de son évêché, où il ne paraissait point comme évêque pour instruire son peuple, mais comme un gentilhomme en habit violet, qui disait des douceurs aux dames, comme les autres. Il saluait toutes les dames plus que paternellement, et mesurant avec sa main leur visage, il se rendait compte de ce qu'elles étaient et ne se trompait point sur le jugement de leur beauté, quelque aveugle qu'il fût, ayant son discernement aux mains comme les autres l'ont aux yeux...

Son frère et successeur, en revanche, fut un évêque parfaitement estimé, aux mœurs édifiantes. Il interdit la fête des fous et autres mascarades qui ne respectaient pas même la cathédrale. Dans ses tournées épiscopales, il rendit visite à la paroisse de Lanobre-Val, près de Bort, où sa famille possédait le joli château aux tourelles pointues, dont le reflet de nos jours secoue son poivre dans l'eau du barrage. Il y fut reçu en grande pompe par le curé Pierre Paschier et eut la satisfaction d'apprendre de la bouche de ce saint homme que la paroisse ne comptait aucun sorcier, aucun usurier et un seul blasphémateur sur une population de 1 100 communiants. Ce qui prouve qu'elle devait compter, même à confesse, un joli nombre de menteurs.

La branche de Jacques d'Estaing, époux en 1616 de Catherine du Bourg de Sailhant, se fixa définitivement en Auvergne. Elle eut dans sa descendance Charles-Henri, né au château de Ravel en 1729. Son acte de baptême énumère les titres pompeux de ses géniteurs, parents et amis ; le parrain et la marraine furent cependant, selon une coutume chrétienne, deux pauvres nommés Jean Beline et Anne Brunebarbe, habitants du village, lesquels « requis de signer, ont dit ne scavoir ». Pour suivre une tradition familiale, dès l'âge de neuf ans, l'enfant entre aux Mousquetaires ; à seize, il est lieutenant, à dix-neuf colonel du régiment de Rouergue. Il se bat d'abord en Flandre, puis dans les Indes aux côtés de Lally-Tollendal. Percé de deux balles, renversé par son cheval, il tombe aux mains des Anglais en 1758. Ceux-ci le libèrent sur parole, à condition qu'il ne les combatte plus. Bientôt, il apprend qu'un échange de prisonniers a été négocié entre la France et l'Angleterre. S'estimant alors dégagé de sa promesse, il équipe à ses frais deux bâtiments, se fait corsaire contre les Barbaresques pour améliorer son armement, puis cingle vers l'île de Sumatra où il enlève plusieurs comptoirs ennemis à force d'audace. Son vaisseau, *l'Expédition*, revient vers l'île de France (aujourd'hui l'île Maurice) troué comme une écumoire, avec un équipage grelottant de fièvre et de scorbut. C'est d'Estaing lui-même qui doit manœuvrer les voiles.

Il y trouve l'ordre de rentrer en France, se fait reprendre par les Anglais en vue de la Bretagne. Ceux-ci l'accusent d'avoir manqué à sa parole et le jettent en prison. Mais devant ses juges, il parvient à se justifier : on le libère. En 1763, il est fait gouverneur des Iles-sous-le-Vent où il s'efforce d'apporter des améliorations administratives, sociales, économiques. « Le cloaque infect dans lequel est situé le bourg de Sainte-Lucie, écrit-il, m'a épouvanté... Des cases jetées au hasard sans ordre, sans symétrie, sans sol de pierre forment le spectacle effrayant de la ville principale. » Son zèle réformateur lui vaut l'hostilité des potentats locaux. Ils se démènent si bien auprès de Choiseul qu'ils le font rappeler en France, où on le console avec le ruban bleu du Saint-Esprit.

Il profite de son séjour pour apporter d'importants aménagements au château de Ravel. Une description de 1770 donne cette demeure « pour la plus somptueuse de l'Auvergne. On y voit un parc vraiment royal orné de statues de marbre ; la galerie du château est une pièce très vaste, et la plus curieuse, avec des portraits, des tableaux de prix, des vues de ports de mer et des plans de villes merveilleusement dessinés à la plume... La pièce dite « la niche » est entourée de glaces du haut en bas, de sorte que l'image du visiteur s'y reproduit onze fois. »

Ayant été fait inspecteur de la Marine à Brest, d'Estaing s'efforce, avec l'appui de Vergennes, Turgot, Saint-Germain, de réorganiser nos forces navales. La guerre d'Indépendance des Etats-Unis va lui donner l'occasion de s'en servir. Nommé vice-amiral ès mers d'Asie et d'Amérique, il quitte Toulon le 13 avril 1778 à la tête d'une escadre française pour une destination inconnue. C'est en mer seulement qu'on ouvre les plis cachetés qui la précisent :

« Les ordres, Messieurs, proclame d'Estaing, sont de courir sus aux vaisseaux anglais en toutes circonstances !

— Vive le Roi ! Vive le Roi ! »

Grande messe chantée sur le navire amiral.

Après quatre-vingt-cinq jours d'une traversée éprouvante, quand il arrive devant la baie Delaware, il reçoit une lettre de La Fayette : « J'aime à penser, Monsieur le Comte, que vous porterez les premiers coups sur une insolente nation, parce que je sais que vous appréciez le plaisir de l'humilier et que vous la connaissez assez pour la haïr. J'ai l'honneur de vous appartenir par ce sentiment aussi bien que par les liens du sang et par notre titre commun d'Auvergnats... »

En fait, les premiers engagements de sa flotte sont décevants. Une violente tempête ne lui permet pas d'attaquer l'escadre de l'amiral Howe. Aux Antilles, celle de l'amiral Barringston s'empare de Sainte-Lucie, malgré son intervention. D'Estaing renforce fiévreusement ses équipages, enrôlant même les pires repris de justice. La Motte-Picquet arrive de France avec des vaisseaux de complément. Ensemble, ils s'emparent de la Grenade, au sud de la Martinique, mettant en fuite la flotte anglaise. L'amiral d'Estaing envoie au gouverneur de la Grenade, Mac Cartney, un projet dans lequel il prévoit une neutralisation de l'île, son passage provisoire sous les lois françaises, afin qu'elle puisse ensuite s'en rappeler les douceurs et librement choisir ; il y exprime son « désir de faire le bonheur des hommes, à travers même les événements de la guerre ». Après la capitulation, il recevra Mac Cartney à sa table qui le plaisantera « d'avoir embrassé l'état de philanthrope et hérité des sentiments de feu l'abbé de Saint-Pierre ». D'Estaing l'invitera dans une de ses terres d'Auvergne. Heureux temps de la guerre en dentelles !

En 1787, il fit partie des notables chargés de résoudre les difficultés financières de M. de Calonne. Quoique confirmé dans son titre d'amiral en 1792 et 1793, il eut le tort de ne pas charger Marie-Antoinette à son procès.

Il se borna à résumer sa carrière militaire, et à conclure : « Quand vous aurez fait tomber ma tête, envoyez-la aux Anglais : ils vous la paieront cher. » Elle tomba en effet le 28 avril 1794 et fut jetée avec le corps à la fosse commune du cimetière de la Madeleine. L'amiral avait épousé Marie du Rousselet de Château-Renault, dont il avait eu un seul enfant, mort tout jeune en basculant d'une fenêtre de Ravel.

En 1770, en ce même château, il avait demandé à son secrétaire Martin d'établir un tableau généalogique de la maison d'Estaing[1]. On y voit très nettement la filiation d'une certaine Lucie-Madeleine d'Estaing, descendante de Charles d'Estaing, un des sept fils de Jean III, l'ancien ligueur. Lucie-Madeleine eut à son baptême, précisément, pour parrain et marraine l'amiral et sa sœur. Le 12 janvier 1790, elle épousa Jacques-Guy de la Tour-Fondue. Une fille née de ce mariage, Elisabeth de la Tour-Fondue, épouse le 6 mai 1818 Barthélemy-Martial Giscard. Ils auront pour fils Théodore Giscard, qui introduira une action en Conseil d'Etat afin d'être autorisé à prendre le nom de sa grand-mère, Lucie-Madeleine d'Estaing, épouse de la Tour-Fondue. Cette action aboutira seulement en juin 1922, après son décès ; ce sont ses trois fils qui en bénéficieront : Valéry, conseiller à la cour de Riom, Joseph et Philippe. Un délai d'un an fut ouvert à tous opposants éventuels. Il s'en présenta deux qui, en 1925, perdirent leur procès et furent condamnés aux dépens. Le conseiller Valéry eut pour descendant mâle Edmond Giscard d'Estaing, membre de l'Institut, et pour petit-fils Valéry Giscard d'Estaing élu président de la République en 1974. Qu'un lien par le sang existe entre celui-ci et la maison d'Estaing semble donc indiscutable. L'autorisation de juin 1922 préfigure les intentions de Mme Françoise Giroud : il sera permis un jour à qui le souhaitera de porter

1. Ce document figure aux archives du Puy-de-Dôme sous le n° 2 E 01709.

le nom d'une ascendante. Ainsi le fils légitime du baron Dudevant préféra-t-il se faire appeler Maurice Sand. Comment ne pas comprendre son choix ?

Les Montmorin-Saint-Hérem.

Cette vaste famille, dont l'origine remonte au xe siècle, prit son double nom en 1421 par le mariage de Jacques de Montmorin, cinquième fils de Geoffroy, seigneur de Montmorin, et de Jeanne Georges de Charpaigne, dame de Saint-Hérem. Ses branches s'étendirent sur une grande partie de la Basse Auvergne, poussant des rameaux jusqu'au Velay, avec quelques fiefs privilégiés : Montmorin, Auzon, Chassignoles, Chadeuil, Polignac. Elle produisit un très grand nombre d'hommes de guerre et d'abbesses, et connut sa plus grande prospérité entre le xvie siècle et la Révolution.

Exemple : ce François de Montmorin-Saint-Héran (ou Saint-Hérem) qu'on trouve gouverneur du haut et du bas pays d'Auvergne au moment où s'y annoncent les grandes convulsions de la Réforme. Les malheurs de la France sont accrus par les guerres qu'elle doit en même temps mener contre la Maison d'Autriche. En 1556, Philippe II, fils de Charles Quint, envahit notre sol par les Pays-Bas. Quoique âgé de soixante-cinq ans, François de Montmorin est alors commandant d'une compagnie d'ordonnance du connétable de Montmorency dont l'armée essaye de débloquer Coligny enfermé dans Saint-Quentin. C'est pour lui la fin d'une longue carrière au service de François Ier et de Henri II : il tombe aux mains des Espagnols et meurt misérablement en captivité, à une date imprécise.

Avant ces ultimes combats, il avait reçu pour successeur au gouvernement de l'Auvergne son propre fils, Gaspard, né vers 1530, dont la vie sera entièrement occupée par les luttes religieuses. C'est son nom qui, abusivement, et sur la recommandation de Voltaire, a été donné à une rue de Clermont-Ferrand. Peu ménager du sang ni du bien de ses administrés, la poigne rude au service d'un sens politique assez fin, il fut en Auvergne le représentant loyal du roi très catholique, sans jamais négliger toutefois ses propres intérêts. Il agit de concert avec ses collègues Saint-Vidal, gouverneur du Velay, et Saint-Chamond, gouverneur du Forez, qu'on appelait ensemble, avec quelque ironie, les trois Saints. En 1562, il commande en chef les troupes qui vont délivrer la ville du Puy, assiégée par Blacons, lieutenant du baron des Adrets. L'année suivante, il porte secours aux chanoines-comtes de Brioude. En 1568, il est à Cognat, près de Gannat, où les catholiques sont écrasés par les protestants aux ordres du gentilhomme bourbonnais Poncenat ; l'évêque du Puy est blessé à ses côtés. En Haute Auvergne, les religionnaires prennent Carlat, Vic, saccagent Aurillac et son abbaye : tous les ornements religieux, les manuscrits, les meubles, les trésors sont brûlés sur la place principale. Montmorin accourt pour dégager la ville, est repoussé, doit battre en retraite en direction de Saint-Flour. Au passage, il réduit le château du marquis de Sailhant, qui prétend ignorer l'autorité royale. Au cours du combat, il est blessé à la main par la propre femme du marquis, Nicole d'Ondredieu, qu'il fait prisonnière et emmène à Saint-Flour, pendant que ses soldats arrachent de son lit son mari malade, le jettent vivant dans un four et le brûlent comme un fagot.

Vient la Saint-Barthélemy (août 1572) et la sublime épître prêtée par Voltaire à Montmorin-Saint-Hérem dans la préface de sa *Henriade*. Selon lui, le gouverneur de l'Auvergne aurait répondu à l'envoyé de Charles IX : « Sire, j'ai reçu ordre sous le sceau de Votre Majesté de faire mourir tous les protestants qui sont dans ma province. Je respecte trop Votre Majesté pour ne point croire ces lettres supposées. Et si, ce à Dieu ne plaise, l'ordre est véritablement émané d'Elle, je la respecte aussi trop pour lui obéir. » Ces scrupules font voir une grande délicatesse que, malheureusement, la suite des événements ne confirmera point. En fait, il semble que l'affaire se soit déroulée ainsi. L'ordonnance royale destinée à Saint-Hérem avait été confiée à François Combelle de Clermont, frère du président de la Cour des Aides de Montferrand et colonel au régiment de Martinenge. Le porteur rencontre sur son chemin un calviniste échappé aux massacres parisiens, lequel laisse croire à son compagnon qu'il se rend lui-même dans le Languedoc pour remettre au gouverneur les ordres du roi. Combelle lui avoue qu'il est chargé de la même mission auprès du gouverneur de l'Auvergne. Ils chevauchent ainsi de conserve jusqu'à Moulins, descendent le soir dans la même auberge, couchent dans la même chambre. Au cours de la nuit, tandis que François Combelle dort béatement, le calviniste se lève, s'empare de la lettre scellée et s'enfuit bride abattue pour avertir ses coreligionnaires du sort qui les attend. Au petit matin, le colonel se réveille, s'aperçoit d'abord qu'il est seul dans la chambre, ensuite qu'on l'a dévalisé. Il tempête, menace le malheureux aubergiste qui n'en peut mais, puis se lance à la poursuite de son voleur. Celui-ci a trop d'avance pour être rattrapé. A Clermont, assez penaud, Combelle se présente devant Montmorin-Saint-Hérem, lui conte sa mésaventure, lui répète de mémoire et sur ce qu'il en sait la teneur de l'ordonnance.

« Monsieur, je ne demande qu'à vous croire, dit le gouverneur, mais les ordres que vous me rapportez sont d'une gravité telle qu'avant de les exécuter — ce que je ne demande qu'à faire — il m'en faut une confirmation écrite. Retournez donc à Paris, rapportez-moi une seconde ordonnance, et faites en sorte cette fois qu'on ne vous la dérobe point. »

En attendant, par mesure conservatoire, il fit emprisonner tous les protestants qu'on put saisir dans la province. Mesure qui encouragea la plèbe d'opinion catholique à aller plus loin que lui et à massacrer les huguenots qu'elle put saisir : il y eut quatre-vingts tués à Aurillac seulement, au milieu des rues.

Lorsque Combelle fut de retour à Paris, il trouva une situation changée. Depuis le 22 août, Charles IX ne dormait plus, dévoré de fièvre et de remords, répétant sans cesse : « Que de sang ! Où suis-je ? Où vais-je ? Je suis perdu ! Mon Dieu, pardon ! » Loin de reprocher au colonel son étourderie, il s'en réjouit intimement. Les nouveaux ordres au gouverneur furent seulement de faire prêter serment de fidélité aux religionnaires des prisons, puis de leur rendre la liberté. Ce qui fut fait. Après quoi, Saint-Hérem reprit sa lutte farouche contre les « hérétiques », avec des moyens qui sont loin de sentir son humanitaire.

L'année suivante, il apprend que les protestants complotent pour reprendre Issoire. Leurs chefs se réunissent au château de Vassel, près de Vertaizon. Il s'y rend avec cinquante hommes d'armes, l'affame, livre les prisonniers à son prévôt qui, après interrogatoires, tortures et aveux, fait pendre ou décapiter les meneurs. Sa haine des huguenots se double d'une rancune personnelle envers leur chef, le marquis de Chavagnac. En 1577, celui-ci épouse en effet Nicole d'Ondredieu, veuve du marquis de Sailhant que ses hommes ont fait cuire naguère dans le four à pain. Chavagnac saisit le Parlement de Paris de cette affaire, accuse Saint-Hérem d'atrocités, et le gouverneur n'échappe à une condamnation qu'en recourant à l'intervention de ses amis.

Au mois de février, il se dirige vers Ambert dont la région est mise à sac par le féroce capitaine Merle et ledit Chavagnac, son lieutenant. Au cours d'un engagement à Marsac, les religionnaires sont sévèrement étrillés ; ils se replient sur Ambert dont Saint-

Hérem entreprend le siège. Parmi ses officiers combat le marquis vellave François de Chaste, que les assiégés tournent un jour en dérision : ils attachent à une perche un chat vivant, muni de gants fourrés et, avec de grands éclats de rire, le font descendre tout miaulant dans les fossés de la ville. Le siège dure des semaines. Au bout desquelles Saint-Hérem et sa troupe s'éloignent, parce qu'ils ont... d'autres chats à fouetter.

En mai ils sont devant Issoire dont le siège sera raconté plus loin (cf. « les Grandes Heures du refus ».) Montmorin-Saint-Hérem y déploie un bel acharnement : c'est lui qui organise la démolition de la ville vaincue en utilisant les habitants des paroisses voisines munis de pelles et de pioches. Ainsi, selon ses termes, Issoire se trouve rendu à « son ancienne liberté ».

François de Montmorin-Saint-Hérem n'eut pour descendants vivants que des filles. L'aînée, Françoise, épousa en 1575 le vicomte Louis-Armand de Polignac en la cathédrale du Puy, avec la pompe convenant à l'alliance de deux illustres familles. Les consuls de la ville firent présent à l'épousée d'une chaîne d'or « du poids de cent écus ». Le gendre participa ensuite aux chevauchées de son beau-père contre les huguenots. A cette occasion, il se brouilla avec les Ponots : ils refusaient de lui accorder leurs pièces d'artillerie qu'il voulait transporter au camp d'Issoire. Il en viendra à une telle haine de leur ville qu'il enverra ses hommes arrêter et détrousser aux portes les entrants et les sortants, y compris les pauvres pèlerins venus prier devant Notre-Dame-du-Puy. « De sorte, rapporte le chroniqueur Burel, que le peuple estoit escandalisé jusques aux petits enfants qui crioient ung à l'autre : Garde-toi del visconte, que te thuara ! » La querelle prend fin en 1584, par la mort subite de Louis-Armand de Polignac.

Françoise de Montmorin-Saint-Hérem reste veuve avec trois enfants. Bientôt, elle retourne à l'autel ; et qui donc l'y accompagne ? Le batailleur marquis de Chaste qui avait fait miauler en 77 les chats d'Ambert ! Depuis longtemps, il fréquentait Polignac, et les mauvaises langues laissent même entendre que... En cadeau de mariage, Henri III le nomme sénéchal du Puy. Sitôt consommée la lune de miel, il repart vers d'autres combats, prête son épée à Saint-Vidal, gouverneur du Velay, contre les protestants. Mais la Ligue les sépare et les oppose. Saint-Vidal a pour lui le chef-lieu, de Chaste les Polignac, les Montmorin et leurs clientèles. Ce sont alors des escarmouches permanentes entre les deux partis, tandis que le menu peuple de la ville et des campagnes est écorché par l'un et par l'autre.

Investis par les Chaste-Montmorin-Polignac, les Ponots souffrent de la faim et de la peste. Quand il les croit suffisamment abattus, de Chaste songe à leur livrer l'ultime assaut. Le 16 octobre 1595, à la tête de deux cents hommes d'armes, il se présente à la porte Saint-Gilles dont il a acheté les gardes. Mais ceux-ci ont vendu la mèche. Les royalistes tombent dans une embuscade et se font massacrer. Les cadavres de Chaste et de Chalencon, son beau-frère, sont traînés sanglants par les rues, humiliés, souillés, conspués, laissés enfin plus d'un mois sans sépulture au cloître de Saint-Pierre. A l'annonce du carnage, la vicomtesse, folle de colère et de douleur, se jette sur une malheureuse femme du Puy habitant Polignac, et lui fait couper le nez par son bourreau personnel. Elle essaye ensuite de récupérer les dépouilles, supplie le gouverneur, menace, promet, les obtient enfin quand il convient à son ennemi. On lui rend les corps décomposés, accompagnés par les injures et malédictions du peuple. Elle les fait ensevelir et, deux semaines après, quitte pour toujours Polignac et le Velay. Elle se retire en son château d'Auzon où elle mourra de chagrin quatre ans plus tard.

Il faut attendre deux siècles pour qu'un personnage de premier plan apparaisse chez les Montmorin-Saint-Hérem. En 1704, la branche aîné produit Jean-Baptiste-François qui sera général, participera à la guerre de Succession d'Autriche, deviendra gouverneur de Belle-Isle-en-Mer et de Fontainebleau. Son fils succédera à ses charges.

A la branche cadette appartient Armand-Marc, né au château de la Barge, près de Courpière, en 1746. Son grand-père avait eu trois fils et six filles. Devenu veuf, cet homme avait embrassé l'état ecclésiastique et obtenu l'évêché d'Aire. En y arrivant, il présenta ses enfants à son clergé, qui ne put s'empêcher d'en rire.

« Messieurs, dit-il, la différence entre vous et moi c'est que j'avoue les miens ! »

De descendance épiscopale, Armand-Marc eut donc une enfance entourée de soutanes et de cornettes. Très tôt, il quitta l'Auvergne pour vivre près du dauphin, le futur Louis XVI, sur lequel il prit un certain ascendant. Cela devait le conduire où l'on sait : à l'ambassade d'Espagne, au commandement en chef en Bretagne, au ministère des Affaires étrangères où il succéda à Vergennes. Trop modeste pour être grand politique, trop consciencieux pour être habile, trop dévoué au roi pour porter ombrage à qui que ce fût, il plut à la Cour et même à Marie-Antoinette malgré ses relations cordiales avec La Fayette. Quand éclata la Révolution, il s'efforça de la contenir en achetant les chefs, y consacrant 34 000 livres par mois ; Mirabeau profita largement de cette politique. Arrêté après le 10 août et emprisonné, il fut horriblement massacré par la foule le 2 septembre.

Sa fille Pauline, née en 1768, passa les premières années de sa vie au château de Chadieu, à mi-pente des coteaux boisés qui surplombent la rive gauche de l'Allier, au nord-est d'Authezat. A huit ans, elle quitta l'Auvergne pour le couvent de Fontevrault, maison ordinaire des filles de France, puis pour celui de Panthémont, rue de Grenelle, où chaque jeune fille avait sa gouvernante et sa femme de chambre. A dix-huit, elle épouse le comte Christophe-François de Beaumont, qui n'en a que seize et qu'elle n'a jamais vu. Le mariage est un échec complet. Après quelques mois de vie commune, le comte retourne chez sa mère ; mais le divorce ne sera prononcé qu'en 1800, après la tourmente révolutionnaire qui emportera toute sa famille, la laissant seule vivante et saine d'esprit, sinon de corps. On a vu aux « Grandes Heures des Sources » les circonstances dans lesquelles elle revint en Auvergne, mourant d'amour et de tuberculose. C'est à Rome qu'elle rendit le dernier soupir, dans les bras de Chateaubriand, « désespérée et ravie ».

Les Tournemire-Anjony.

Ces Montaigus et Capulets de la Haute Auvergne se firent une guerre sans merci qui s'acheva par la disparition des uns et le triomphe des autres, après maints épisodes tragiques ou bouffons.

Les Tournemire avaient construit leur château sur une hauteur rocheuse qui domine la vallée de la Doire, entre Salers et Aurillac. Par là montaient jadis les troupeaux du Rouergue, du Quercy, du Limousin, en route, par le col de Légal, vers les pâtures du puy Violent, c'est-à-dire du Puy Bêlant, *lou Puech Biolon*. Ce qui donnait l'occasion aux vigilants seigneurs de Tournemire (*Torn e Mira :* regarde à l'entour) de percevoir de fructueux droits de péage. On les trouve naturellement aux Croisades, parfois prisonniers des Sarrasins : ils doivent emprunter des sommes considérables pour payer leur rançon, et en reviennent couverts de gloire et de dettes. Si bien que, dès 1280, il leur faut vendre une partie de leurs biens à un certain Eustache de Beaumarchais, qui lui-même les cédera à une famille de notables aurillacois, enrichis dans les cuirs et peaux, les Jean, ou Joanny, d'où descendront les Anjony.

Au XIVe siècle, apparaît l'étrange et sombre figure de Jean de Tournemire, alternativement au service des Anglais et du roi de France, du bien et du mal, tantôt brigand de grand chemin et tantôt justicier. Si l'on en croit le récit de Froissart, un soir d'hiver de l'année 1391 arrive chez lui un des plus sinistres preneurs de forteresses et tueurs de pauvres gens de cette funeste époque : Aymerigot Marchès. Après avoir conquis, puis abandonné (contre rançons) de nombreux châteaux, il s'était installé dans le fort de la Roche-Vendeix, bien des seigneurs de La Tour, faisant régner la terreur sur tout le voisinage. Alors, les populations vont porter leurs doléances, au roi Charles V et au duc de Berry son frère, qui organisent une expédition contre le repaire d'Aymerigot Marchès. Celui-ci en appelle au roi d'Angleterre, son suzerain, qui ne fait rien pour lui. Le siège de la place dure neuf semaines, au bout desquelles Aymerigot réussit à s'enfuir. Froissart nous le montre tristouillet et pensif et ne sachant « lequel chemin tenir. En ses plus grandes tribulations, il s'avisa qu'il avait en Auvergne un sien cousin germain, écuyer et gentilhomme, lequel on nommait Tournemire. Il s'en vint, lui et son page tant seulement, chez ce Tournemire et entra au château ». Toutefois, ledit cousin ne lui réserve pas l'accueil qu'il espérait : « Pour la cause de vous, lui déclare-t-il très furieux, monseigneur de Berry me hait et traite à mort ; mais je ferai ma paix par vous, car je vous y rendrai mort ou vif. » On l'enferme, on le livre. A Paris, il est condamné au pilori, puis à la peine capitale : on lui tranche la tête, on l'écartèle, et chacun des quartiers est exposé sur un poteau aux quatre portes principales de la ville. Cette traîtrise du cousin Jean ne lui rapporta guère, puisque, quelques années plus tard, « pour ses démérites », il eut aussi la tête coupée.

Un historien et descendant de la famille, Guillaume de Tournemire, a rectifié le récit de Froissart. Son ancêtre Jean n'avait, selon lui, aucune parenté avec Aymerigot Marchès. Celui-ci ne chercha point refuge au château, mais y fut conduit comme prisonnier. Et c'est avec l'espoir de rentrer en grâce auprès de Charles V que le seigneur de Tournemire le livra. Les documents font défaut, qui pourraient étayer l'une ou l'autre version.

De même, on n'a aucune preuve de l'existence — sans doute légendaire — de ce féroce Hugues de Tournemire dont parle Fléchier et qui fit si mauvais accueil au malheureux sergent de justice nommé Loup, venu lui présenter un mandement à comparaître devant le comte de Carlat. Y eut-il fumée sans feu ? Qui a tort, des poètes ou des historiens ?

Alors, Hugues : « Soldats ! qu'il ne lise plus outre !
Coupez roide au poignet la main de ce Jean-Foutre !
Qu'on la cloue à la porte, et grave au madrier

Ces mots : « Un loup céans ! Oncques n'en vis encore
Qui n'y laissât la patte ! » *Et vingt rires sonores*
Ebranlent aux murs noirs d'antiques boucliers[1].

A partir de 1439, les ennemis jurés de Tournemire sont toutefois les Damjohani, ou d'Ageani, ou Johanini, ou Dajohani, ou Anjony. Face à l'ancien donjon, déjà quelque peu ruiné, ils ont en effet l'outrecuidance d'édifier une seconde forteresse, dont la construction durera dix ans et suscitera de très vives

1. Gandilhon Gens-d'Armes.

rancœurs chez les Tournemire éclipsés. Le chef de la nouvelle maison est alors Louis II d'Anjony qui passe sa vie à guerroyer pour de bonnes ou de mauvaises causes, se livrant fréquemment pour son profit personnel, selon le bon usage de l'époque, à des « courses et destrousses de marchans, laboureurs et aultres subjectz » du roi, pillant maisons, villages, couvents et châteaux. Comme, au milieu de ces randonnées, il avait à temps perdu servi également la cause de Charles VII, il obtint sans peine à la fin de sa vie rémission de ses mauvais coups.

La haine des Tournemire et des Anjony dure un siècle. Un siècle de vexations, de bastonnades, de procès, de violences de toutes sortes. Parfois même de tours de cochon. Ainsi, en 1465. Pour quelque dette d'arrérages, Louis d'Anjony avait ordonné la saisie d'un porc appartenant au nommé Pierre de Sainte-Croix, tenancier du four banal de Tournemire, protégé à ce titre par Rigaud, seigneur du lieu. Nuitamment, l'animal disparaît. Une enquête menée par Loynot se heurte au silence des villageois. Alors, pour cette minuscule affaire, il recourt aux grands moyens : il se fait délivrer un monitoire épiscopal à lire au prône du dimanche : *A la requeste de noble home Loys d'Anjohany sont excommuniez et agressez tous ceulx qui ont emblé* (enlevé) *le porc !* Le dimanche 10 novembre, quand les hommes de Louis se présentent dans l'église de Tournemire pour remettre la sentence d'excommunication au curé et lui ordonner de la lire, ils se heurtent aux gens de Rigaud, sous les ordres d'Aymery de Tournemire, son bâtard et champion. Il en résulte un échange d'injures, de menaces, de voies de fait :

« S'il existait un crasseux pelletier d'Aurillac, profère Aymeri, qui osât se faire appeler seigneur de Tournemire, je le tuerais de ma main !

— Tu en as menti, bâtard, fils de putain ! réplique la partie adverse. Mon maître n'est pas un crasseux pelletier, et il s'appellera seigneur de Tournemire en dépit que tu en aies ! »

Le tumulte est bientôt si grand que les étrangers à la querelle cherchent leur salut dans la fuite. Excepté le curé qui se réfugie sur l'autel, comme un naufragé sur un radeau. Bientôt, Rigaud en personne accourt, la lance au poing, hurlant : « A mort ! A mort les pelletiers ! » Les coups d'épée, de poignard, de gourdin pleuvent comme dragées. Aymeri s'enfuit le ventre ouvert, tenant ses tripes dans ses mains. Une lettre de rémission de Louis XI essayera de ramener la paix.

Cela ne suffit pas et les hostilités continuent. Quand les deux familles rivales et leurs clans ne s'affrontent point par les armes, elles s'injurient de donjon à donjon, en employant des porte-voix de fer : on peut en voir encore un long de quatre pieds au château d'Anjony. On ne ménage en paroles ni les femmes, ni les enfants, ni même les défunts. En 1523, Jean, autre bâtard de Tournemire, rentrait à cheval au château de son père quand il rencontre par hasard Claude d'Anjony. Celui-ci avait exceptionnellement embrassé la carrière sacerdotale et était curé de Marmanhac, une paroisse voisine. Si l'on en croit Jean de Tournemire, faute d'autre témoignage, l'abbé se mit incontinent, malgré sa condition de prêtre, à injurier et menacer son rival, tirant même la grande épée qu'il portait sur sa soutane, comme cela se pratiquait dans le clergé d'alors. Jean descend de cheval, dégaine à son tour et perce aussitôt de quatre coups d'estoc son chétif adversaire. Quand les Anjony voulurent inhumer le malheureux abbé dans la seule église du bourg, leurs ennemis estimèrent qu'elle faisait partie de leur fief : quelques semaines plus tard, ils déterrèrent le corps à demi décomposé. Et un matin, les Anjony le trouvèrent devant leur porte, tout nu et mangé en partie « des chiens et d'autres bestes saulvaiges ».

La querelle se poursuivit de la sorte jusqu'en 1623, provoquant de nombreuses victimes et des procès infinis, des assassinats régulièrement pardonnés par des lettres royales de rémission. On résolut enfin, d'un commun accord, d'en terminer en répétant la rencontre des Horaces et des Curiaces. D'un côté, un Tournemire assisté par Jacques et Gabriel de Saint-Cernin ; de l'autre, Louis d'Anjony et deux de ses fils. L'assaut eut lieu sur la minuscule place du village, sous les yeux de la foule avide d'assister à un beau massacre. Elle ne fut point déçue car les trois Anjony succombèrent. Les Tournemire obtenaient ainsi satisfaction après deux siècles de vendetta. Ils avaient lavé leur honneur, mais non pas retrouvé leurs biens. Du moins décidèrent-ils de ne plus échanger désormais avec leurs rivaux que du papier timbré.

Après vingt années encore de procès, on arriva à un accord : chaque partie se contentait d'une surface déterminée dans l'église de Tournemire. Quant aux biens et domaines divers, ils furent peu à peu concentrés entre les mains des Anjony : ce que les armes avaient perdu, l'argent le récupéra. Comme à Vérone, les deux familles ennemies donnèrent naissance à quelques Roméos et à quelques Juliettes, dont le mariage scella leur alliance. Le nom des Tournemire, « tombé en quenouille », finit par disparaître.

Dès lors, les Anjony vainqueurs n'ont d'autre souci que d'embellir leur demeure et de servir le roi. Les hommes quittent leur province où ils pouvaient être quelque chose, comme l'écrit le marquis de Sade, afin de n'être plus que les esclaves d'un esclave [1], dans un village boueux appelé Versailles ; ils y deviennent Gardes du corps et chevaliers de Saint-Louis. Les femmes font de la tapisserie en Auvergne. En 1756, la maison d'Anjony est menacée à son tour de tomber

1. « Un grand roi ? L'esclave d'une femme et d'un prêtre. » (Montlosier.)

en quenouille : son dernier représentant mâle, Claude, ex-maréchal de camp, a oublié de se marier. A l'âge de quatre-vingt-neuf ans, il y songe enfin, trouve une demoiselle consentante, en parle à Louis XV qui le traite de vieux fou. Néanmoins il fait le nécessaire pour convoler en justes noces. Et c'est au moment de la cérémonie religieuse qu'il est victime d'une défaillance qu'on aurait attendue plus tard ; alors, il murmure : « Puisque Dieu n'approuve pas plus mon projet que le roi, j'y renonce ! » Et il se retire définitivement à Anjony pour, à son tour, se consacrer à la tapisserie. Afin d'assurer la survivance de son nom, il le transmet par « substitution » à son cousin Robert de Léotoing, héritier d'une vieille famille du Brivadois et d'un imposant château dont les ruines, en face de Blesle, surmontent encore la vallée de l'Alagnon.

LES GRANDES HEURES ROYALES

Pépin le Bref.

VERCINGÉTORIX disparu, aucune Majesté royale ni impériale n'a laissé le souvenir de son passage en Auvergne jusqu'au VIIIe siècle. En 759, Pépin le Bref y fit une entrée foudroyante.

Notre région faisait alors partie de l'Aquitaine dont les ducs cherchaient à préserver leur indépendance. L'un d'eux, Waïfre (ou Gaifier) refusa de reconnaître pour roi le fils de Charles Martel, ce Pépin de courte taille, capable cependant d'abattre un lion d'un seul coup de poing, et qui venait de détrôner Childéric III, le dernier Mérovingien. Alors, Pépin s'élance sur l'Aquitaine, ravage le Berry, puis l'Auvergne, s'empare du « château de la ville des Arvernes », laquelle porte désormais le nom de sa citadelle, *Clarmontus.* Il brûle la cité avec un grand nombre de citoyens, détruit la cathédrale de fond en comble, ainsi que les forteresses environnantes du puy Chateix et de Montrodeix. En Haute Auvergne, il ravage Peyrusse, Tournemire, Escorailles, continue ses prouesses en Limousin, ramenant « beaucoup de butin et une armée intacte, avec l'aide de Dieu », écrit le chroniqueur Frégédaire. De son côté, il est vrai, Waïfre se comporte de même sur les terres de Pépin, ramenant également chez lui une armée intacte et beaucoup de butin avec l'aide de Dieu.

En 764, Pépin manifeste le désir de se réconcilier avec les clercs de notre province, de leur demander pardon pour les villages et monastères dévastés, les femmes violées, les enfants embrochés, les vieillards jetés aux flammes. Il réunit à Volvic une assemblée où assistent un grand nombre d'évêques, de comtes, de gouverneurs et de notables. Il réparera de son mieux les dommages causés, reconstruira les maisons, accordera des exemptions fiscales. L'abbé de Mozat, près de Riom, lui impose de transporter sur ses propres épaules, pieds nus et couronne en tête, la châsse contenant les reliques de saint Austremoine depuis Volvic jusqu'à son abbaye. Cela fait onze kilomètres de pénitence royale. Assortie de libéralités. On peut voir encore, dans la sacristie de l'église, le sceau de Pépin dont furent marquées les courroies de la châsse.

Ayant de la sorte fait la part de Dieu, les Francs continuèrent, chaque belle saison, leurs safaris au sud de la Loire. Cela ne prit fin qu'à la mort de Waïfre, assassiné en 768 dans le Périgord par des malandrins de petite condition.

Louis XI.

Depuis 1416, l'Auvergne se trouvait aux mains du duc de Bourbon. Elle formait au centre de la France un puissant Etat féodal qui, comme tant d'autres, s'opposait aux volontés de Charles VII, puis de Louis XI.

Ce petit homme maladif, un peu bossu, confit de dévotion, qui parfois ne prenait qu'un œuf dans sa journée pour toute nourriture, si mal mis que tout son appareil ne valait pas vingt livres, au dire des gens d'alors, y compris le chapeau et la monture, a été bien malmené par les chroniqueurs. On a trouvé pourtant dans ses registres des notations comme celles-ci : *Un écu donné à une femme dont les levriers royaux ont étranglé la brebis. — Un écu donné à un pauvre homme dont les archers ont gâté le blé en traversant son champ...*

C'est que, après avoir comme dauphin donné bien du souci à son père Charles en s'appuyant sur les seigneurs, une fois monté sur le trône il a un tout autre comportement : contre les arrogants féodaux, c'est parmi les bourgeois et les petites gens qu'il cherche des alliés. Il suffit qu'il veuille un jour, par amour des paysans, supprimer l'ancien droit de chasse seigneurial pour que ses grands vassaux se coalisent, formant ce que les contemporains appellent avec ironie la « Ligue du Bien public » : elle avait en fait pour objet la défense de seuls biens privés. Partout la noblesse grande et petite se soulève. La bourgeoisie au contraire reste fidèle au roi.

Fort de l'appui populaire et d'une bonne armée, Louis XI s'enfonce dans le Bourbonnais et l'Auvergne pour battre les révoltés. Il prend Montluçon le 14 mai 1465 ; les jours suivants, Gannat, Aigueperse, Montpensier, Vichy. Ses hommes font une bonne impression, tant par leur vaillance que par leur bonne conduite envers les populations. Au dixième jour, aucune femme n'a encore été violée, aucun marchand détroussé, aucun laboureur pillé : c'est à n'y pas croire. A Saint-Pourçain, la sœur du roi, épouse du duc de Bourbon, vient se jeter à ses pieds, le suppliant de ne pas aller plus loin.

« Chère sœur, lui dit-il doucement, ce ne sont pas là besognes de femme. »

Bourbon s'enferme dans Riom, malgré les protestations des consuls, en compagnie du duc de Nemours et du comte d'Armagnac. Louis XI continue son avance et commence le siège de la ville avec 14 000 hommes. Il s'installe dans l'abbaye de Mozat, auréolée de gloire par le souvenir de la pénitence de Pépin. Louis XI se rend un jour à Marsat, afin de prier, pour lui-même et pour ses armées, la Vierge dont la noire statue siège sur l'autel. A la fin de ses dévotions, il exprime la volonté que soit dite en ces lieux une messe quotidienne et perpétuelle « pour le salut et remède de nous et de nos prédécesseurs et successeurs, Rois de France ». Une somme de cinquante livres tournois sera versée annuellement au chapelain par le receveur du bailliage de Montferrand, moitié pour la Saint-Jean, moitié pour la Noël.

On est en droit de penser que la Vierge noire de Marsat fit de cette révolte une affaire personnelle, car les coalisés envoyèrent bientôt des ambassadeurs pour traiter avec leur souverain. La paix fut signée à Aigueperse. Louis XI pardonna aux seigneurs qui licencièrent leurs troupes. Seul celui de Carlat continua sa rébellion. Il devait être un jour capturé, embastillé, torturé, décapité.

Louis XI reviendra deux fois en Auvergne, en 1471 et en 1476. Il exige chaque fois d'être reçu modestement. La réception de 1476 ne coûte pas plus de 20 livres aux consuls de Montferrand ; on en a le compte exact :

— *à Denis Armand, pour avoir été au-devant du roi pour savoir s'il logerait dans la ville,* 32 *sols,* 6 *deniers ;*

— *une charretée de charbon pour le feu de joie,* 27 *sous ;*

— *à Torenche, pour avoir mené au roi les chiens qu'on lui offre,* 27 *sous ;*

— *carpes et poissons pour la venue du roi,* 5 *livres,* 16 *sols,* 10 *deniers ;*

— à deux ménétriers envoyés au-devant du roi, 2 sols 6 deniers...

La moindre noce villageoise coûtait trois fois plus cher.

Catherine de Médicis.

Beaucoup plus italienne que française par son éducation, son tempérament de *mamma* autoritaire et possessive, son goût de la *combinazione,* la volonté froide et cynique avec laquelle elle poursuivait ses desseins, Catherine de Médicis était cependant auvergnate par sa mère, Madeleine de La Tour, et ses armes réunissaient les lys d'or de Florence, les boules médicéennes, les tours maternelles, le gonfanon rouge de l'Auvergne ; le tout encadré, à partir de 1559, par la cordelière de la viduité. Orpheline dès sa naissance, veuve à vingt-huit ans, elle porta le deuil toute sa vie et apparaît en noir et blanc dans la galerie multicolore de nos rois.

Son histoire avait cependant commencé dans la liesse. Les noces de ses parents avaient, en 1513, rempli de fêtes la ville d'Amboise durant huit jours. Madeleine suivit son mari à Florence et sut se faire aimer de la ville. « C'était, écrit un contemporain, une grande dame, belle et sage, gracieuse et de haute vertu. » En 1519, dans le palais de la Via Larga, elle met au monde une fillette pâle aux cheveux clairs, tandis que son mari, alité dans une chambre voisine, tousse et crache le sang. Deux jours après, Madeleine meurt, suivie dans la même semaine par son mari poitrinaire : ils n'avaient pas un demi-siècle d'âge à eux deux. Les tribulations commencent pour la petite orpheline. Elle est d'abord confiée à son aïeule paternelle qui disparaît bientôt à son tour. Son oncle, le pape Clément VII, devient alors son tuteur. Elle erre ainsi de palais en palais, de couvent en couvent, entre des mains mercenaires, sans avoir jamais l'occasion d'employer les battements de son cœur. Lorsqu'elle atteint sa quatorzième année, Clément VII décide de s'allier à François Ier contre Charles Quint ; pour renforcer leur union, il donne Catherine en mariage au dauphin Henri d'Orléans, le futur Henri II. Un impôt spécial de 3 500 écus est levé sur les Florentins pour acheter le trousseau de la fiancée. Outre les espèces, bijoux, étoffes, elle apportait en dot plusieurs duchés italiens et ses terres d'Auvergne.

Les noces devaient se faire à Marseille. Pour s'y rendre, François Ier traversa notre province, couchant au château de Villeneuve-Lembron. Catherine était blonde comme sa mère, peu jolie, mais gracieuse comme on l'est à quatorze ans. Après la messe nuptiale, célébrée par le pape lui-même, assisté du cardinal de Bourbon, le roi de France, vêtu de satin blanc, mena au banquet la jeune épousée, où elle prit place près du dauphin, son mari. Les festivités ne durèrent pas moins de trente-quatre jours.

Avant que son mari ne meure, tué par la lance de Montgomery, elle aura le temps de lui donner trois filles et quatre fils, dont trois seront rois : François II, Charles IX, Henri III. Les deux premiers mourront de tuberculose, comme leur grand-père italien ; le troisième de mort violente, comme son père. La vie de Catherine ne fut qu'une succession de deuils, de guerres, de massacres, au milieu desquels elle s'efforça de préserver l'autorité royale, menacée de toutes parts, jusque dans la faiblesse de ses fils.

Elle eut cependant le bon sens de choisir pour chancelier un homme sage, habile, prestigieux : Michel de l'Hospital. Il avait prouvé son courage et sa vigilance, à la tête de la Cour des comptes, en écrivant à Henri II qui n'osait refuser à Diane de Poitiers une grosse subvention : « Sire, cet argent que Votre

Majesté veut donner est la subsistance du peuple. C'est la récolte et la nourriture de vingt villages sacrifiés à l'avidité d'une seule personne. » Plus tard, afin d'inspirer au jeune Charles IX l'amour de ses provinces et l'horreur de la guerre, il suggéra un tour de France, qui dura trois années. Lui-même chaperonnait la mère et le fils à travers le pays : Champagne, Lorraine, Bourgogne, Provence, Languedoc. Partout, les populations acclamaient le cortège royal, par politesse ou par intérêt. On payait les gens pour les convaincre de crier :

« Vive le Roi ! Vive la Reine ! Vive la messe ! »

A Bayonne, Catherine rencontre son gendre, l'impitoyable Philippe II, qui lui suggère de se débarrasser de ses protestants par quelque liquidation radicale. Et aussi de Michel de l'Hospital, ce « demi-huguenot ». Elle refuse d'entendre la seconde proposition.

En décembre 1565, ils sont à Moulins où Charles, malade, reste trois mois. Au printemps, ils repartent par Vichy, Maringues, Pont-du-Château, Busséol, Vic-le-Comte, Saint-Saturnin, couchent le 31 mars 1566 à Clermont. Ils y visitent le pont naturel et la fontaine de Saint-Alyre. Le roi aime les curiosités scientifiques : il va jusqu'au puy de la Poix d'où jaillit une source de bitume. C'est alors qu'un seigneur lui apporte d'Espagne une pierre de *bézoard* (en persan : « pierre à venin »). Comme les chats, les chèvres sauvages ont coutume de se lécher pour faire leur toilette, et d'avaler les poils. Ceux-ci s'agglutinent dans leur estomac où ils forment fréquemment des calculs qui peuvent atteindre la grosseur d'un œuf. Telle est l'origine de ces cailloux. Les pharmacopées anciennes leur attribuaient des vertus excitantes, toniques et sudorifiques ; mais surtout, on croyait qu'ils avaient le pouvoir de neutraliser les poisons. Aussi fit-on une chasse féroce aux chèvres sauvages des montagnes méditerranéennes ; les princes persans se réservèrent même le monopole des bézoards. Plus tard, l'un d'eux en enverra trois à Napoléon pour gagner ses bonnes grâces. Les faussaires se mettront à fabriquer des pierres à venin avec des yeux d'écrevisse mêlés de musc ou d'ambre gris. Des Allemands préconiseront un ersatz : les calculs urinaires humains, qui seront commercialisés sous le nom de « bézoards d'Allemagne ». Ayant donc reçu un bézoard authentique en la ville de Clermont où il se trouvait, Charles IX fit appeler son médecin, qui se trouvait être l'illustre Ambroise Paré, déjà au service de François II et Henri II.

« Avez-vous connaissance d'une drogue qui soit bonne pour combattre tous les poisons existants ?

— Il n'est pas possible, Sire, qu'une telle drogue existe, car les poisons sont de toutes sortes et effets... Les effets étant d'une grande variété, les causes doivent l'être aussi. Voilà pourquoi il ne me semble pas qu'on puisse contre tous employer un contre-poison unique. »

Le roi lui présente alors le bézoard venu d'Espagne, le donataire insistant sur ses prodigieuses vertus, malgré les arguments d'Ambroise Paré. A la fin, celui-ci propose de recourir à l'expérience qui les départagera :

« Il faudrait, Sire, administrer d'abord le poison, puis le contre-poison sur quelque coquin condamné précédemment à la corde, et à qui l'on ferait rémission si le bézoard lui sauvait la vie. »

Le roi trouve l'idée bonne. Il fait venir M. de La Trousse, chef de sa police particulière, lui demande s'il dispose du cobaye approprié.

M. de La Trousse se rend en la prison des consuls clermontois, et fait à un voleur condamné au gibet la proposition du poison et du bézoard. L'homme accepte, se disant très satisfait de ce marché, puisqu'il n'avait aucune chance d'échapper au supplice, et qu'à présent il lui en vient une. On recourt alors à un apothicaire royal pour préparer le poison et la drogue de bézoard. L'homme arrive avec ses deux fioles, et en fait boire coup sur coup le contenu au voleur. Presque aussitôt, celui-ci se met à vomir, à se tordre de douleur, à aller à la selle, criant qu'il a le feu au corps et demandant à boire, ce qui ne lui est pas refusé.

Une heure après, raconte Ambroise Paré, *je lui fis boire environ un demi-setier d'huile, pensant lui aider et sauver la vie ; mais elle ne lui servit de rien, parce qu'elle fut baillée trop tard. Il mourut misérablement, criant qu'il lui eût mieux valu être mort à la potence. Il vécut sept heures ou environ.*

Et étant décédé, je fis ouverture de son corps en la présence dudit seigneur de La Trousse et de quatre de ses archers. Je trouvai le fond de son estomac noir, aride et sec, comme si un cautère y eût passé, ce qui me donna connaissance qu'il avait avalé du sublimé (corrosif). *Et ainsi la pierre d'Espagne, comme l'expérience le montra, n'eut aucune vertu. A cette cause, le Roy commanda qu'on la jetât au feu, ce qui fut fait.*

Le 3 avril 1566, le cortège royal quitte Clermont, traverse Riom sans s'arrêter, arrive aux portes d'Aigueperse. Le chancelier est l'enfant du pays ; la ville a pris des dispositions exceptionnelles pour honorer Charles IX, la reine et leur ministre. Par les délibérations des échevins, nous apprenons qu'étrangement, les couleurs du roi sont à peu près celles de la future République française :

... *Il est délibéré qu'on fera présent au Roi de 4 poinçons de vin*[1]*, 2 poinçons à M. le Chancelier et un poinçon à Combauld.*

... *De réparer les portes de la ville et les pavés, en sorte qu'on puisse aller et venir à pied et à cheval.*

... *Que l'on dressera un portail avec les armoiries*

---

[1] Le poinçon de la Limagne valait environ 250 litres.

de S.M., le plus honorablement qu'il sera possible; qu'on dressera le dais auquel on mettra les armoiries du Roi; qu'on donnera un tonneau de vin à M. le prince Dauphin[1]*, un autre tonneau à M. le chancelier avec une demi-douzaine de massepains*[2] *pour le remercier des bienfaits et bonne volonté qu'il a accordés à cette ville...*

...De faire nettoyer toutes les rues à commencer depuis la Recluse[3] *jusqu'au devant de la halle de la porte des Oulles. Lesdits consuls ordonneront à chacun des habitants de se préparer à recevoir en leurs maisons les étrangers, le plus honnêtement que faire se pourra. Et aussi de tapisser de tapisseries honnêtes ou de linges bien blancs le devant de leurs maisons, des deux côtés de la grande-rue, depuis la porte de la Chaussade jusqu'à la porte des Oulles.*

... Pour l'entrée, les consuls seront revêtus de leurs meilleures robes noires avec chacun un chapeau de satin. Les 6 valets de ville seront vêtus chacun d'une robe de la couleur et livrée de la dite ville et d'un bonnet rouge. On blanchira les 4 clefs de la ville que l'on attachera avec un cordon de soie de la couleur du Roi, qui est blanc, bleu et incarnat.

... Les consuls prendront le dais au-dessous de la porte de la Chaussade et l'apporteront dessus le Roi... Les petits enfants de la dite ville auront une banderole de taffetas blanc et bleu et crieront à l'entrée du Roi : Vive le Roi!

Le chancelier ne se faisait guère d'illusions sur les résultats d'un si long périple ni sur la durée de

1. Le comte d'Anjou, frère de Charles IX, et futur Henri III.
2. Pâtisserie locale encore renommée.
3. La porte des Oulles (des Marmites) fermait la ville au nord (vers Gannat), la porte de la Chaussade la fermait au sud, vers Riom. Hors la ville se trouvait la chapelle de la Recluse.

l'armistice signé avec les huguenots. « Quand cette neige aura fondu, disait-il en passant la main sur sa barbe blanche, il ne restera que de la boue. »

Catherine ne reviendra plus en Auvergne. Elle finira sa vie en 1589 dans son hôtel de la rue Saint-Honoré, dont il reste une colonne encastrée dans la rotonde de la Bourse de Commerce. On y voit sculptés les emblèmes du deuil et de la séparation : H et C entrelacés, miroirs brisés, chaînes rompues. Le tout surmonté d'une sphère avec cette devise : « *Unus non sufficit orbis.* Cela peut signifier : « Le monde terrestre ne me contente pas » ; c'est-à-dire : « Mon espérance est en Dieu » ; ou bien : « Nous nous retrouverons au ciel. » Mais cela peut vouloir dire aussi : « Mes ambitions dépassent les dimensions de la planète. » Une devise aussi équivoque que le furent sa politique et sa personnalité.

La reine Margot.

Marguerite de Valois, sœur de Charles IX et d'Henri III, fille mal aimée de l'impitoyable Catherine de Médicis, eut tous les dons nécessaires pour gagner chez nous une durable popularité : la beauté, la générosité, le malheur. Après des chevauchées et mésaventures qui firent d'elle l'héroïne d'un roman de cape et d'épée (qu'Alexandre Dumas ne manqua pas d'écrire), elle trouva en Auvergne des résidences volontaires ou forcées et y demeura un quart de siècle. Son souvenir concret persiste dans de nombreux bourgs du Cézallier et du Lembron qui s'enorgueillissent de posséder une « maison de la reine Margot » plus ou moins authentique.

Ses contemporains rivalisent de superlatifs pour chanter sa beauté. Ronsard lui consacre un long poème : *A la Marguerite et unique perle de France, la Reine de Navarre.* Montaigne la range « parmi ces divines, surnaturelles et extraordinaires beautés qu'on voit parfois reluire comme des astres sous le voile corporel et terrestre ». Brantôme la décrit ainsi, lorsqu'elle apparut en 1576 aux Etats Généraux de Blois : « Je vis aussi cette notre grande reine, vêtue d'une robe d'orangé et noir et son grand voile de majesté ; étant assise en son rang, elle se montra si belle et si admirable que j'ouïs dire à plus de trois cents personnes de l'assemblée qu'ils s'étaient plus avisés et ravis à la contemplation d'une si divine beauté qu'à l'ouïe des beaux et graves propos du roi son frère, encore qu'il eût dit et harangué des mieux. » Aux dons du corps, elle joint ceux de l'esprit, écrit des vers, parle l'italien et l'espagnol comme sa langue maternelle, s'est adressée un jour en latin, avec une élégante facilité, aux ambassadeurs polonais.

Elle fait son premier séjour en Auvergne en 1565, âgée seulement de treize ans, lorsqu'elle accompagne sa mère et Charles IX dans le grand voyage raconté ci-dessus. Sept ans plus tard, suivant les volontés de sa mère et malgré sa répugnance, elle doit épouser un jeune rustre mangeur d'ail, puant des pieds et du gousset : Henri de Navarre. Comme il est huguenot et elle catholique, on demande à Rome une dispense qui ne vient pas. Catherine feint pourtant de l'avoir reçue. La cérémonie a lieu le 18 août 1572. A la question rituelle : « Marguerite de Valois, consentez-vous à prendre pour époux Henri de Navarre ? », elle reste immobile, les yeux baissés. Alors, son frère Charles lui donne une tape furieuse derrière la tête, qui l'oblige à s'incliner : chacun fait mine de prendre ce geste pour un assentiment. Ensuite, le marié s'éclipsera par une porte dérobée pour ne pas devoir assister à la messe.

Une semaine plus tard, dans la nuit de la Saint-Barthélemy, Catherine ordonne le massacre des protestants. Un huguenot épouvanté et sanglant se réfugie dans la chambre de Marguerite, qui le prend dans ses bras pour le protéger ; elle sauve de même le baron de Miossens et Jean d'Armagnac, écarte le danger de son mari.

Bientôt, cependant, le roi de Navarre délaisse sa femme pour des consolatrices de haut ou de bas étage. Elle-même ne tarde pas à trouver des dédommagements auprès d'hommes raffinés, parfumés, capables de réciter ou d'inspirer des vers.

Car beaucoup d'hommes, devant sa beauté, perdent la tête pour elle au sens figuré, avant de la perdre au sens propre : Charles IX lavait ainsi l'honneur de son beau-frère.

En 1579, elle rejoint son mari en Gascogne et s'installe avec lui à Nérac où chacun d'eux, comme les mains du pianiste, ignore ce que fait l'autre.

Elle décide d'en partir un jour pour Agen sous prétexte d'y aller faire ses Pâques : elle y reste trois mois. Le Béarnais alerte son second beau-frère, Henri III, successeur du premier, lequel envoie des troupes afin de ramener au nid la pigeonne envolée. Elle ne se laisse pas prendre, abandonne meubles, bijoux, bagages et s'enfuit vers la Haute Auvergne où elle possède la forteresse de Carlat. Six jours de suite, elle galope en croupe du capitaine d'Aubiac, par monts et par vaux, au milieu des ligueurs, des troupes royales, des brigands, des huguenots. Ses dames et demoiselles la suivent comme elles peuvent, sur des chevaux ou des ânes. Partie le 25 septembre 1585, elle couche au village de Brassard, dans l'Agenais ; le lendemain, à Saint-Projet (Lot) ; le 27 à Bournazel, dans le Rouergue ; le 28, elle est à Entraygues ; le 29 à Montsalvy ; le 30, chez elle, à Carlat, protégée et gardée à la fois par le gouverneur, Gilbert de Marzé (ou de Marses).

Les jours suivants, affluent ses meubles, ses robes, ses serviteurs, laissés provisoirement à Agen. Ainsi munie, elle s'efforce d'acheter le gouverneur et son frère, Robert de Lignerac ; mais eux envisagent un autre marché : la vendre très cher à l'un des trois Henri : le roi de France ; le roi de Navarre ; Guise, le chef de la Ligue.

Le château de Carlat était une antique forteresse, aux dimensions colossales, établie sur une table de basalte à l'entrée méridionale de l'Auvergne, qu'il défendait contre toute invasion venant de Guyenne. Sous Louis XI, le seigneur de Carlat, Jacques d'Armagnac, y avait subi un siège de dix-huit mois avant d'être pris par les troupes royales, mis en cage, enfin décapité aux halles de Paris. Par la suite, Carlat passe aux mains des ducs de Bourbon, de Louise de Savoie (mère de François Ier), de Catherine de Médicis. Environné de ravins escarpés, il comprend alors une double enceinte munie de tours puissantes. A l'intérieur, une église, une commanderie de Malte, un couvent de clarisses, des casernes, des écuries, l'hôtel du gouverneur et le palais appelé « Bridoré », où Marguerite établit sa résidence. Dans ce rude climat, dans cette forteresse fouaillée par les pluies et les vents, elle tombe malade. Inquiets pour leur trésor, les deux geôliers la font soigner, appelant tous les praticiens locaux, et aussi un fameux docteur de Moulins, le sieur Delaunay. Le bruit de sa mort court même dans Paris. « Il n'en est rien, répondent ses adorateurs. Il a fait trop clair et trop beau ces jours-ci. Si Margot était morte, nous aurions vu une éclipse de soleil, par la grande sympathie que ces deux astres ont l'un pour l'autre. »

Le printemps arrange les choses en effet. Et aussi les soins d'un jeune apothicaire qui éponge la sueur de la malade et arrange ses oreillers. Si bien qu'elle lui manifeste tendrement sa reconnaissance. Une fois encore, ces amours finissent tragiquement : Lignerac les surprend et plonge sa dague dans le cœur du jouvenceau.

Marguerite songe à mourir. Puis elle appelle à son secours sa mère Catherine :

Madame, si au malheur où je me vois réduite il ne me restait la souvenance de l'honneur que j'ai d'être votre fille et l'espérance de votre bonté, j'aurais déjà de ma propre main devancé la cruauté de ma fortune ; mais me souvenant, madame, de l'honneur que vous m'avez toujours fait, je me jette à vos pieds et vous supplie très humblement avoir pitié de ma trop longue misère...

La reine mère consent à faire quelque chose : elle lui offre son château d'Ybois, près d'Issoire. De Lignerac n'ose la retenir et se contente de garder une part de ses bijoux. Elle part donc, le 14 octobre 1586, après un an de séjour, en croupe d'Aubiac, comme à sa venue. Suivant un itinéraire assez capricieux, par le Lioran, Murat, Allanche, le Luguet, Besse, reçue par les bourgeois et les seigneurs avec les honneurs que lui mérite son rang, elle passe l'Allier à gué, près d'Orbeil, et commence de gravir la pente qui conduit à Ybois, à l'entrée de la vallée où prospère l'abbaye de Sauxillanges.

Margot trouve des appartements délabrés, des vivres grossiers et chiches, une garnison hostile. Les troupes royales arrivent, cernent le château, s'emparent d'Aubiac, protecteur et amant de sa reine, transportent celle-ci à Saint-Saturnin, où elle reste du 6 au 13 novembre. Elle y écrit une lettre au maître d'hôtel de Catherine de Médicis, Antoine de Sarlan, où elle évoque encore son imminent suicide : « ... Je désire au moins avoir ce contentement que ma mère sache que j'ai eu assez de courage pour ne tomber vive entre les mains de mes ennemis... Sous son assûrement et commandement, je m'étais sauvée chez elle ; et au lieu du bon traitement que je m'y promettais, je n'y ai trouvé que honteuse ruine. Patience ! Elle m'a mise au monde, elle m'en veut ôter. Mais je sais bien que je suis entre les mains de Dieu ; rien ne m'adviendra contre sa volonté ; j'ai ma fiance en lui et recevrai tout de sa main... »

Elle n'a pas cependant le courage d'accomplir sa menace. Henri III ordonne alors qu'elle soit enfermée au château d'Usson sous la garde du marquis de Canillac. Quant à Aubiac, on le transporte vers Paris aux fins de jugement. A Aigueperse, son escorte rencontre les officiers du roi porteurs d'un ordre d'exécution sommaire. On dresse une potence sur la place Saint-Louis, on y mène le gentilhomme qui meurt en baisant un manchon de velours bleu, présent de sa Dame.

Joseph Scaliger, qui y vécut en compagnie de maints autres beaux esprits, décrit ainsi Usson et son château :

Une ville située en une plaine où il y a un roc et trois villes l'une sur l'autre, en forme de bonnet de pape ; tout à l'entour de la roche et en haut, le château, avec une villette à l'entour. Il y a en ce château cinq murailles. La première n'a aucune tour ; mais quand on passe celle-là, on voit en haut, en l'air, le château bien flanqué de grosses tours, hors de toute atteinte pour l'escalade, fondée sur un rocher de pierre dure en forme de pyramide. Ce château est imprenable. C'est pourquoi on lit un petit écrit sur une porte : Garde le traître et la dent ! *signifiant qu'il ne peut être pris que par trahison ou par famine.*

Margot habitera près de vingt ans cette ancienne prison. Au début, sa captivité fut assez dure, parmi les espions du roi ; mais très vite, elle gagna la sympathie de son geôlier qui, aux dires de plusieurs chroniqueurs, tomba même éperdument amoureux d'elle.

Autour d'Usson, cependant, ligueurs, protestants, catholiques se massacraient du meilleur cœur. Tandis qu'au loin flambaient les villes et les villages, la reine Margot remplissait ses appartements de tapisseries et de tentures, s'entourait de chanteurs, de musiciens, de savants, de lettrés : Honoré d'Urfé, Brantôme, Joseph Scaliger, Jean Beaudoin, François Maynard. Elle composait des vers, elle passait d'un amant à l'autre. Elle eut longtemps pour favori Claude François de Pominy, originaire du Puy, futur seigneur de Grèzes et de La Bastide. Jalouse de lui au point de faire construire des lits surélevés pour ses dames et demoiselles, afin de pouvoir vérifier elle-même commodément à toute heure du jour et de la nuit s'il n'était point caché dessous. C'est qu'elle avait le cœur débordant de passions et de générosités dont tout le monde profitait autour d'elle. Dans ses promenades, il lui arrivait souvent d'enlever provisoirement un enfant à sa mère, de l'emporter au château, de le combler de caresses et de sucreries avant de lui rendre la liberté.

De loin, son royal et grincheux époux jugeait avec sévérité sa conduite et ses extravagances. Cette idée qu'elle avait eue, par exemple, de faire venir des chameaux d'Espagne. « Il est venu, écrivait-il à une de ses maîtresses, un homme de la part de la dame aux chameaux me demander passeport pour cinq cents tonneaux de vin, sans payer taxe, pour sa bouche. C'est se déclarer ivrognesse en parchemin. De peur qu'elle ne tombât de si haut que le dos de ses bêtes, je le lui ai refusé. Il y avait tant de gens autour d'elle à nourrir et abreuver !... C'est une dangereuse bête qu'une mauvaise femme... Je n'attends que l'heure d'ouïr dire qu'on aura envoyé étrangler la feue reine de Navarre. Cela, avec la mort de sa mère, me ferait chanter le cantique de Siméon. » Il s'exprimait plus brutalement encore dans cette lettre du 18 mai 1589 : « Le roi m'a parlé de la dame d'Auvergne ; je crois que je lui ferais faire un mauvais saut. »

Une fois monté lui-même sur le trône de France, il demande l'annulation de leur mariage stérile. Margot accepterait de bon cœur si elle était sûre de ne pas lui voir épouser Gabrielle d'Estrées, cette *décriée bagasce* (entendez : cette Marie-salope) qui lui a déjà fait plusieurs bâtards. Sully la rassure ; elle finit par se rendre à ses raisons, se laisse démarier. Henri IV la remercie alors par une épître royalement hypocrite : « Ma sœur, les délégués de notre Saint-Père pour juger la nullité de notre mariage ayant enfin donné leur sentence à notre commun désir et contentement, je n'ai voulu différer plus longtemps à vous visiter sur telle occasion, tant pour vous en informer de ma part que pour vous renouveler les assurances de mon amitié. »

Les lettres qu'elle lui adresse de son côté seront toujours remplies de la plus tendre sollicitude. Ainsi, le 14 janvier 1595, après l'attentat de Jean Châtel perpétré contre Henri IV : « Monseigneur, ... je n'ai pu m'empêcher par cette lettre de témoigner à Votre Majesté et l'appréhension que j'ai eue de votre mal, et la joie que j'ai ressentie de vous savoir échappé d'un si grand danger. »

Cependant, les années passent, et Margot se fatigue de son exil. Elle exprime au roi son désir de revenir à Paris et lui en demande la permission. Comme celle-ci tarde à venir, elle fait ses bagages et quitte Usson en juin 1605. Avant son départ, elle signe pardevant maître Portail, notaire, une *donnerie* éternelle en faveur des pauvres vivant sur les paroisses d'Usson, Ybois et Saint-Babel, « de la quantité de six douzaines de pains, chacun pesant une livre, et de la somme de quinze sols, qui seront donnés et distribués chaque jour à perpétuité », à raison d'un demi-pain par pauvre ; plus un habit pour dix hommes et deux robes par petite fille « de drap bleu garnies de leurs manches et avec les boucles et lacets » ; plus, le jour de Noël, une paire de souliers, une chemise et des chausses de drap blanc par pauvre du sexe masculin.

Le mois suivant, elle se présente au Louvre.

Henri IV s'avance vers elle, la mine fleurie, et déclare :

« Mon cœur n'a jamais été séparé de vous ! Vous êtes maintenant dans cette maison où vous avez toute puissance comme en toute autre où la mienne s'étend ! »

Il la conduit vers sa seconde épouse, Marie de Médicis, qui attend, pâle et tremblante au pied du grand escalier. Marguerite salue la reine en titre comme il convient, et elles montent ensemble les degrés, l'une toujours émue et embarrassée, l'autre avec une dignité parfaite. Bientôt, on lui envoie le Dauphin, le futur Louis XIII ; elle prend l'enfant sur ses genoux, l'embrasse et lui fait compliment :

« Vous avez bien la mine royale pour commander, comme vous le ferez un jour. »

Malgré l'âge, elle ne renonce point aux joies de la vie ; elle offre, en sa maison du bois de Boulogne, le château de Madrid (qui sera démoli par Louis XVI), orné par Bernard Palissy, des réceptions et des divertissements. En 1607, un jésuite qui prêche le carême se plaint « qu'il n'y ait si petite coquette à Paris qui ne montre ses tétons, prenant exemple sur la reine » ; mais il ajoute par prudence que « beaucoup de choses sont permises aux reines et défendues aux autres femmes ».

Réconciliée avec son ex-époux, elle pleure sincèrement lorsqu'il tombe sous le couteau de Ravaillac : sa vie a été remplie de ces fins sanglantes. Elle connaît de derniers plaisirs amoureux, grâce à un joueur de luth, surnommé par les jaloux « le roi Margot », et termine ses jours dans une grande piété, le 27 mars 1615, en son palais de la rue de Seine. Son corps reste dix-huit mois exposé à la vénération publique dans la proche église des Augustins.

En 1633, le château d'Usson sera démoli sur les ordres de Richelieu. Il n'en subsiste que les éboulis, quelques fragments de muraille ou de voûte, la chapelle où la reine venait prier.

Marie-Angélique de Fontanges.

Ephémère maîtresse du roi Louis XIV, morte à vingt ans après avoir, comme l'écrira la marquise de Sévigné, été « blessée au service du roi », l'infortunée Marie-Angélique descendue à Versailles de sa Haute Auvergne pour faire fortune mourra oubliée de tous excepté des perruquiers : durant un siècle encore, ils coifferont les dames « à la Fontanges » parce qu'un jour de grand vent, à la chasse, elle avait eu l'idée de retenir ses cheveux au moyen d'un ruban. Ils y ajouteront des nœuds superposés, des bouquets, des morceaux de toile, en feront une architecture flamboyante que cette fille des montagnes n'avait point imaginée. Puis la mode en passera. Et il ne restera plus d'elle que les bons mots composés par les envieux : « Elle était belle comme un ange et sotte comme un panier » (Choisy). « La belle bête » (Mme de Montespan).

Née au château de Cropière, près de Vic-sur-Cère, dans la famille de Scorrailles, en 1661, elle avait reçu une éducation qui ne la préparait pas spécialement à mener une vie de cour : à dix-huit ans, elle dansait mal et ignorait les usages. Néanmoins, on a accusé sa famille d'avoir spéculé sur sa beauté et de l'avoir envoyée à Versailles dans l'espoir que le roi la remarquerait. « Ses parents, la voyant si belle et si bien faite, et ayant plus de passion pour leur fortune que pour leur honneur, boursillèrent entre eux (*se cotisèrent*) pour pouvoir l'envoyer à la cour et pour lui faire une dépense honnête et conforme au poste où elle entrait » (Bussy-Rabutin). L'accusation semble pour le moins téméraire. Les père et mère de Marie-Angélique étaient réputés pour leur piété extrême et leur inlassable charité. Ayant le souci de bien établir leurs sept enfants, ils ambitionnèrent sans doute une place de demoiselle d'honneur auprès de quelque dame importante, et ne nourrirent point pour leur fille des espérances aussi royales. Tout le temps que dura son règne éphémère, ils ne sollicitèrent aucune faveur spéciale et n'en reçurent point.

Sa beauté fit grand effet à la cour : ses cheveux blonds, son teint de lait, sa bouche minuscule, comme ils se portaient ces années-là. Le roi, quadragénaire débutant, se lassait alors de Mme de Montespan et demandait un changement de potage. Tout de suite, il se laissa prendre aux grâces innocentes de la jeune Auvergnate, l'enveloppa d'attentions, la couvrit de cadeaux et de « conférences ». Comme elle résistait, il demanda conseil à Louvois, spécialiste en places fortes : « Je n'ai jamais vu fille si fière et dont la vertu soit si difficile à ébranler. » Les difficultés enflammèrent ses sentiments jusqu'à une passion dont le feu finit par gagner le cœur de l'angélique Marie. Leurs amours durèrent le temps d'une grossesse. En 1680, Mlle de Scorrailles mit au monde un fils qui ne vécut pas. Le roi la fit duchesse de Fontanges, avec vingt mille livres de rente, tandis que la Montespan, folle de rage, se répandait sur elle en calomnies, accusait tout le monde de sa disgrâce, y compris le confesseur du roi, le Père Lachaise — cet homme qui a laissé son nom à un cimetière : « Comment pouvez-vous tolérer que le roi ait deux maîtresses en même temps? Vous êtes vraiment sa chaise de commodité ! »

Elle essaya même, dit-on, de faire empoisonner sa rivale.

En fait, celle-ci n'avait plus que quelques semaines à régner. Peu de temps après ses couches, elle eut, selon les termes de la marquise, « une perte de sang très opiniâtre et très désobligeante ». De jour en jour, elle perdit soudain de sa substance et de sa beauté. L'amour de Louis tomba comme un soufflé. La malheureuse duchesse se retira dans l'abbaye de Chelles, dont sa sœur avait été désignée comme abbesse, pleurant tous les jours le cœur du roi. Lorsqu'on lui apprit qu'elle était proche de sa fin, il consentit néanmoins à lui rendre visite. Elle mourut le 28 juin 1681. Mme de Sévigné annonça la nouvelle : « La belle Fontanges est morte... Il fallut à la cour qu'on apprît la mort de la duchesse pour qu'on se rappelât qu'elle existait encore ; on l'avait oubliée. »

De son côté, le roi écrivit ce billet au duc de Noailles qui l'avait assistée jusqu'au dernier instant :

Ce samedi, à dix heures.

Quoique j'attendisse il y a longtemps la nouvelle que vous m'avez mandée, elle n'a pas laissé de me surprendre et de me fâcher. Je vois par votre lettre que vous avez donné les ordres nécessaires pour faire exécuter ce que je vous ai ordonné. Vous n'avez qu'à continuer ce que vous avez commencé. Demeurez tant que votre présence sera nécessaire et venez ensuite me rendre compte de toutes choses...

Louis.

Napoléon III et Eugénie.

Dans les circonstances évoquées aux « Grandes Heures des puys », le couple impérial arrive en Auvergne le 8 juillet 1862. Le train à vapeur entre à deux heures de l'après-midi en gare de Riom, pays du ministre Eugène Rouher, bras droit de Napoléon, le gauche étant son demi-frère le duc de Morny. Réceptions, discours, arcs de triomphe, pluies de fleurs, de compliments, de légions d'honneur. La musique du collège exécute avec beaucoup d'à-propos l'air de la *Reine Hortense.*

A cinq heures, on est à Clermont. Dix arcs de triomphe ont été dressés dans la ville : à une lieue à la ronde, les arbres n'ont plus une feuille. On remarque spécialement la grandiose construction due à l'entreprise Barbier-Daubrée (ultérieurement Michelin), fabricants de divers objets mécaniques et d'articles de caoutchouc. Le fronton en est une masse d'engrenages astucieusement assemblés, avec cette inscription, écho du slogan plébiscitaire : *L'Empire, c'est la paix :*

L'EMPIRE, C'EST LE TRAVAIL

En présentant les clés de la ville, le maire, M. Francisque Mège, rappelle que, lors du vote du 22 novembre 1852, le département a donné à Napoléon 126 041 suffrages sur 126 832 votants.

Te Deum à la cathédrale. Le chœur répète trois fois : *Domine, salvum fac imperatorem !* Napoléon a le loisir de remarquer que l'édifice attend son achèvement depuis six siècles. Réception et discours à la préfecture. Commence ensuite le défilé des délégations ouvrières et artisanales venues, bannières en tête, acclamer le protecteur du travail national : vermicelliers, boulangers, cordonniers, carrossiers, jardiniers, mécaniciens, mineurs, verriers, maçons, charpentiers. Tout le monde applaudit tout le monde. Les Auvergnates s'écrient, devant la beauté de l'impératrice : « *Lo dzento fenno ! Coumo li bravounetto !* [1] » Pour finir, après le dîner, des feux de joie allumés sur les montagnes environnantes éclairent la nuit. Seul, le vieux et ronchon puy de Dôme refuse de se prêter à ce carnaval [2].

Le lendemain, Napoléon III file vers le plateau de Merdogne pour vérifier les théories de Gabriel Symeoni sur l'emplacement de Gergovia. Quatre voitures à quatre chevaux transportent le géologue impérial, ses ministres auvergnats, Rouher et de Morny, ses officiers d'ordonnance. Il se fait expliquer par des spécialistes et dans les moindres détails la corréla-

1. « La jolie femme ! Comme elle est gentille et simple ! »
2. Voir « les Grandes Heures des puys ».

tion de la topographie et du récit de César. A midi, déjeuner sur l'herbe dont l'emplacement sera marqué d'une pierre grise. Malgré le champagne frappé, Eugène Rouher transpire tel un bûcheron, dans son frac brodé d'or. Dépoitraillé, s'épongeant sans cesse, il serre la main des paysans, les appelle par leur prénom. Le duc de Morny, droit, correct, frais en apparence comme une rose, regarde ce rustre et murmure :

« Il est étonnant ! Etonnant ! Quel dommage que nous n'ayons pas pour le représenter un peintre d'histoire ! »

Le soir, Leurs Majestés visitent Royat où l'Impératrice donne son nom à une source ; puis ils assistent à un bal à l'hôtel de ville : Isaac Strauss, musicien personnel de la cour, dirige l'orchestre. Le 10 juillet, elles quittent l'Auvergne, y provoquant deux déceptions. A Bourdon, des préparatifs avaient été faits pour les recevoir dignement : plusieurs centaines de bœufs, appartenant à la société sucrière dont le duc de Morny était le président, les avaient attendues vainement, alignées dans la cour de l'usine. Les cornes basses, inconsolables. A Montferrand, un arc avait été dressé portant cette inscription : *Un mot de vous, Sire, et nous serons heureux !* Ce mot, qui devait annuler le mariage forcé entre Clermont et sa voisine, ne fut pas prononcé.

Le 10 juillet, l'auguste cortège remonte dans le train. De la portière de son wagon, l'empereur lance cette aimable parole :

« Adieu, Messieurs ! Je reviendrai vous voir quand j'aurai fait terminer votre cathédrale ! »

En fait, il ne tiendra pas non plus cette promesse. Ni lui ni son architecte Viollet-le-Duc ne verront achevée l'œuvre de restauration. Les derniers fleurons seront posés au sommet des deux flèches en 1884, onze ans après la mort du premier, cinq après celle du second.

LES GRANDES HEURES DES GRANDS JOURS

PAR la nature de son sol et de ses habitants, l'Auvergne avait toujours offert un refuge de choix aux grands seigneurs en rébellion contre l'autorité royale. Aussi les Grands Jours de Justice avaient-ils fonctionné cinq fois déjà, afin de les châtier. Ils s'imposaient une sixième au lendemain de la Fronde, qui avait vu une turbulence accrue des hobereaux et de leurs gens. En 1661, l'intendant de La Barre écrivait à Colbert : « Tout le monde, et particulièrement les officiers de justice, chacun à son ressort, couvre les coupables au lieu de les punir. » Son successeur, de Pomereu, présenta un plan de répression contre les trublions, « à commencer par les grosses têtes », qui aboutit aux Grands Jours de 1665. En les décrétant, le jeune Louis XIV se disait averti de la triste situation de son royaume, où les peuples sont « exposés à toutes sortes de violences et d'oppressions ». Les médailles commémoratives représentent son énergique profil entouré d'inscriptions latines : *Louis roi chrétien et salut des provinces... Répression contre l'audace des puissants.*

Sous la présidence d'Henri Potier de Novion, siégèrent seize commissaires à bonnet carré, plus l'avocat Denis Talon, assisté de trois greffiers. L'un de ces juges, Lefèvre de Caumartin, avait parmi ses familiers l'abbé Esprit Fléchier, précepteur de son fils et futur évêque de Nîmes, qui se fit le chroniqueur de l'événement. En sorte que l'effet le plus heureux de cette tornade judiciaire de cinq mois, qui suscita les plus vives terreurs chez les grands, les plus folles espérances chez les petits, fut d'enrichir la littérature française d'un incontestable chef-d'œuvre : les *Mémoires sur les Grands Jours tenus à Clermont*, de Fléchier.

En vertu de sa tradition judiciaire, Riom avait espéré recevoir le tribunal d'exception. Fléchier assure que la grande ambition de ses habitants est « de faire passer leur ville pour la capitale de la province ; et, comme ils ne trouvent pas leur compte aux anciennes histoires, ils se font forts de l'autorité de M. Chapelain, et savent tous en naissant ces vers de *La Pucelle :*

Riom, chef glorieux de cette terre grasse
Que l'on nomme Limagne, au lieu d'Auvergne basse...

Après s'y être rassemblés le 24 septembre, les juges se mettent en route le lendemain pour Clermont. « Ces deux villes sont éloignées de deux lieues l'une de l'autre, mais le chemin en est si beau qu'il peut passer pour une longue allée de promenade ; il est bordé de faux (*de hêtres*) des deux côtés, plantés à égale distance, qui sont arrosés continuellement de deux ruisseaux d'une eau fort claire et fort vive, qui se font comme deux canaux naturels, pour divertir la vue de ceux qui passent, et pour entretenir la fraîcheur et la verdure des arbres. » Aux approches de Montferrand, la caravane est accueillie par le peuple et les corps constitués, disposés d'espace en espace, en pleine campagne. Et chaque président les régale d'un discours verbeux, rempli de solennels clichés, « de lune et de soleil, de grands et de petits jours ». Viennent ensuite des religieux de différentes couleurs. Ils ne manquent pas de citer les plus beaux endroits des saints pères, cherchant à prouver que saint Augustin et saint Ambroise ont prophétisé ce qui se passe présentement en Auvergne.

Suit un portrait souvent publié de Clermont, sans doute la ville la plus désagréable de France[1] ; de ses rues « si étroites que la plus grande y est la juste mesure d'un carrosse ; aussi, deux carrosses y font un embarras à faire damner les cochers, qui jurent bien mieux ici qu'ailleurs, et qui brûleraient peut-être la ville s'ils étaient en plus grand nombre, et si l'eau de mille belles fontaines n'était prête d'éteindre le feu. » Les habitants ne sont pas mieux traités. Les Clermontoises surtout, venues rendre leurs devoirs aux épouses des magistrats : gauches, empruntées, stupides comme on ne peut l'être qu'en province. Une seule exception : Mme Périer, née Gilbert Pascal : « Les louanges que Mme la marquise de Sablé lui donne, la réputation que M. Pascal, son frère, s'était acquise, et sa propre vertu la rendent très considérable dans la ville ; et quelque gloire qu'elle tire de

1. Cent vingt ans plus tard, l'aspect de la ville ne se sera pas amélioré, quand la visitera Legrand d'Aussy : « Par le défaut de police, les rues sont presque continuellement si sales et si boueuses que, pendant les deux tiers de l'année, tous les habitants, jusqu'aux gens que jadis on plaçait dans la première classe, portent des sabots par-dessus leurs souliers. Dans les quartiers moins fréquentés, ce sont des amas de fumier, des immondices de boucheries, des ordures de toute espèce ; enfin des vidanges, plus dégoûtantes encore, parce que là un grand nombre de maisons n'a point de latrines. »

l'estime où elle est et de la parenté qu'elle a eue, elle serait illustre quand il n'y aurait point de marquise de Sablé, et quand il n'y aurait jamais eu de M. Pascal. »

Les commissaires se réunissent dans la grande salle du palais de Boulogne, siège de la Cour des Aides et du Présidial, sur l'emplacement actuel du Tribunal et de l'Hôtel de Ville. Fléchier trace un portrait spirituel des principaux juges : M. Nau, dont on fait peur aux petits enfants ; Potier de Novion, moins impartial peut-être qu'on ne l'eût souhaité ; M. Boivin, veuf et grisonnant, grâce à qui les Grands Jours s'achèveront, comme toute bonne tragi-comédie, par un mariage ; M. Talon, qui a la hantise de laisser échapper une seule proie ; M. de Caumartin, si affable que même ses victimes se louent de lui. Tout de suite, ces messieurs commencent par un coup d'éclat, en faisant arrêter le vicomte de La Mothe-Canillac, « le plus innocent de tous les Canillac, car il n'avait commis qu'un assassinat », et au surplus apparenté au président Novion. Prouvant ainsi son zèle et son indépendance, celui-ci pourra écrire à Colbert : *Jugez si je recule pour personne quand il s'agit du service du roi.* Le vicomte est jugé, condamné, exécuté le même jour.

Aussitôt la terreur se répand chez les nobles menacés. C'est un sauve-qui-peut général. « Ceux qui avaient été les tyrans des pauvres devenaient leurs suppliants, et il se faisait plus de restitutions qu'il ne s'en fait au grand jubilé de l'année sainte. » Aussi, beaucoup de grands coupables échappèrent-ils au châtiment en prenant le maquis, tel Gaspard d'Espinchal, seigneur de Massiac, qui avait empoisonné sa femme innocente, émasculé et torturé à mort son présumé rival. Tel le marquis de Montboissier-Canillac qui, à Pont-du-Château, entretenait douze scélérats « dévoués à toutes sortes de crimes, qu'il appelait ses douze apôtres, qui catéchisaient avec l'épée ou avec le bâton ceux qui étaient rebelles à sa loi ».

Mais les juges frappèrent toutes les classes : cette farouche vertu de Mirefleurs, qui avait percé d'un coup de couteau le cœur d'un galant trop audacieux ; des adultères, des incestes, des infanticides, des « noueurs d'aiguillette » : magiciens en mesure de paralyser un mari le soir de ses noces, et les nuits suivantes ; le curé de Saint-Babel qui avait assassiné un paysan témoin et dénonciateur de son inconduite. En quatre mois, les magistrats reçurent plus de douze mille plaintes, affaires criminelles ou civiles. Ils distribuèrent à pleines mains la mort, les bannissements, le fouet, les galères, les amendes, la marque à fleur de lys au moyen d'un fer rouge.

Alors, selon les termes de Michelet, « le peuple se fait des Grands Jours un rêve merveilleux, fantastique, apocalyptique, un vrai jugement dernier où les grands seront les petits ».

Faute d'abattre les têtes, les juges abattent les châteaux des coupables, comme il arrive au seigneur de La Tour et au marquis de Salers. Ou bien, on les décapite en effigie, ce qui satisfait Fléchier, adversaire au fond de la peine de mort : « Ces exécutions non sanglantes et ces honnêtes représentations qui n'ont qu'un peu d'infamie étaient un spectacle d'autant plus agréable qu'il y avait de la justice sans qu'il y eût du sang répandu. » Le marquis aux douze apôtres supporte allègrement ce supplice : « Il avait vu lui-même d'une fenêtre voisine son exécution, et il avait trouvé fort plaisant d'être au repos dans une maison, pendant qu'on le décapitait dans une place, et de se voir mourir dans la rue pendant qu'il se portait bien chez soi. Il n'eut pas le moindre mal de tête de ce coup. »

Nul chroniqueur n'a su mêler plus adroitement et plus constamment que Fléchier le drame à la farce. Alors qu'il vient de raconter les horribles forfaits d'un autre Canillac, voici qu'il l'abandonne un moment pour raconter les malheurs de sa femme, née Michelle Ribeyre. Après avoir été dans sa jeunesse « la merveille de la province », elle doit, par la faute de son odieux mari, souffrir de grands chagrins, accompagnés d'éprouvants malaises intestinaux. Même saut avec le comte aux douze apôtres : Fléchier le quitte pour narrer les ennuis de sa fille, mariée à un homme de qualité nommé Laroque-Massebeau, fort noble et fort estimé. Mécontente cependant de ce mari, après cinq années de patience, la dame introduit une demande de séparation. « La première raison qu'elle invoque est la plus coutumière : dilapidation du patrimoine familial. Celle-ci ne suffisant pas, elle avance la grande raison des divorces, qui est l'incapacité physique du mari à honorer ses devoirs. » Cette accusation suscite une vérification publique au cours de laquelle l'accusé doit faire la preuve de ses compétences en présence d'un chirurgien, d'un notaire et de quelques autres témoins. Une telle mise en scène est une garantie quasi assurée de fiasco. Le malicieux abbé n'a plus qu'à en venir au triste dénouement : « Mme Laroque-Massebeau est enfin redevenue Mlle de Canillac, et le sera longtemps, selon toutes les apparences, tous les gentilshommes craignant de ne pouvoir être assez bons maris pour elle. »

Les femmes des commissaires prennent goût aux danses auvergnates, en dépit de leur rusticité, et les pratiquent dans les salons, afin d'agréablement tuer le temps de leur exil, pendant que leurs époux tuent un certain nombre de malchanceux. Fléchier se moque des dames de la ville, surtout de Mme Talon, mère du procureur général, le plus redouté des magistrats, laquelle se mêle aussi de justice. Elle réforme les poids et mesures, ayant découvert que la livre de Clermont ne pèse que treize onces et demie au lieu de seize partout ailleurs. Elle taxe à son gré le prix des marchandises, au grand dépit des commerçants, qui n'osent cependant protester trop haut par crainte de son fils. Elle organise des réunions où elle convoque les dames de qualité, leur enseigne la charité et la dévotion. A l'église, il lui arrive d'interrompre le curé lorsqu'elle le trouve embarrassé dans son élocution, et de terminer le prône à sa place. Dans l'Hôtel-Dieu, elle constate de scandaleux désordres : les religieuses sont plus nombreuses que les malades ; et tous leurs soins consistent à les asperger d'eau bénite chaque matin. Elle met ordre à cela. Elle fait des remontrances à l'économe, exige que le coffre soit fermé de deux clés, dont une en possession de la mère supérieure :

« Ce n'est point par défiance ! Mais on en use de la sorte dans tous les établissements de Paris ! »

Comment résister en Auvergne à un usage parisien ?... Les ursulines se levaient à quatre heures et demie l'été, à cinq l'hiver :

« C'est trop dormir pour des religieuses ! Vous sauterez du lit, mes sœurs, à quatre heures en toutes saisons ! En outre, vous quitterez vos ceintures de laine, trop moelleuses, pour des ceintures de cuir, selon votre statut ! »

Elle empiète même sur le domaine de l'évêque, et ordonne que l'on ferme « une des portes de l'église cathédrale, parce qu'elle pouvait servir de passage d'une rue à l'autre (*usage encore en vigueur de notre temps*), bien que ce fût une occasion à plusieurs de faire quelque prière et que le Bon Dieu y gagnât toujours quelques *Ave Maria.* »

Toutes ces réformes suscitent beaucoup de critiques. « Les uns disent qu'elle ferait mieux de réformer sa coiffure, qui est tout à fait extraordinaire ; les autres se plaignent qu'elle gâte tout au lieu de raccommoder... Mais la vertu est généreuse et se met au-dessus des murmures. »

Enfin, aux derniers jours de janvier 1666, arrive la lettre royale qui met un terme aux Grands Jours d'Auvergne. Très contente d'avoir vu arriver les magistrats, la population est plus heureuse encore de les voir repartir. Particulièrement les personnes qui se sentent la conscience inquiète. De leur côté, les Parisiens sont fort désireux de retrouver leur grand'ville. Ils occupent le temps du voyage à se remémorer les affaires et les événements qu'ils ont connus, à chanter les chansons apprises et même à danser quelques pas de bourrée sur les rives du canal de Briare. Ce qui prouve qu'ils ne sont pas venus en Auvergne sans en rapporter quelque chose. Alors, commence le roman du manuscrit.

Sans doute Fléchier dut-il en lire des passages dans les salons parisiens où il fréquentait, chez Mlle de Scudéry ou Mme des Houlières, et y recueillit-il des applaudissements. Mais craignant les ennuis que pourrait lui valoir une publication prématurée, les obstacles qu'ils seraient à sa carrière ecclésiastique, il préféra garder le livre en manuscrit. Si quelques extraits ou résumés en furent imprimés après sa mort, le public ne connaissait encore pratiquement rien des *Mémoires* lorsqu'un avocat de Clermont, bibliothécaire de la ville, M. Gonod, eut le bonheur d'entrer en possession d'une copie du texte. Encouragé par le conseil municipal, il le publia en 1844. L'ouvrage obtint tout de suite un très vif succès. « L'édition des *Grands jours* était impatiemment attendue, écrivit Prosper de Barante. C'est un document curieux des mœurs du temps, de ce bel établissement de l'ordre public, la plus grande gloire de Louis XIV... Voilà un bon et beau livre. »

C'est alors que surgirent à titre posthume les ennuis que Fléchier avait prévus de son vivant. Comme ce bon et beau livre ne flattait guère certaines vieilles familles auvergnates, leurs descendants se crurent atteints dans leur honneur et leur intérêt ; ils se mirent d'abord à pourchasser les exemplaires en circulation, avec l'aide de leurs amis, à en faire des autodafés. En même temps, une vigoureuse campagne est menée dans la presse régionale. Le vicaire général, M. Boucarut, est spécialement choqué par l'histoire du curé fornicateur et assassin de Saint-Babel ; il affirme, sans l'avoir eu sous les yeux, que le manuscrit de Gonod est apocryphe. Gonod se démène pour défendre son texte ; il explique que les libertés de langage sont justifiées par le milieu et l'époque, que la langue et le style crient à l'authenticité. Ses adversaires, eux, continuent de crier à l'imposture. Si bien que le pauvre bibliothécaire finit par s'affoler, et qu'il détruit de ses mains les exemplaires qui lui restent. Heureusement, les autres ne risquent rien. Dix ans plus tard, le premier avocat général de Riom prétendra encore que, même authentiques, ces *Mémoires* sont indignes de Fléchier ; qu'au surplus ils sont le roman, non l'histoire des Grands Jours.

Mais voici que paraît dans l'*Athenaeum français* du 24 novembre 1855 un article signé Taillandier, lequel tranche la question de l'authenticité de manière, semble-t-il, définitive. Il compare d'abord une édition très partielle des *Mémoires* (elle compte seulement quarante pages) faite en 1763 par un certain Ménard, avec les pages correspondantes du manuscrit de Clermont : à quelques variantes près, les deux textes sont identiques. Taillandier produit ensuite deux pièces officielles : les minutes des arrêts prononcés par la chambre des Grands Jours et la liste des affaires examinées, due à la plume de Nicolas Dongois, greffier adjoint à la cour. Or, les événements racontés par Fléchier apparaissent en tous points conformes aux faits consignés dans ces documents.

La seule chose que Fléchier osât publier personnellement sur ces affaires fut un long poème latin intitulé *IN CONVENTUS JURIDICOS ARVERNIS HABITOS ANNOS 1665 CARMEN*. On sait qu'il avait dû, à Riom et à Clermont, essuyer les lectures de plusieurs poètes locaux, dont il fait dans les *Mémoires* une analyse sarcastique, concluant : « Voilà ce que l'esprit de l'Auvergne a pu produire ! » Son texte à lui se propose de donner à ces confrères régionalistes une belle leçon de style :

Que l'heureuse Auvergne redouble d'applaudissements
Et que ses rochers aux cimes altières fassent retentir
Jusqu'aux astres les vœux éclatants de son peuple.
La Justice longtemps délaissée revient dans ses villes...

Ayant reçu en hommage un exemplaire de ce *carmen,* Chapelin répondit aimablement à son auteur qu'il avait pris grand plaisir à sa lecture : « Il est sans doute un de vos meilleurs, bien qu'il ne sorte rien que d'excellent de vous. » On pratiquait déjà dans une certaine critique parisienne le jeu du gratte-moi-que-je-te-gratte.

LES GRANDES HEURES
DU REFUS

Vercingétorix.

CET homme, dont le nom devait sembler bien barbare aux oreilles romaines, fut le Christ des Gaulois. Les ressemblances avec Jésus sont très fortes. Fils de roi, il appartient au peuple élu — l'arverne — qui veut sauver la Gaule. Car il est son Libérateur, celui qui la délivrera du mal, pourvu qu'on l'écoute. Il s'adresse aux petits, aux misérables, à ceux que Jules César, dans ses *Commentaires,* appelle en toute mauvaise foi les vagabonds et les gens perdus : *egentium ac perditorum.* A ces innommables canailles, il parle un langage singulièrement noble :

Prenons les armes pour sauver la liberté commune ! Envoyons des légations à tous les peuples de la Gaule afin qu'ils se joignent à nous ! Et ensemble chassons les Romains de notre sol ! Malgré leurs grandes victoires passées, ne croyez pas que ces gens-là soient invincibles. Personne n'est invincible. Nos aïeux les ont battus autrefois : notre roi Brenn est monté sur leur Capitole. Pourquoi pas nous ? Avons-nous moins de courage que nos pères ? Moins de raisons de vaincre ? Une guerre n'est pas faite seulement de succès...

Et, en fait, malgré ses échecs militaires, il sauvera la Gaule en lui donnant une âme.

Il eut tout de suite ses apôtres : douze, ou trente-six, ou douze fois douze. Et aussi ses détracteurs, ceux que dérangaient sa doctrine, son enthousiasme, son goût du sacrifice : ces notables, comme son oncle Gobannition, ces timorés, ces raisonnables, ces attentistes qui savaient faire des courbettes devant l'ennemi, voire collaborer avec lui pour sauver leurs intérêts immédiats.

Après une longue passion et des humiliations infinies, il fut abandonné des siens, livré par les siens, mais victime consentante : *Vercingétorix se couvrit de ses plus belles armes et sortit de la ville sur un cheval magnifiquement paré ; puis, après l'avoir fait caracoler autour de César, assis sur son tribunal, il mit pied à terre, se dépouilla de toutes ses armes, et alla s'asseoir aux pieds de son vainqueur où il se tint en silence. Celui-ci le remit à ses soldats, le réservant pour son triomphe*[1].

Il fut enfin crucifié sous Jules César. Certes, au troisième jour, il ne se leva point d'entre les morts. Sa résurrection fut plus longue à venir. Elle se manifestera cependant chaque fois que la France cherchera son âme éclipsée. A Domrémy. A Londres, le 18 juin 1940. Si bien qu'à peu près les mêmes mots seront prononcés.

Je ne reprendrai point les autres traits de cette figure messianique, les ayant déjà longuement développés en un précédent ouvrage[2]. Elle n'eut malheureusement ni évangile ni prêtres. Au-delà du Ier siècle après le Christ, le souvenir de Vercingétorix se perdit dans la mémoire du peuple, sinon dans celle des lettrés qui lisaient *De bello gallico*.

On ne sut plus qui avait été Vercingétorix. On

1. Plutarque, *Vies parallèles*.
2. *Histoire de l'Auvergne* (éd. Hachette).

oublia totalement où s'étaient livrées ses deux grandes batailles, Gergovie et Alésia. Jusqu'au XVIe siècle, les érudits de Saint-Flour, de Moulins, de Clermont se disputèrent l'honneur de vivre sur les lieux où César avait subi en Gaule sa première défaite. Alors, vint un autre Italien qui prétendit les départager. Il s'appelait Gabriel Symeoni, était né à Florence, avait été ramené d'outre-Alpes par l'évêque de Clermont, Guillaume Duprat, fils du chancelier de François Ier, qui se plaisait à jouer au mécène. Dans ses loisirs, Symeoni parcourait inlassablement, à pied ou à cheval, les collines qui environnent Clermont, persuadé qu'il fallait chercher Gergovie au cœur de l'ancien territoire arverne. Il confronte les lieux avec le texte de César ; il dresse une carte de la Limagne ; il situe l'oppidum celte sur le plateau de Merdogne, au sud du chef-lieu. Il conçoit enfin le premier projet de monument, qu'il rêve de dresser à ses frais. Conscient de la légèreté de sa bourse, des générosités réduites de son protecteur, Symeoni le voit comme une simple pierre en forme d'obélisque. Il en compose même la longue et pompeuse épitaphe. Le plus inattendu est qu'elle glorifiera, non point Vercingétorix, mais les envahisseurs :

En l'honneur du dieu Mars invincible, et à la mémoire éternelle de Lucius Fabius et de Marcus Petronius, centurions de la VIIIe *légion, dont le premier, soulevé par les mains de ses soldats, gravit en combattant le mur inaccessible de l'oppidum de Gergovie, en fut précipité et mourut ; dont le second perdit la vie en essayant de briser les portes de la cité ; Gabriel Symeoni, admirateur des grands hommes et du courage, restaurateur des anciens et glorieux monuments, a érigé celui-ci à ses frais.*

En fait, Symeoni ne rassemblera jamais d'argent nécessaire, l'obélisque ne sera jamais planté. Il faudra attendre plus de trois siècles pour qu'on voie se dresser sur le plateau quelque chose qui lui ressemble. Et qui célébrera un tout autre événement : le casse-croûte impérial de 1862 :

Le 9 juillet 1862, à Midi,
S.M. l'Empereur Napoléon III
après avoir visité le plateau de Gergovie
s'est reposé à cette place.

Entre-temps, la querelle des localisations se poursuivait, avec de nouvelles collines prétendantes : Champ-Grillot, près de Riom, Corent, les Côtes de Clermont. Nul n'arrivait à mettre la main avec certitude sur l'oppidum perdu. Les querelles se firent même si ardentes que l'Académie des sciences, belles-lettres et arts, vers 1850, interdit pendant plusieurs années toute polémique à ce sujet. La visite impériale de 1862 résolut provisoirement le problème. Les fouilles entreprises par le colonel Stoffel sur les ordres de Napoléon III ayant apporté les preuves nécessaires et suffisantes, l'ancienne Gergovia fut officiellement installée sur le plateau de Merdogne.

Restait le problème du monument. Depuis longtemps, l'Académie de Clermont le réclamait. Elle avait même suscité une souscription publique qui, en 1869, avait produit la somme de 2 000 francs. Au printemps de l'année suivante fut exposée au Salon la réduction d'une statue équestre projetée par le sculpteur alsacien Bartholdi. On admira l'élan de ce Vercingétorix, foulant sous son cheval le corps d'un légionnaire romain. On sut que l'artiste avait copié dans les musées — notamment dans celui de Saint-Germain — tous les détails des armes, armures, harnachements, avec la plus scrupuleuse exactitude. L'œuvre cependant ne suscita qu'un intérêt poli. Or, dans les années qui suivirent, elle atteignit soudain une immense popularité lorsqu'une marque d'apéritif l'eut choisie pour en orner son étiquette ! Ce que n'avaient pu l'histoire, la légende, l'habileté du sculpteur ni la reconnaissance nationale, fut acquis par la gentiane. Les Clermontois contactèrent alors Bartholdi :

« On aimerait bien avoir votre statue, si c'est dans nos moyens. En bronze, naturellement. On la placerait de préférence sur un point élevé, pour qu'on la voie de très loin. Sur le plateau de Gergovie, par exemple. Ou même sur le sommet du puy de Dôme.

— Sur le sommet du puy de Dôme ? Vous rendez-vous compte qu'il vous faudra un cheval d'au moins vingt-cinq mètres de haut ? Cela va vous coûter une somme énorme ! Si vous m'en croyez, le meilleur site serait le centre de votre ville : la place de Jaude. De cette façon, on pourrait se contenter d'une hauteur de six ou sept mètres.

— Et ça irait chercher dans les combien ? »

Bartholdi leur présenta un devis pour un Vercingétorix tout métal, pose, piédestal et toutes taxes compris. Leurs cheveux se hérissèrent.

« C'est bon, firent les Auvergnats. On avait vu trop grand. On cherchera autre chose et on se débrouillera tout seuls. Merci du dérangement. »

L'autre chose fut proposée par un architecte local : au lieu du cheval, du cavalier et du légionnaire, trois colonnes formées d'éléments à empiler, comme dans un jeu de construction. Au lieu du bronze, la pierre de Volvic, qui ne coûte que la peine de l'extraire. Les habitants de Merdogne et de la Roche-Blanche offrirent leurs bras et le terrain nécessaire. On obtint de la sorte le monument idéal : spectaculaire et économique. Pour finir, on le souligna d'une belle inscription latine, c'est-à-dire dans la langue du vainqueur ! Insensible à cette incongruité, l'inauguration se fit en 1901, en petite pompe.

Les Clermontois cependant n'avaient point renoncé complètement à leur statue équestre. La Société d'Emulation rassembla de nouvelles pécunes, Bartholdi réduisit ses dimensions et ses prix, on finit par lui passer commande. Un fondeur, M. Jabœuf, travailla onze mois à couler le bronze. Quand elle sortit de son atelier, l'œuvre fut promenée dans Paris sur un camion au grand ébahissement des Parisiens qui se demandaient ce qu'était cette énorme machine en laquelle ils ne reconnaissaient point l'étiquette apéritive. Mais la transporter à Clermont représentait un autre exploit ! Alors, la maison De Dion-Bouton proposa ses services : elle offrit gratuitement un de ses puissants camions, capables de véhiculer 50 tonnes à une vitesse de dix ou douze kilomètres-heure. C'est par ce moyen que Vercingétorix atteignit Montferrand où, à cause d'un recul subit de la plate-forme, il commença par défoncer quelques demeures historiques. Rien n'était prêt pour l'accueillir. On n'avait pas même décidé encore de façon définitive le point de son implantation. En attendant une décision, on le remisa dans un local de la Faculté des sciences.

Il en sortit après une année, en octobre 1903, et fut juché enfin sur son socle. L'inauguration eut lieu les 10 et 11, en présence des plus hautes autorités civiles et militaires et de M. Combes, président du Conseil. Etant donné les positions radicales de celui-ci, les autorités religieuses s'étaient abstenues. Au cours des allocutions diverses prononcées à l'Hôtel de Ville, avant le banquet, Vercingétorix fut à peu près complètement oublié ; il n'y fut question que de « rassemblement des forces républicaines », de lutte « contre les vieux démons réactionnaires ». Par bonheur, il figurait au menu : *Croustades Vercingétorix* entre le *Saumon de l'Allier* et la *Gigue de Chevreuil.* Par une maladresse insigne, mais qui, grâce à Dieu, passa inaperçue des consommateurs de ce repas républicain et anticlérical, le menu précisait que l'eau minérale mise à leur éventuelle disposition par la compagnie de Royat provenait de la source CESAR !

Le lendemain, la statue fut dévoilée au milieu

d'une foule immense. Parmi les diverses estrades, l'une portait cette étrange étiquette : *Pour la famille.* Cette fois, les orateurs durent bien prononcer le nom du vainqueur de Gergovie. L'inauguration se termina par un banquet « démocratique » de 4 500 couverts dans les magasins des Gravanches. Les salles étaient tendues de banderolles portant des inscriptions de circonstance : *Vive la République laïque ! — Vive l'armée nationale républicaine ! — Honneur au gouvernement d'action et de défense républicaines ! — Vive le Président Combes ! — A bas la calotte !* Chaque menu était orné du portrait du Président, artistement représenté. Le banquet commença. Ce qui est façon de dire, car, pour beaucoup de convives, il finit avant d'avoir commencé. Comme les nourritures venaient en quantités ridicules, d'audacieux Arvennes s'élancèrent vers les cuisines, s'emparèrent des paniers à provisions. Dans la salle, ce n'étaient que ventres affamés à qui manger du curé ne suffisait plus. On vociféra. On chanta l'*Internationale.* Puis, on se mit à casser les assiettes, les bouteilles, les verres. Il fallut appeler la police.

Depuis cette tumultueuse inauguration, les échauffourées n'ont guère eu de trêve autour de Vercingétorix. On ne sait toujours pas où situer avec exactitude Gergovie et Alésia. On cherche, on s'invective, on se maudit. Cependant que le grand homme, figé dans sa charge, continue de son épée brandie à pourfendre les nuages.

Le refus de Sidoine Apollinaire.

En l'an 475, l'Auvergne, gagnée à la romanité, se trouve investie par les hordes wisigothes, tandis que, sur son trône chancelant, l'empereur de Rome ne peut et ne veut rien faire pour venir à son secours. Pour contenir les barbares loin de l'Italie, Julius

Nepos est prêt à jeter cette province lointaine à leur roi, Euric, comme on lance un os à un chien enragé. Les Goths font maintenant le siège d'Augustonemetum : ils campent devant la ville avec leurs chariots, leurs tentes, leurs femmes, leurs enfants, leurs troupeaux. Une héroïque sortie d'Ecdicius, beau-frère de Sidoine, a eu beaucoup d'éclat, mais peu d'effet.

Sidoine, évêque de Clermont, sait que des négociations ont commencé entre Rome et les Goths, et qu'un accord risque de se faire à ses dépens. Des conciliateurs sont déjà désignés : Epiphane, l'évêque de Pavie, et Graecus, l'évêque de Marseille. Ce qui n'a pas été perdu sur le champ de bataille peut l'être autour d'une table. Alors, Sidoine Apollinaire écrit de tous côtés pour trouver des appuis à la cause auvergnate :

La servitude ! Pour les Arvernes qui osèrent jadis se dire les frères des Latins et faire remonter aux Troyens leur origine ! Lors des récents événements, c'est pourtant nous, réduits à nos seules forces, qui avons arrêté l'avance des armes ennemies de tous ! Nous qui, enfermés dans nos murailles, n'avons point tremblé devant les Goths, qui avons au contraire porté plus d'une fois la terreur dans leur camp !

Rougissez de honte, nous vous en conjurons, de préparer un traité si peu avantageux ni honorable ! Vous songez peu à l'intérêt commun ; et quand vous vous réunissez, c'est moins pour remédier aux maux publics que pour traiter de vos intérêts privés.

Mais sans doute devons-nous retenir les accents de notre douleur ? Ah ! Soyez indulgents pour des affligés, ne tenez pas rigueur à des désespérés. Une autre contrée vendue de la sorte attendrait l'esclavage ; l'Auvergne attend le supplice. Et si vous ne pouvez rien faire contre l'excès de nos maux, faites du moins par vos prières assidues que survive la race de ceux dont la liberté va périr.

Le traité « de paix » fut néanmoins conclu, l'Auvergne cédée sans combat. Elle reçut un *Gauleiter,* en la personne du Toulousain Victorius, entré au service des Wisigoths. Son premier soin fut d'arrêter Sidoine Apollinaire et de le déporter dans une forteresse lointaine, au pied des Pyrénées, à douze milles de Carcassonne. Il y resta deux ans, occupé à des travaux manuels. Après quoi, il eut l'autorisation de rentrer dans son diocèse où il trouva ses biens confisqués, conséquence de son refus.

Le refus des protestants.

On sait comment naquit le protestantisme, cette révolte des « purs » contre les « impurs ». Je mets entre guillemets ces deux termes car toute la pureté et toute l'impureté ne se trouvèrent pas si bien séparées ; l'une et l'autre, en fait, cohabitèrent dans les deux camps. Il est indéniable toutefois que depuis des siècles un grand nombre de clercs avaient oublié les enseignements évangéliques. Ainsi, vers l'an 1264, l'abbé de Cluny en visite à Mozat constate un désordre scandaleux dans la maison : les moines bavardent, font preuve d'un appétit désordonné, oublient de se faire saigner deux fois l'an ; le prieur est servi par de nombreux domestiques et a les mains percées. En conséquence de quoi il propose les réformes ci-dessous :

... Que le silence dans le cloître, l'église, le dortoir et le réfectoire soit gardé avec le plus grand soin, comme il est de coutume à Cluny, et que celui qui aura rompu le silence en ces lieux soit puni au chapitre, selon la règle...

Qu'un troisième adjoint soit donné au prieur de Mozat pour maintenir la règle...

Que l'abbé de Mozat ait une domesticité modeste

et fasse des dépenses modérées, de sorte que le monastère ne soit pas grevé.

Que ledit abbé de Mozat se comporte avec charité envers les faibles et les malades...

En 1268, l'évêque de Clermont, Guy de La Tour, rappelle aux prêtres de son diocèse qu'ils ont l'obligation d' « être continents et de s'appliquer à vivre chastement ». Il leur interdit d'exercer des fonctions inconvenantes, en particulier « d'être mimes, histrions ou jongleurs ». Ils doivent « éviter les tavernes, sauf en cas de nécessité pendant un voyage ». Ne jouer ni aux dés, ni aux cartes, ni aux osselets. Ils doivent empêcher « que s'organisent des danses, surtout en trois endroits : dans les églises, dans les cimetières et au cours des processions ». En 1546, à Clermont, les religieuses de Sainte-Claire mènent une vie décameronesque, sous la direction d'une abbesse aussi ardente que *suora Usimbalda ;* un magistrat intègre, M. de Marlhac, les poursuit pour mettre un terme à leurs mœurs de filles publiques. Les sœurs de Beaumont ne sont pas plus honnêtes. A Saint-Géraud d'Aurillac, les moines n'habitent plus leur couvent ; le pape doit, en 1561, pour atténuer le scandale, les convertir en prêtres séculiers.

Tant d'immoralités, tant d'écus aux mains de gens qui ont fait vœu de pauvreté vont ouvrir les yeux et les esprits à une religion nouvelle. Elle vient de Suisse et d'Allemagne, apportée par des moines déguenillés qui refusent absolument la situation présente.

Dès 1535 la première infiltration protestante est officiellement constatée à Montclard, entre Paulhaguet et La Chaise-Dieu : le seigneur du lieu s'aperçoit que le précepteur de son fils lui enseigne la doctrine de Luther. Le mal s'étend peu à peu, émet en tous sens des métastases, pénètre à Clermont, à Riom, à Aurillac. Mais c'est à Issoire qu'il commet les plus grands ravages. Les consuls Bonnel et Vial y prennent la tête

Petit Mercure de bronze trouvé dans les ruines du temple, au sommet du puy de Dôme. *(Musée de Clermont-Ferrand)*

Ex-voto de bronze offert à la divinité d'Auguste et au dieu Mercure Dumias par Martinus Victorinus. *(Musée de Clermont-Ferrand)*

Billom, la maison du chapitre. Là se réunissaient les professeurs de l'Université disparue. [Encre de Chine de Mme Latallerie-Beurier.]

Restes du donjon de Châtelguyon, au début du XIXe siècle. *(Archives départementales du Puy-de-Dôme)*

Le château d'Issoire en 1460 affiche sa dévotion à Charles VII. *(B.N.)*

Le château de Nonette en 1460, relevé, embelli, rempli d'œuvres d'art par Jean de Berri au siècle précédent. Abattu sur ordre de Richelieu. *(B.N.)*

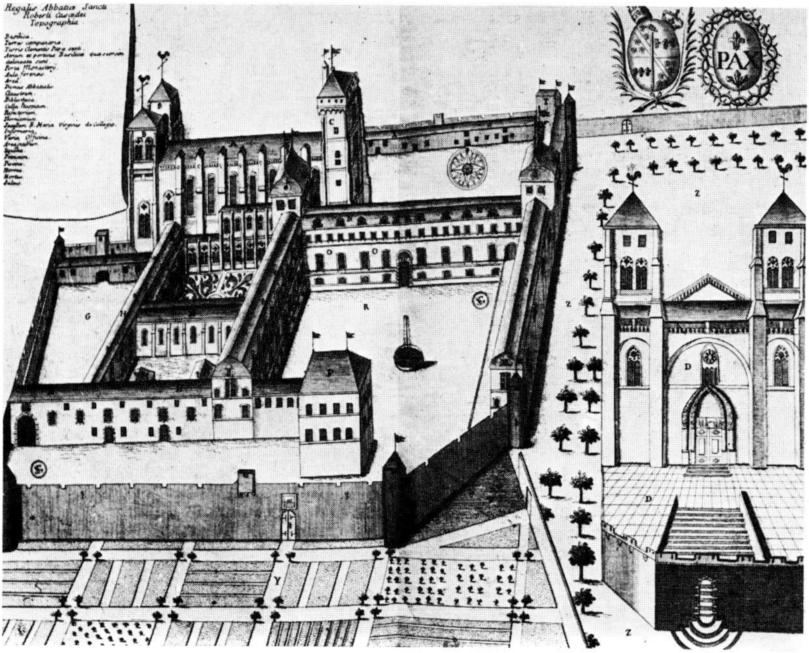

L'abbaye de La Chaise-Dieu au temps de sa complétude. *(A.P.)*

La tour Clémentine où les moines trouvèrent refuge contre les protestants. *(Archives du département du Puy-de-Dôme)*

Deux intendants à perruque - A gauche : Daniel Charles Trudaine en fonction de 1730 à 1734 améliora les Ponts et Chaussées. A droite : Bernard de Ballainvilliers (1758-1767) imposa la justice de l'intendant. *(Archives départementales du Puy-de-Dôme)*

Jean-Baptiste Milhaud, représentant du Cantal à la Convention, qui remplaça ses prénoms religieux par celui de Cumin. [Peinture de David.] *(M.N.)*

Montlosier, une des plumes les plus acérées de notre littérature. *(Coll. P. Delaunay)*

Les bains de Vichy au temps de Mme de Sévigné. *(Hachette)*

Les Grands Jours d'Auvergne réunis en 1665. A gauche, le procureur Talon de Caumartin, en médaillon, au-dessus, le président Potier de Novion.

LETTRE
ESCRITE A VN PROVINCIAL PAR VN DE SES AMIS.
SVR LE SVIET DES DISPVTES presentes de la Sorbonne.

De Paris ce 23. Ianuier 1656.

MONSIEVR,

Nous estions bien abusez. Ie ne suis détrompé que d'hier, jusque-là j'ay pensé que le suiet des disputes de Sorbonne estoit bien important, & d'vne extrême consequence pour la Religion. Tant d'assemblées d'vne Compagnie aussi celebre qu'est la Faculté de Paris, & où il s'est passé tant de choses si extraordinaires, & si hors d'exemple, en font conceuoir vne si haute idée, qu'on ne peut croire qu'il n'y en ait vn suiet bien extraordinaire.

Cependant vous serez bien surpris quand vous apprendrez par ce recit, à quoy se termine vn si grand éclat; & c'est ce que ie vous diray en peu de mots aprés m'en estre parfaitement instruit.

On examine deux Questions; l'vne de Fait, l'autre de Droit.

Celle de Fait consiste à sçauoir si Mr Arnauld est temeraire, pour auoir dit dans sa seconde Lettre; *Qu'il a leu exactement le Liure de Iansenius, & qu'il n'y a point trouué les Propositions condamnées par le feu Pape; & neanmoins que cõme il cõdamne ces Propositiõs en quelque lieu qu'elles se rencontrent, il les condamne dãs Iansenius, si elles y sont.*

La question est de sçauoir, s'il a pû sans temerité témoigner par là qu'il doute que ces Propositions soient de Iansenius, apres que Messieurs les Euesques ont declaré qu'elles y sont.

On propose l'affaire en Sorbonne. Soixante & onze Docteurs entreprennent sa defense, & soustiennent qu'il n'a pû respondre autre chose à ceux qui par tant d'écrits luy demandoiẽt s'il tenoit que ces Propositions fussent dans ce liure, sinon qu'il ne les y a pas veuës, & que neantmoins il les y condamne si elles y sont.

Quelques-vns mesme passant plus auant, ont declaré que quelque recherche qu'ils en ayent faite, ils ne les y ont iamais trou-

A

Frontispice de la première Provinciale. *(B.N.-Plon)*

Antoine Coëffier, marquis d'Effiat, père de Cinq-Mars, 1581-1632. *(Plon)*

Un exemple des persécutions exercées contre les protestants à Issoire et ailleurs. *(B.N.-Plon)*

Pauline de Beaumont, fille infortunée du malheureux Montmorin de Saint-Hérem. [1768-1803.] *(J. da Cunha-Plon)*

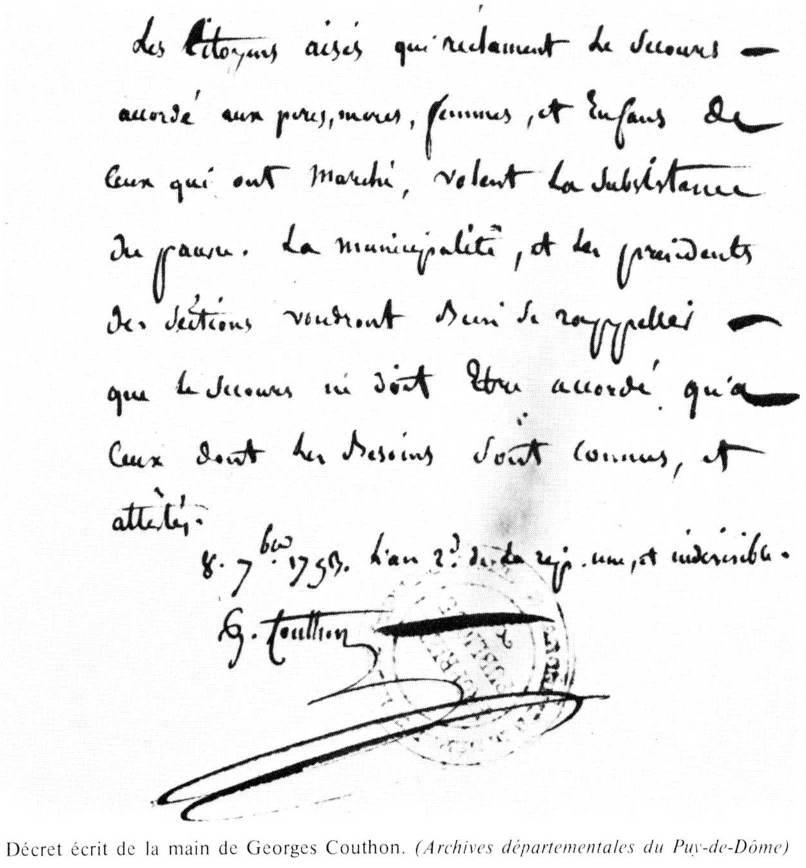

Les Citoyens aisés qui réclament le secours
accordé aux pères, mères, femmes, et Enfans de
ceux qui ont marché, volent la subsistance
du pauvre. La municipalité, et les présidents
des sections voudront bien se rappeller
que le secours ne doit être accordé qu'a
ceux dont les besoins sont connus, et
attestés.
8. 7bre 1793. l'an 2e de la rép. une, et indivisible.
G. Couthon

Décret écrit de la main de Georges Couthon. *(Archives départementales du Puy-de-Dôme)*

Mornac, la terreur des montagnes. [Image d'Epinal.]

Napoléon III visite l'hôpital militaire de Vichy, 1859. *(B.N.-Plon)*

Emmanuel Chabrier au piano et Vincent d'Indy (un fume-cigarette à la main). [Peinture de Fantin-Latour.] *(A.P.)*

Aristide Barbier.

Edouard Daubrée.

Les fondateurs de l'entreprise Michelin.

André et Edouard Michelin. *(Documents Michelin)*

Naissance de Bibendum, par les œuvres du dessinateur O'Galop. *(Coll. Michelin)*

L'usine Michelin en 1864, à l'emplacement d'un ancien moulin sur la Tiretaine. *(Document Michelin)*

Henri Pourrat en 1909. *(Coll. Lauras-Pourrat)*

Percée du tunnel du Lioran. [Estampe de *l'Ancienne Auvergne et le Velay*.] *(Archives départementales du Puy-de-Dôme)*

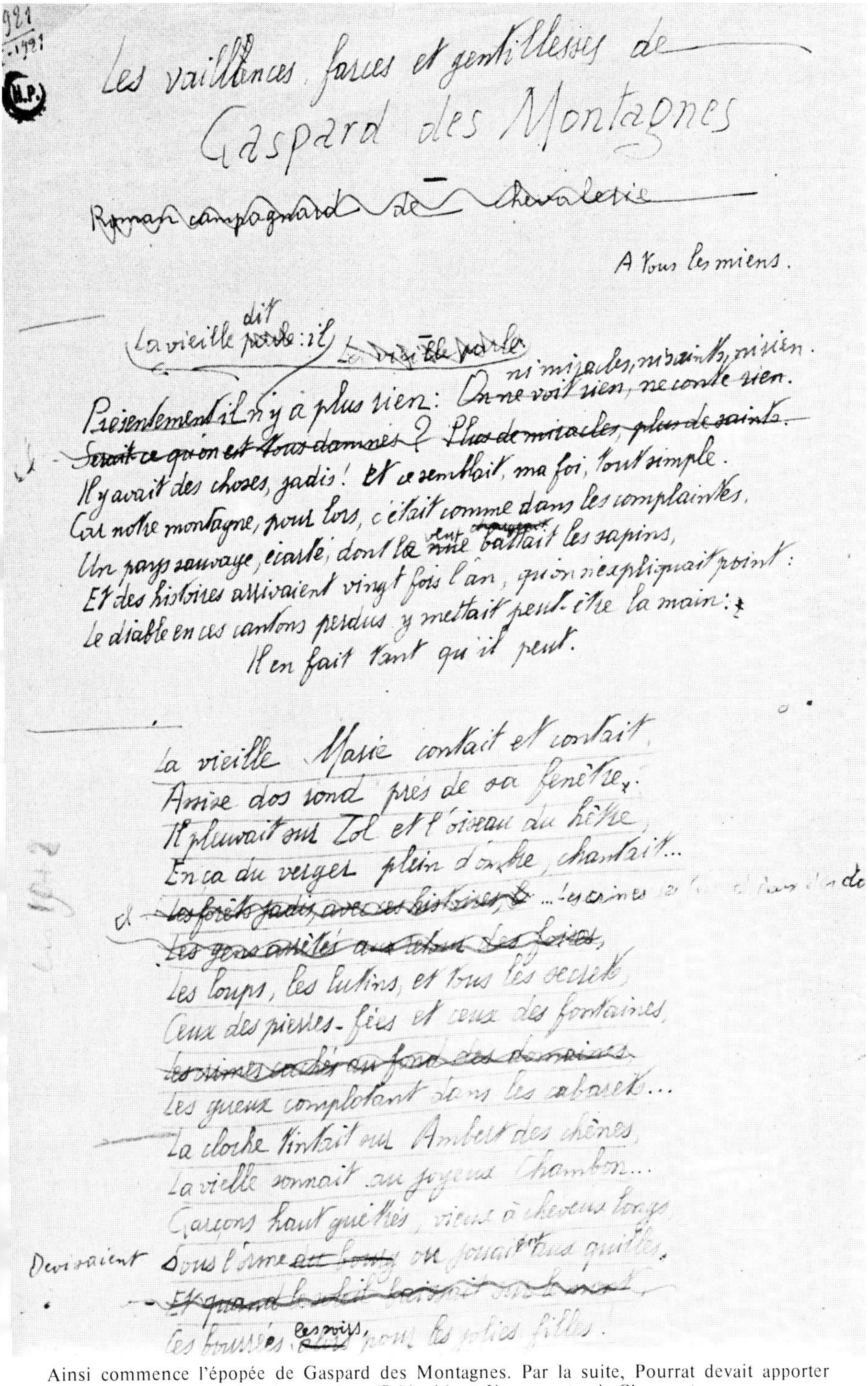

Les vaillances, farces et gentillesses de
Gaspard des Montagnes
—
Roman campagnard de chevalerie

A tous les miens.

La vieille dit-il

Présentement il n'y a plus rien: ni mijades, ni saints, ni rien.
Il y avait des choses, jadis! Et ce semblait, ma foi, tout simple.
Car notre montagne, pour lors, c'était comme dans les complaintes,
Un pays sauvage, écarté, dont le vent battait les sapins,
Et des histoires arrivaient vingt fois l'an, qu'on n'expliquait point:
Le diable en ces cantons perdus y mettait peut-être la main:
Il en fait tant qu'il peut.

La vieille Marie contait et contait,
Assise dos rond près de sa fenêtre.
Il pleuvait sur Tol et l'oiseau du hêtre,
En ça du verger plein d'ombre, chantait...
Les loups, les lutins, et tous les secrets,
Ceux des pierres-fées et ceux des fontaines,
Les gueux complotant dans les cabarets...
La cloche tintait sur Ambert des chênes,
La vielle sonnait au joyeux Chambon...
Garçons haut guêtrés, vieux à cheveux longs,
Devisaient Sous l'orme on jouait aux quilles.
Les bourrées, les soirs, pour les jolies filles.

Ainsi commence l'épopée de Gaspard des Montagnes. Par la suite, Pourrat devait apporter de nombreuses corrections à son texte. *(Bibliothèque Universitaire de Clermont)*

Le sommet du puy de Dôme : point de rencontre du passé et de l'avenir. ① Ruines du temple de Mercure. ② Point d'atterrissage de Renaux en 1911. ③ Monument à Renaux et Senonque. ④ Observatoire météorologique, le plus ancien observatoire de montagne : 1876. ⑤ Relais de télévision. ⑥ Puy de Pariou. *(Perceval)*

des réformés. En 1547, le bailli royal de Montferrand finit par s'en émouvoir et fait arrêter des dizaines d'Issoiriens. Leur foi ne se trouvait pas fortement chevillée, car la plupart l'abjurent et sont remis en liberté. L'un d'eux, cependant, Jean Brugière, percepteur privé du seigneur Duprat, ne veut rien entendre. Transporté à Paris et interrogé au Parlement par un autre Auvergnat, Pierre de Lizet, seigneur de Salers, il est condamné au bûcher. On le ramène à Issoire où l'inquisiteur de Rome l'interroge sans pouvoir l'ébranler. Il ne lui reste plus qu'à mourir. Ce qu'il fait courageusement un samedi, jour de marché, devant une foule nombreuse et indignée, par les mains du bourreau Ponchet. Au moment où celui-ci était en train de lui attacher autour des reins la chaîne de fer pendue à la potence qui devait le tenir au-dessus du feu, l'exécuteur fait un faux pas et tombe de l'escabeau. Le condamné lui tend une main secourable :

« Courage, monsieur Ponchet ! Relevez-vous. Ne vous êtes-vous pas blessé ? »

Quand Jean Brugière s'est évanoui en fumée, les artisans de sa mort ne se jugent pas en sécurité à Issoire et prennent au plus vite la route de Montferrand, au grand galop de leurs chevaux.

Deux autres habitants de la ville, Jean Berme et Peyrollier, arrêtés peu après, seront brûlés vifs, eux aussi, place de la Rodade, à Montferrand, siège du bailliage. Ces persécutions ne feront qu'accroître le nombre des « religionnaires ». Bientôt, Issoire, capitale du protestantisme en Auvergne, compte plus de réformés que de catholiques, et la persécution change de camp. En 1560, dirigés par leur ministre Guy Moranges, un Clermontois, docteur en droit, endoctriné à Genève, les protestants issoiriens entreprennent de briser systématiquement toutes les croix de la ville et des environs. Une autre nuit, comme il convient aux Enfants des Ténèbres, ils s'en prennent aux images de la Vierge, dans les chapelles et les oratoires, aux carrefours et même sur la grand-place. Ou bien ils brisent à coups de pierres les vitres de tous les prêtres d'Issoire, les menaçant de mort s'ils ne quittent pas la ville ou ne changent pas de religion. Le dimanche après souper, ils se rassemblent au filoir, sous prétexte de prier Dieu. En rentrant, au milieu de la nuit, ils se mettent à chanter les psaumes de David tout le long du chemin, et si bruyamment que cela ressemble plus au tonnerre qu'à la louange du Seigneur. Et chaque fois qu'ils passent devant la maison d'un catholique, ils ouvrent la porte et crient dedans :

« Au papiste ! Au cafard ! Au renard ! »

Aux heures des cérémonies catholiques, ils se rassemblent devant l'église avec l'intention d'« exterminer la messe ». Leurs enfants forment une ronde sur la place, « comme s'ils voulaient prendre quelque bête sauvage ». Au centre du cercle, ils enferment certains d'entre eux coiffés de barrettes ecclésiastiques, qui s'efforcent de sortir du cercle, tandis que les autres chantent :

Vire volte çà et là !
Courez de ci ! Courez de là !
Et la messe s'en ira !...

Des chansons satiriques en patois courent même contre l'Eucharistie et la présence du Christ dans l'hostie sainte :

Diso me, grand nigod
Chirias-tu tant foutrod
Que de vou poudhi creyre
Que lou Meistre de tout
Chaye dient en croustou ?
Y aùyo be thy po reyre ! [1]

1. Dis-moi, grand nigaud, — Serais-tu assez naïf — Que de pouvoir croire — Que le Maître de toute chose — Soit dans un croûton ? — Il y aurait bien là de quoi rire !

Mais le temps de rire ne dure guère. Très vite revient le temps de pleurer. Pendant quarante années, la folie religieuse des protestants et des catholiques mettra l'Auvergne à feu et à sang, les deux partis rivalisant de cruauté. Tout cela au nom du Christ ou de la Sainte-Vierge. A Maringues, autre fief protestant en Basse Auvergne, le capitaine Lucquet, chef des troupes catholiques de Riom, capturé dans une embuscade, est exposé nu sur la place et tué lentement par les femmes qui enfoncent dans son corps les épingles de leurs cheveux. A Clermont, la procession du Saint-Sacrement passe un jour devant la demeure d'un « évangélique » qui a négligé de parer et tapisser sa façade. La populace force la porte, pille la maison, entraîne le pauvre diable ; puis elle accumule des fagots sur la place, y met le feu et le jette dedans. En 1562, tandis qu'à Montbrison le baron des Adrets oblige ses prisonniers catholiques à se jeter du haut d'une tour, son lieutenant, Blacons, prend La Chaise-Dieu, mais ne peut rien contre les moines enfermés dans la tour Clémentine, avec de bonnes provisions de bouche. En 1569, d'autres protestants s'emparent d'Aurillac, mettent la ville au saccage, massacrent une centaine de personnes, ruinent les églises et l'abbaye, « comme c'étoit la coutume alors », précise l'historien de Thou. En 1575, apparaît le terrible capitaine Merle. Originaire d'Uzès, soldat de carrière, il se signale par une extraordinaire bravoure. « Avec lui, dit un de ses lieutenants, j'attaquerais l'enfer, fût-il plein de cinquante mille diables ! » La nuit du 15 octobre, il entre dans Issoire par surprise, impose aux catholiques une rançon de 22 000 livres, fait écorcher vifs trois religieux, supplicie les curés, brûle les meubles des églises. Puis il démolit les tours de Saint-Austremoine et scie un pilier de la nef. Contre toute attente, l'édifice résiste. Dans ses moments de belle humeur, il fait circuler des catholiques à califourchon sur un âne, la tête tournée vers la queue, en les bénissant avec un jambon. Tandis que ses amis les bombardent de fruits pourris. Par la suite, il s'empare de Champeix, Saint-Amant-Tallende, Saint-Sandoux, Saint-Saturnin, Pontgibaud, essaie de surprendre Montferrand qui le tient en respect avec son artillerie. D'où le sobriquet que la ville donnera à sa grande couleuvrine : *Chasse-Merle.* A Ambert, il fait fusiller vingt-cinq notables, s'acharne sur l'église Saint-Jean, détruit les moulins à papier. Il brûle et pille ensuite Olliergues, Vertolaye, Le Brugeron, Olmet, Marat, Marsac.

Mais le comble de l'horreur sera atteint au cours de l'année 1577, et, une fois encore, Issoire en sera la victime. Merle est occupé ailleurs, il confie la ville à son lieutenant Chavagnac, qui dispose seulement de quelques centaines d'hommes et d'une paire de bombardes. Au début de juin, une armée royale aux ordres du duc d'Alençon, frère d'Henri III, vient l'investir avec dix canons et quinze mille soldats de métier, dont six mille fantassins ou lansquenets bavarois. On trouve dans ses rangs les ducs de Guise, de Mercœur, de Nevers, d'Aumale et Gaspard de Montmorin-Saint-Hérem, gouverneur de l'Auvergne, qui, au moment de la Saint-Barthélemy, a sauvé les huguenots de sa province en les faisant emprisonner. Tous les détails du siège nous sont connus par divers manuscrits et par le *Récit lamentable* en latin d'un certain Louis de Villebois. L'auteur décrit ainsi la ville sur laquelle courait déjà le dicton : *A Issoire, Bon vin à boire, Belles filles à voir.*

Elle avait une forme presque circulaire, peu étendue en longueur et en largeur ; au centre existait une grande et belle place, très commode pour l'instruction des soldats ; c'est là que se tenait tous les samedis, avant le siège, un marché bien suivi. Au midi, du côté de Brioude, la rivière la Couze baignait les pieds des remparts ; des canaux faisaient pénétrer ses eaux dans la ville. Le commerce y était peu important, parce que la région, fertile et plate, se suffit à elle-même ; les environs sont riches et agréables en raison du grand nombre de châteaux, de prairies, de jardins, de terres et de vignes. On avait voulu fortifier la ville ; mais la négligence de ceux qui en étaient chargés avait paralysé les travaux. Les remparts n'avaient que trois portes.

Pour renforcer la sécurité de leur ville, les Issoiriens ont, quelques jours auparavant, fait abattre toutes les maisons, granges, moulins qui se tenaient hors des remparts et auraient pu servir aux ennemis. Ils espèrent en outre des secours de Merle — qui guerroie toujours du côté d'Ambert — et même du roi de Navarre auquel ils ont envoyé un ambassadeur, Benoît de Licessons, de son métier tondeur de drap. Mais rien ne viendra, sinon des promesses. Les assiégeants sont aguerris, bien armés, bien commandés. Ils dressent des tours de bois pour s'approcher commodément des portes et bombardent la ville trois jours de suite. Les Issoiriens n'ont que leur foi et leur courage : il leur arrivera, faute d'autres munitions, de lancer des pierres.

Le lundi 10 juin, une délégation huguenote demande à être reçue par le duc, afin de connaître à quelles conditions il accepterait la reddition de la ville.

« Je ne ferai d'autre condition que celle de vous rendre à ma merci. Pour le reste, vous pouvez vous fier à mon humanité, que j'ai montrée par exemple au récent siège de La Charité. »

Les délégués rapportent cette réponse. Chavagnac, alité, est d'avis qu'il est impossible de tenir plus longtemps et qu'il faut s'en remettre à la clémence promise par le duc d'Alençon. Le bruit de ces négociations se répand par la ville ; les assiégés remisent leurs arquebuses et se retirent des remparts, convaincus que tout est réglé. Alors, les lansquenets, les Bavarois et autres soldats du roi très chrétien, échauffés à l'idée du bon vin et des belles filles, s'élancent par la brèche, l'épée au poing ; sans rencontrer beaucoup de résistance, ils envahissent la ville, la mettent au pillage, pendent les hommes ou les fusillent ou les noient dans la Couze ; ils violent les femmes et les jeunes filles, soit publiquement, soit en les traînant par les cheveux jusqu'à leur camp ; deux cents personnes, surtout des enfants, périssent dans les flammes de l'Hôtel-Dieu.

La ville n'était pas entièrement huguenote ; mais depuis deux ans, les catholiques l'avaient fuie pour échapper aux sévices de Merle. Ils revinrent alors des villages voisins où ils s'étaient réfugiés, se mêlèrent aux troupes royales, et ils ne se montraient pas les moins acharnés à détruire les « évangéliques ».

Quant au gouverneur de l'Auvergne, Gaspard de Montmorin-Saint-Hérem, relativement magnanime à Clermont, il s'en prit particulièrement aux édifices, suivant les ordres reçus :

Il fit raser toutes les maisons, démolir tous les murs, combler de terre les fossés de la ville... Il ne se fit pas faute en revanche de rechercher tout ce qui avait été épargné par les flammes, principalement les trésors qui avaient pu être cachés. A ces fouilles, qui durèrent plus de trois semaines, il employa nombre de ministres de la religion réformée.

C'est aussi Montmorin-Saint-Hérem qui fit élever « sur place centrale une colonne d'airain avec cette inscription : *Ici fut Yssoire.* » La destruction à peu près totale de la ville, tenue pour légendaire par certains historiens, est en fait confirmée par d'autres textes : « Icelle ville fut si bien remplie qu'il n'y eust coing en icelle qui ne fut visité, pillé et par apres bruslé, et tellement razee, demolie et abbatue qu'il n'y a presque point d'apparence d'avoir esté ». (*Le Vray Discours de l'Assiette et Siege tenu devant la ville d'Yssoire en Auvergne,* publié à Lyon, par Michel Joue et Jean Pillehotte, 1577.)

Et aussi par les complaintes :

On mit le feu partout dedans la ville ;
De tous costez flamboit d'un gouffre habille.
Yssoire est bas et razé jusqu'au pied ;
Ce n'est plus rien, ô Dieu, quelle pitié !
Voylà la fin
Des rebelles d'Yssoire,
Jamais sans fin
Il en sera mémoire.

O pauvre ville d'Yssoire
Qu'avais acquis le renom,
Le meilleur vin du pays boire,
Et des filles le parangon,
Las ! où sont-elles ? (bis)
Les soldats les ont emmenées,
Desflorées...

L'auteur du *Vray Discours de l'Assiette et Siege* raconte ainsi l'épilogue réconfortant de ces événements : *De là, le Seigneur Duc d'Alençon, après tant sainte et heureuse issue de tel siège que par la grâce de Dieu il a eue, assisté de plusieurs seigneurs et gentilshommes, se retira le samedi suivant quinzième dudit mois de juin, et alla coucher à Brioude pour se rafraîchir, et avec intention d'y tenir les Etats dudit pays. Dieu lui en fasse la grâce, et de continuer ce qu'il a si heureusement commencé.*

Issoire cependant reconstruit ses maisons et ses remparts. Les survivants ont à cœur de voir renaître leur ville. « Les uns bâtissent sans mortier, les autres de boue, comme l'hirondelle ». En sorte qu'elle sera bientôt prête pour subir, sous la Ligue, de nouveaux sièges.

Les Révolutionnaires.

Dès que, par des signes qui ne pouvaient tromper, s'annonça un grand bouleversement social, beaucoup de jeunes nobles et de jeunes bourgeois prirent la tête d'un mouvement qui, d'abord, ne devait défendre que la liberté et l'égalité. De même voit-on de nos jours nombre de fils de famille repus se déclarer las de leur satiété et prendre rang dans les files de la révolution permanente. Nos futurs jacobins paraissaient assez inoffensifs. Ce Gilbert Romme, précepteur dans la famille du comte russe Strogonof ; tous les matins, un domestique attaché à son service propre venait le poudrer ; ce qui ne l'empêchait pas d'enseigner les nouveaux principes à son élève Popo. Ce Georges Couthon qu'un groupe de ses compatriotes avait recommandé pour l'emploi de marguillier dans sa paroisse d'Orcet ; en 1791, il était encore favorable à la monarchie constitutionnelle, comme le prouve une comédie en deux actes qu'il publia juste avant son départ pour la Législative, *L'Aristocrate converti.*

Soubrany et Desaix préparaient consciencieusement au collège d'Effiat une carrière militaire au service du Roi. Jean-Baptiste Carrier, à Aurillac, n'ambitionnait que de réussir dans la chicane.

La fièvre parisienne finit par gagner ces modérés de province et les transforme en violents révoltés. A Versailles, Couthon se met à tempêter contre la monarchie et les « mauvais » prêtres. Dans le Cantal, Jean-Baptiste Milhaud, commandant de la garde nationale d'Arpajon, se signale par sa haine de tout ce qui est ci-devant. Le 11 mars 1792, au cours d'une revue à Aurillac, il fait jurer à ses hommes, échauffés par le vin, « d'exterminer le premier aristocrate qui maltraiterait un patriote ». Or, près de là, dans une belle demeure donnant sur la Grande Place (aujourd'hui, place de l'Hôtel-de-Ville) habite un vieil homme nommé Colinet de Niocel, ancien magistrat. Il a eu le tort naguère de condamner au fouet un parent de Milhaud. Les Arpajonnais attaquent sa maison malgré l'opposition de la municipalité. Le citoyen Boisson le découvre dissimulé derrière un tas de fagots. Le vieillard lui offre une montre en or pour acheter son silence. Boisson empoche cette montre d'aristocrate et s'en va tout droit dénoncer la présence de Niocel à ses compagnons, qui le traînent par les pieds jusqu'au milieu de la place. L'un d'eux, *lou fabre d'Ol Pojou,* le forgeron d'Arpajon, lui tranche le cou avec une hache. Boisson plante la tête au bout d'une pique et la promène, dégoulinante de sang, à travers la ville.

Les jours suivants, Milhaud et ses gardes se livrent à une véritable jacquerie dans tout le département, incendiant couvents et châteaux, pillant, assassinant. A Montsalvy, *lou fabre* brandit son arme glorieuse :

« Voici la hache qui a coupé la tête de Niocel ! Il faut qu'elle coupe celle de votre curé et de votre maire ! »

Quatre escadrons de cavalerie et un régiment d'infanterie sont envoyés contre eux : ils capturent le commandant et ses lieutenants. Mais le 10 août les délivrera : triomphant, Milhaud deviendra l'homme le plus populaire du département, qui l'enverra siéger à la Convention.

Sur les bancs de cette assemblée, vingt-deux députés représentent l'ancienne Auvergne. Tous votent la mort du roi, à cinq exceptions près : celles de Chabanon, Pervernhe et Thibault, évêque constitutionnel, pour le Cantal ; celles, pour le Puy-de-Dôme, de Girot-Pouzol et Bancal des Issarts. Georges Couthon — qui a protesté cependant contre les massacres de septembre 1792 — insiste alors pour que la condamnation de Louis XVI soit exécutée dans les vingt-quatre heures, craignant que « par des discussions incidentes astucieusement jetées dans l'assemblée une minorité obstinée ne parvienne à dénaturer tous les décrets ».

Plus charitablement, Robespierre appuie cette motion en invoquant « les tourments qu'un retard trop prolongé cause nécessairement à un coupable instruit de son sort ».

Les populations de la province nourrissaient cependant des sentiments beaucoup plus retenus. On le vit bien en juin 1793, quand les Jacobins prirent le pouvoir : plusieurs municipalités, notamment celles de Clermont et d'Aurillac, adressèrent de vives protestations à l'assemblée. Couthon et Carrier excommunièrent leurs électeurs, les accusant d'antipatriotisme, et firent déclarer suspects les deux départements. La Convention ayant décrété le 23 août la levée en masse de tous les citoyens, des députés furent envoyés dans une trentaine de départements soupçonnnés de tiédeur afin de surveiller les opérations de recrutement. C'est ainsi que le Puy-de-Dôme et le Cantal reçoivent Georges Couthon, l'Ambertois Maignet et le Lozérien Châteauneuf-Randon, ex-député de la noblesse converti à la Montagne.

C'est le moment où le gouvernement de Paris doit combattre sur deux fronts. A l'extérieur, il lui faut faire face à la coalition de l'Angleterre, de la Prusse, de l'Autriche, de l'Espagne, du royaume de Naples ; à l'intérieur, éliminer les révoltes contre-révolutionnaires. Couthon et Maignet sont notamment chargés de réprimer l'insurrection des « Muscadins » lyonnais qui, alliés aux Girondins de cette ville, ont exécuté un grand nombre de Jacobins ou présumés tels. A Clermont, Couthon fait sonner le tocsin dix jours de suite, ordonne à tout homme valide de dix-huit à quarante-cinq ans de prendre fusil, hache, faux ou fourche, quatre jours de vivres et de se rendre à pied jusqu'à Ambert, lieu de rassemblement. Les forgerons sont requis pour fabriquer des piques avec les grilles des églises. Il organise l'intendance, rafle grains, chevaux, voitures, matelas, linge, poudre, fait fondre des canons. On le voit partout, transporté dans son fauteuil ou à dos de gendarme, à cause de sa demi-paralysie, exaltant par des discours enflammés le zèle des populations : « Les rochers de l'Auvergne se soulèvent ! Ils vont rouler sur les rebelles et les écraser !... »

Les rebelles sont aux portes d'Ambert. Le 31 août, à Saint-Anthème, les Muscadins de Montbrison, commandés par La Roche-Négli, s'emparent du général Nicolas qui faisait route vers le Forez avec ses canonniers.

Les vignerons de la Limagne, ceux du district d'Issoire en particulier, répondent les premiers aux réquisitions. Couthon rassemble de la sorte plus de vingt mille hommes, qu'il appelle « l'armée du peuple ». Il s'en perd beaucoup en route. Ce qu'il en reste avec ses chariots de vivres, son bétail, ses bagages, arrive à Lyon et se met sous les ordres de Dubois-Crancé. Couthon lui-même n'arrive que le 9 octobre, juste pour assister à la chute de la ville. Il exhorte ses troupes à ne pratiquer ni pillage ni violences inutiles. Pour plus de sûreté, il démobilise tous les hommes au-dessus de vingt-cinq ans. Il installe un tribunal révolutionnaire, dont il s'efforce de modérer le zèle, comme le reconnaîtra l'abbé Guillon, historien royaliste du siège : « Il contint la vengeance au lieu de l'exciter. » Mais ses ennemis ne lui pardonneront pas de s'être fait promener en litière et d'avoir frappé d'un marteau d'argent la façade des immeubles riches, en prononçant : « Tombez, monuments d'orgueil ! La loi vous condamne ! » L'ancien auteur de *L'Aristocrate converti* avait un peu trop le sens théâtral. En fait, les destructions et les exécutions massives seront l'œuvre, après son départ, de Collot d'Herbois.

Lui s'en revient vers l'Auvergne, la conscience en paix. Le 8 novembre, il se trouve à Ambert, où il opère une métamorphose inattendue. Inspiré par un décret antérieur (il y ordonnait que tous les objets métalliques du culte, d'or, d'argent ou de bronze, fussent envoyés à la fonte), il se fait chansonnier, écrit des couplets humoristiques et ne craint pas de leur donner pour musique l'air le plus sacré de l'époque, l'*Hymne à la liberté*, appelé à devenir *la Marseillaise !* Peut-on croire aussi mauvais qu'on l'a dépeint, cet homme qui savait sourire de ses propres principes ?

Saint Martial, sainte Geneviève,
Saints renommés de tous pays ;
Saint Roch et son chien, son élève,
Saint Jean-Baptiste et saint Denis,
Saint Jean-de-Latran et saint Prix ;
Et vous cochon de saint Antoine,
Ah ! plus vous serez gros et gras,
Plus vous produirez de ducats
Dans la fonte, avec l'antimoine !

Refrain

Vos cris sont superflus !
Vous serez tous fondus !
Grands saints (bis),
Dans le creuset
Tombez, c'est le décret !...

Soucieux de faire rire ses administrés comme il a ri lui-même en les écrivant, Georges Couthon arrête que ses couplets seront imprimés au nombre de 4 000 exemplaires et envoyés, à la diligence des procureurs syndics du district, à toutes les communes du département. Qu'on ne parle pas ici de vanité d'auteur : il ne les signe pas.

Après cette courte récréation, Georges Couthon retourne à sa fureur. Irrité par l'agressivité des prêtres réfractaires et la mollesse des assermentés, il s'acharne contre l'Eglise dont les fonctions lui semblent inutiles, dont l'action conduit au « fanatisme ». Il supprime le traitement des prêtres constitutionnels, ordonne d'abattre les clochers et d'envoyer les cloches à la fonderie, interdit toute manifestation extérieure des cultes, confisque les ornements liturgiques et les fait distribuer « aux jeunes personnes du sexe qui se seront le mieux distinguées dans le cours de la Révolution par leur vertu et leur attachement constant à la cause de la Liberté et de l'Egalité ». On transformera les confessionnaux en guérites ! Afin de remplacer le tocsin, un tambour de ville sera mis à la disposition des autorités ! Sur les places des villes et villages, on procède au « brûlement » des meubles et statues de piété. On martèle les saints et les anges de pierre. Mainte église est transformée en halle aux grains, en entrepôt, en marché couvert. Un nombre considérable de prêtres, convaincus ou terrorisés, abdiquent leurs fonctions et abjurent leur foi : soixante-dix dans le seul district d'Ambert.

Par ailleurs, comme tous les véritables hommes d'Etat, Couthon a l'esprit ouvert en même temps aux grandes choses et aux petits détails. Et ses décrets accessoires révèlent une sensibilité difficilement conciliable avec le vampire assoiffé de sang que font de lui les caricatures. Ainsi, le 9 septembre 1793, il octroie une somme de 6 000 livres « pour la garde des vignes dont la surveillance est d'autant plus importante que la levée en masse a fait partir les cultivateurs pour l'armée ». Il se soucie même du bien-être de ses adversaires et accorde, le lendemain, 3 000 livres « pour le soulagement des prisonniers détenus dans la maison d'arrêt de Clermont ». Le 18, il autorise les mères, épouses et enfants à voir les reclus une fois par jour. Il songe même à payer les dettes des émigrés ! Les « bouchers, boulangers, selliers, bourreliers, maréchaux, charpentiers, menuisiers, cordonniers et autres fournisseurs, ouvriers et journaliers, créanciers d'émigrés, dont les besoins sont certifiés par leurs municipalités ou leur section, recevront de l'administration du département, après que leurs créances auront été vérifiées et jugées légitimes, des mandats en acompte de la somme de 100 livres sur toutes les créances dont le principal excédera cette somme et de la totalité de ce qui sera dû au-dessous ».

Il révise la liste des suspects, en fait arrêter d'autres, mais ordonne aussi des libérations. En même temps, il prend des mesures sociales d'une audace stupéfiante et dont certaines ne sont pas encore réalisées de nos jours. Il décrète un prélèvement de 1 200 000 livres sur les « riches égoïstes », c'est-à-dire sur le capital ; proclame le droit à l'instruction, à la vie, aux soins gratuits, au travail, prévoit un véritable corps d'assistantes sociales, formé de « citoyennes destinées par la nature à être les consolatrices de l'être souffrant, qui visiteront les indigents secourus et s'assureront si la pension qui leur est accordée est utilement employée ». Il fait appliquer rigoureusement la loi sur le maximum des prix et des salaires : le quintal de blé tombe de 48 livres à 16. Il fait surveiller le battage et l'emploi de la récolte de 1793, combat le marché noir par tous les moyens. Il en appelle à la solidarité des villes et des campagnes, des communes entre elles. Clermont reçoit des vivres de Marseille et, symboliquement, envoie à Ambert, patrie du représentant Maignet, « une portion de riz, de merluche et d'amande... à la pensée que cette offre gracieuse sera agréable au citoyen Maignet ».

Les grandes mesures de Couthon restèrent en fait lettre morte car, rentré à Paris, il eut d'autres soucis et ne put veiller à leur application. Sur ses instructions, on essaya bien de dresser la liste des « riches égoïstes », c'est-à-dire de ceux qui n'avaient consenti aucun don patriotique ni acheté de biens nationaux. Mais ceux-ci firent traîner les choses en longueur et Couthon mourut sous le couteau de la guillotine, détesté de tous les possédants.

Les Contre-Révolutionnaires.

Les premiers événements révolutionnaires, les premières réformes furent reçus en Auvergne avec enthousiasme. Ouvriers, paysans, bourgeois, prêtres fraternisaient. Les curés enseignaient au catéchisme la *Déclaration des Droits de l'Homme et du Citoyen* en même temps que l'Evangile. Les cahiers de doléances n'avaient jamais demandé la suppression des communautés religieuses, ni la limitation du nombre des curés, mais au contraire l'augmentation de la portion congrue, prise sur les revenus des évêques. Excepté ces derniers, nul ne fut donc chagriné quand l'énorme masse des biens d'Eglise se trouva mise à la disposition de la nation et vendue aux plus offrants. Tous les porteurs d'assignats, c'est-à-dire de monnaie de singe, se ruèrent sur les biens nationaux. Comme dans la fable *Le chien qui porte le dîner de son maître,* chacun voulut sa part du panier : particuliers, administrateurs, anciens possesseurs, voire membres du clergé !

En perdant ses richesses, l'Eglise gagna du moins le cœur populaire. On le vit bien lorsque fut votée la Constitution civile, le 12 juillet 1790. Celle-ci modelait les circonscriptions ecclésiastiques sur les circonscriptions administratives, chaque diocèse se superposant avec exactitude à un département, et enlevait au pape et à ses représentants la nomination des évêques et des prêtres : ils seraient désormais, comme dans l'Eglise primitive, élus par les fidèles. En compensation, ils devenaient fonctionnaires, rétribués par l'Etat, astreints à lui prêter serment. Les évêques auvergnats, De Bonal à Clermont et Ruffo de la Ric à Saint-Flour, prirent aussitôt parti contre la Constitution, comme la plupart des évêques de France : il s'en trouvera sept seulement à accepter l'Eglise nouvelle et un seul à bien vouloir consacrer les prélats constitutionnels : Talleyrand. En Auvergne, les évêques élus furent l'oratorien Perrier à Clermont ; le curé Thibault dans le Cantal : il fallut l'aller chercher hors du département ; l'ancien curé de Brioude, Delcher, monta sur le trône épiscopal du Puy ; Laurent, ex-professeur au collège de Billom, sur celui de Moulins. Tous trois essayèrent vainement de s'entendre avec leurs prédécesseurs. Le pape Pie VI à son tour condamne la Constitution, le 10 mars 1791. Le clergé se trouve donc partagé en « assermentés » et en « réfractaires », chaque fraction ayant dans le peuple ses fidèles. Les seconds, qui l'emportent numériquement dans les trois départements issus de l'ancienne province, deviennent alors des agents de la contre-révolution.

Ils commencent par mener la vie dure aux prêtres assermentés, qui se plaignent aux autorités régulières :

Ma position est intenable, écrit le curé de Saint-Sandoux. *Je n'ai pas* 1/50ᵉ *des fidèles et la municipalité m'est hostile...*

Je n'ai jamais vu, écrit celui de Cunlhat, *les officiers municipaux, le commandant et la garde nationale à la messe, le maire s'y est trouvé une seule fois forcé par M. Lacombe qui le contraignit de s'y trouver. Je ne puis sortir sans être traité de loup-garou et de mille autres épithètes. Personne ne vient à ma messe, hormis une très petite poignée. Pour tous les autres, lorsque j'entre dans l'église, ils en sortent avec la plus grande précipitation. L'église, le cimetière sont pleins au contraire lorsque MM. Vray et Costille, mes prédécesseurs, disent la messe les jours de fête... On est venu très souvent tirer des coups de fusil sous ma fenêtre, frapper brusquement à ma porte. Seul dans un pays aussi sauvage, je ne peux m'apprivoiser à de semblables parades...*

A Saint-Flour, les carillonneurs font la grève des cloches quand arrive Thibault ; les religieuses refusent de le recevoir.

Mais bientôt commencent les persécutions contre les prêtres réfractaires. Les offices religieux leur sont interdits sous peine de prison. En 1792, une loi prononce leur expulsion de tout le territoire français, à l'exception des vieux qui seront enfermés dans un édifice adéquat. Bonal et Ruffo de la Ric doivent émigrer. Un grand nombre de non-jureurs quittent aussi cette province où ils étaient nés, et vont s'établir en Suisse, en Savoie, à Rome, y gagnant leur vie comme ils peuvent : précepteurs, domestiques, colporteurs. Les infirmes et les sexagénaires sont donc, à Clermont, réunis dans l'ancien couvent des bénédictines, rue de l'Eclache (actuellement rue Bardoux). Ils y sont assez bien traités et n'ont bientôt à souffrir que de leur nombre excessif. Certains vieux curés constitutionnels, fatigués des tracasseries et des hostilités de leurs paroissiens, demandent même à les rejoindre, en rétractant leur serment s'il le faut.

Mais beaucoup de prêtres réfractaires disparaissent dans la clandestinité. On en trouve partout en Haute et Basse Auvergne. Recueillis et protégés par leurs ouailles, ils sortent la nuit et célèbrent les rites en cachette. Un chanoine de Montsalvy, Jean-Baptiste Roques, se déguise le jour en femme et simule la folie, tenant des propos incohérents. Mais l'ombre venue, il revêt des vêtements sacerdotaux, dit la messe et visite les malades. Les « patriotes » dénoncent ces irréductibles, couramment désignés désormais sous l'appellation de « fanatiques ». De grands échanges de coups de bâton et de coups de fusil se produisent fréquemment. Ainsi, le curé de Sansac, l'abbé Méallet de Cours de Polveirière, est emmené vers Aurillac par trois gendarmes. En traversant la forêt de Mazenobe, près de La Besserette, ils tombent dans un guet-apens : deux gendarmes sont tués et désarmés, le captif délivré.

A la rébellion religieuse vient s'ajouter bientôt la rébellion militaire. Au début, tant de volontaires s'étaient présentés à l'appel de la Patrie en danger qu'on avait dû refuser du monde : les trop jeunes (certains n'avaient que douze ans) et les trop vieux. A la fin de 1792, une nouvelle levée suscite beaucoup moins d'enthousiasme : dans les campagnes, personne pratiquement ne se présente. En février 1793, la Convention décrète le recrutement de 300 000 hommes, fixant pour chaque département un contingent précis : 9 000 environ pour le Puy-de-Dôme ; 4 000 pour le Cantal. Quand les volontaires ne suffiront pas, on tirera au sort parmi les autres. Dans certains villages, ces opérations tournent à l'émeute. Ainsi, à Saint-Pardoux, près de Latour-d'Auvergne, les hommes âgés de 18 à 40 ans acceptent bien de se réunir devant la maison commune ; mais la plupart proclament hautement que la levée ne les intéresse point, qu'ils s'opposeront au tirage au sort et couperont la tête au premier qui osera parler autrement. Les commissaires et les officiers municipaux essaient de les calmer, en leur expliquant la loi. Mais ils se répandent en injures, et proclament qu'ils préfèrent, plutôt que de partir, mourir dans leurs foyers.

Des désordres semblables se produisent à Tauves, Cunlhat, Olliergues, Saint-Amant-Roche-Savine, Billom, Aigueperse, Champeix, Maurs, Montsalvy. En mars 1793, une véritable Vendée miniature s'installe près de Thiers, dans les cantons de Vollore-Ville et d'Augerolles. Un groupe de cinq à six cents insoumis se forme, encadré par un paysan et deux prêtres réfractaires. On arbore des cocardes blanches ; on crie : « Dieu et le Roi ! » Une conférence de l'état-major contre-révolutionnaire se réunit, à laquelle participent des membres des anciennes communautés agricoles, des Bourgade et des Dunaud. On se propose de tuer les commissaires recruteurs et le curé constitutionnel. En face, on mobilise trois cents gardes nationaux qui montent de Thiers en traînant deux canons. Les insurgés ne disposent que d'armes blanches, de faux, de rares fusils. A la première escarmouche, ils se débandent et sept d'entre eux sont capturés. Le tribunal criminel prononce 14 condamnations à mort, dont 9 par contumace. La guillotine est dressée sur la place du Pirou, et en exécute cinq, le 21 mai 1793.

En Lozère, l'insurrection est beaucoup plus grave encore ; elle gagne une grande partie du département et déborde sur le Cantal. Son meneur, l'ex-avocat Charrier, à la tête de 1 500 chouans, occupe Marvejols, puis Mende. Paris doit dépêcher deux bataillons primitivement destinés à la Vendée ; joints à des renforts cantaliens, ils parviennent à délivrer Marvejols, capturent Charrier et son lieutenant Laporte près de Nasbinals. On les envoie à la guillotine.

Alors que Couthon et Maignet combattent la contre-révolution en Basse Auvergne, leur collègue Châteauneuf-Randon est proconsul dans le haut pays. De Mende, il déclare la ville de Saint-Flour en état de rébellion pour les motifs suivants :

1 — elle a mis des entraves à l'exportation de ses grains vers les autres communes du département ;

2 — elle a toléré l'existence d'organisations royalistes ;

3 — elle a changé son ancien nom qui évoquait le fanatisme pour celui de *Fort-Cantal* qui évoque la féodalité ;

4 — elle a intrigué auprès des pouvoirs publics pour obtenir le titre de chef-lieu de département.

En 1790 en effet, Saint-Flour et Aurillac étaient en compétition pour le titre de ville principale du Cantal. Ne pouvant les départager, les Constituants avaient adopté une solution absurde : l'alternat. Les assemblées administratives siégeraient tantôt dans l'une et tantôt dans l'autre. Mais après une année de séjour sanflorain, le pouvoir était passé à Aurillac d'où il n'était jamais revenu. Des habitants de Saint-Flour, exaspérés, en étaient venus à demander le partage du département !

Pour réduire ces contre-révolutionnaires, Châteauneuf-Randon décrète que quatre mille hommes occuperont la ville, logés au grand séminaire et chez les particuliers. Il prend ensuite des mesures dont une lettre envoyée par « des patriotes » sanflorains à des amis clermontois précise le détail :

Saint-Flour, le 19 *nivôse de l'an II*
de la République une et indivisible.

Hier, pour amuser un peu nos braves démolisseurs, on leur a donné l'ordre de canonner une église appelée ci-devant le Calvaire, située sur une hauteur qui domine la ville, distante d'environ cinq cents pas, sur la route d'Aurillac. Nous nous sommes transportés sur les lieux, et cette canonnade qui a duré plus d'une heure nous a fait éprouver une bien douce jouissance. Nous aurions encore été plus satisfaits si la chapelle eût été remplie de prêtres, car par cette maudite engeance le fanatisme a fait le ravage le plus affreux dans ce pays-ci...

Aucune de ces mesures n'arrête entièrement le refus des contre-révolutionnaires. Certains y trouvent une occasion de martyre et une gloire impérissable. Ainsi l'abbé François Filhol, ex-vicaire à Drugeac, au sud de Mauriac dans la vallée de l'Auze. Un prêtre sans malice, pas trop brillant théologien, qui avait refusé de s'expatrier par amour pour son petit pays. Il vécut plusieurs années dans la clandestinité, fut enfin dénoncé, condamné à mort, exécuté sur la placette qui s'étend derrière le chevet de N.-D. des Miracles, en présence d'une foule immense et muette.

Accolée au chevet de la basilique, une simple croix de bois, rongée par les pluies, rappelle le supplice du curé qui aimait trop sa paroisse.

Le refus de la Révolution prit aussi très souvent des formes plus discrètes. Il y eut par exemple cette résistance passive, volontaire ou non, que le peuple opposait aux usages nouveaux. Malgré la réforme des poids et mesures et l'invention du si rationnel système métrique, les gens continuaient d'employer leurs *aunes, toises, journaux, pintes, pots, poinçons, livres, quintaux* (de cent livres), *écus, pistoles* comme si de rien n'était. Et l'usage n'en est pas de nos jours entièrement mort. Aussi, pour combattre les vieilles routines, l'administration multipliait-elle les arrêtés, décrets et recommandations. Quant à la réforme du calendrier, ce fut un échec plus total encore. On aurait peut-être accepté les jolis noms inventés par Fabre d'Eglantine : *Pluviôse, Ventôse, Floréal, Germinal...* Mais le remplacement des saints par des articles aratoires choquait en même temps les croyances et les habitudes. Le peuple continua de chômer le jour du Seigneur, sans se soucier du *décadi*. Les autorités devaient imposer celui-ci par la force et faire patrouiller les rues pour renvoyer chez eux ceux qu'ils surprenaient ce jour-là à travailler, ne fût-ce que des femmes au lavoir. A la fin, les municipaux eux-mêmes, découragés, renonçaient à se réunir au jour du *décadi* et devenaient ainsi des contre-révolutionnaires sans le vouloir.

Il va de soi que les opposants les plus acharnés au régime républicain étaient les aristocrates, inspirateurs des grandes insurrections, en Bretagne et en Vendée. Les survivants de la Terreur s'organisèrent en sociétés secrètes après Thermidor, menant leur propagande de bouche à oreille, distribuant des tracts comme celui que trouva sous le Directoire le gendarme Jean Mathieu aux portes de Clermont, le 8 thermidor an VII (26 juillet 1799). Habilement, les royalistes y ménageaient les acheteurs de biens nationaux :

Conscrits et réquisitionnaires n'alles pas aux frontières, les deux Conseils et les Cinq sont aux abois. Ils se soucient fort peu de faire des victimes, ils ne comptent pour rien de faire périr toute la jeunesse française ; que d'hommes n'ont-ils pas déjà sacrifiés pour détruire notre religion et se soutenir dans le sistème de la plus odieuse tyrannie ! Nos troupes sont dépourvues de tout, désertent toutes, et le peu restant n'a aucune teinture du maniement des armes et bientôt réduits. Le roy veut rétablir la religion de vos pères que vous avez été forcé de méconnoitre ; vous la verrés refleurir avec l'éclat le plus brillant ; l'heure n'en est pas éloigné et dans quatre mois, peut-être dans quinze jours, Louis 18 *sur le throne proclamera le bonheur des Français.*

Révolutions et contre-révolutions, flux et reflux se succèdent ainsi comme les marées. C'est ce qu'on appelle le mouvement de l'Histoire.

Le refus des vignerons.

Les émeutes viticoles ne sont pas une affaire récente ; avant que le Midi ne bouge, depuis longtemps les vignerons auvergnats avaient bougé. C'est que les gouvernements ont toujours eu pour politique de reprendre d'une main ce qu'ils accordent de l'autre. Les diverses taxes et octrois contre lesquels La Fayette protestait avec véhémence en 1788, supprimés par la Révolution, avaient été rétablis depuis 1804, sous l'appellation de « droits réunis ». En sorte qu'une pinte de vin voyait son prix sextuplé entre Chanturgue et Paris, par le seul fait des impositions, frais de transport et de péage. Si elle se dirigeait seulement vers une clientèle clermontoise, elle se trouvait arrêtée aux portes de la ville par une série de « barrières » (le nom est resté au carrefour dit « Barrière d'Issoire ») où les vignerons devaient cracher au bassinet. Tous supportaient cette situation avec la plus grande impatience, particulièrement les années de mauvaise récolte : c'est-à-dire de basse qualité ou d'abondance excessive. Dans un cas comme dans l'autre, le vin d'une année ne pouvait être reporté sur la suivante, et il fallait le jeter au ruisseau. Avant cette extrémité, on recourait à un expédient, en proclamant ouverte la saison de la « goulée ». Pour un sou par jour, tout amateur avait le droit de se rendre dans les caves d'Aubière, de Beaumont, de Châteaugay, et de boire une quantité de vin qui n'avait d'autre limite que sa capacité personnelle. Il faut imaginer le retour de ces buveurs de choc, en fin de journée ! Leurs efforts réunis ne suffisaient pas toutefois à résorber les excédents.

Contre ces barrières, les vignerons mettaient leurs espoirs en un changement de régime. Et chaque fois qu'il se produisait, eux se précipitaient sur les maisonnettes, en chassaient les percepteurs, démolissaient les bâtiments. C'est ce qui eut lieu en 1814, à la chute de Napoléon. La Restauration les restaura ; aux Cent-Jours, on les démolit de nouveau. De même en 1815. De même en 1830. *La Révolution de Juillet n'en a pas laissé subsister une seule,* rapporte le préfet à son ministre. *Il ne m'a pas encore été possible de rétablir la perception des droits dus au trésor. Je crains qu'il ne faille faire appuyer cette perception par des troupes régulières.*

Sa défiance est justifiée. En effet, quand il veut rétablir les anciens octrois, les habitants d'Aubière et de Beaumont proclament la Patrie en danger et fraternisent avec la garde nationale. Chacun de ces gardiens de l'ordre est, en même temps, soit producteur de vin, soit consommateur. Et c'est en armes, tambour battant, drapeau déployé, officiers en tête, que les gardes nationaux, appuyés de nombreux civils, se rendent vers les nouvelles barrières, rossent les buralistes, enlèvent et détruisent les registres. Il faut bel et bien recourir aux soldats de ligne pour rétablir la légalité.

En 1841, beaucoup de vignerons seront encore impliqués dans de sanglants désordres qui éclateront presque simultanément à Clermont et dans divers villages vinicoles. Le prétexte en est un décret qui ordonne le recensement des propriétés bâties et non bâties. Horrifiée à l'idée de devoir informer le gouvernement de ce qu'elle possède et ne possède pas, supposant à juste titre que cette enquête entraînera une aggravation des impôts, la population lapide ses inspecteurs et manifeste dans les rues. La troupe est alors requise, tandis que des barricades sont dressées au voisinage de l'hôtel de ville. Le tumulte continuant, l'autorité militaire commande le feu : les soldats tirent d'abord en l'air, puis sur la foule. Six hommes et deux femmes restent sur le pavé. Le lendemain, 10 septembre, les hommes d'Aubière et de Beaumont accourent en nombre, armés de faux, de bâtons, de vieux fusils, de pistolets à pierre, et renforcent les émeutiers. Une fois de plus, ils incendient les barrières d'octroi ; puis ils se heurtent aux lignards. Place de Jaude, le maire, M. Conchon, paraît à la fenêtre de sa demeure et harangue la foule :

« Chers amis ! Chers compatriotes ! Rentrez chez vous !... J'ai l'honneur de vous annoncer que le recensement est suspendu !... Cessez cette agitation comme du brave monde que vous êtes !... Croyez bien que je ferai toujours... »

Les huées couvrent sa voix, les pierres volent autour de lui comme des mouches. La foule envahit ensuite sa maison, la saccage, l'incendie. Jusqu'à deux heures du matin, on se bat sur les barricades. Le 11, le calme revient. Le 12 et le 13, l'émeute se transportera à Saint-Germain-Lembron, à Vertaizon, à Chauriat. Puis, force restera aux baïonnettes.

Pour indemniser M. Conchon, Louis-Philippe lui versera 100 000 francs, le décorera, en fera un conseiller à la Cour de Riom. Sa fille épousera Eugène Rouher, qui fera du beau-père un conseiller à la Cour de Paris. Révolutions, mariages, pendaisons : question de chance, comme dit Shakespeare.

Le refus des socialistes.

Pendant les semaines qui suivirent la révolution de février 48, la France connut un court moment d'euphorie. La plupart des groupes sociaux, politiques ou religieux, semblaient avoir trouvé dans le départ de Louis-Philippe un motif de satisfaction. Tandis que l'archevêque de Paris, Mgr Affre, assurait les chefs du nouveau gouvernement de sa sympathie, dans beaucoup de villes et de villages les prêtres bénissaient les arbres de la liberté. Les premières mesures admirent les ouvriers dans la garde nationale, abolirent la peine de mort en matière politique, accordèrent la liberté complète de presse et de réunion. De nombreux clubs se formèrent ou reparurent. Ainsi, à Brioude, le socialiste Saint-Féréol fonda le *Club de l'Egalité*. On y discutait principalement de questions sociales ; mais parfois le niveau s'élevait ; il arriva qu'on y débattît un jour de l'existence de Dieu, et celle-ci fut votée par 340 voix contre 330. A Clermont, le *Club Caberno* était ouvert à tous.

Puis vinrent les échéances économiques. Pour faire face au chômage et au marasme des affaires, le gouvernement limita les remboursements dans les caisses d'épargne ; il prêta l'argent ainsi réservé aux industriels et aux commerçants. Très besogneux lui-même, il dut se résigner à augmenter les contributions de 45 centimes par franc ; c'est-à-dire presque de moitié. Il va de soi que cet impôt des 45 centimes devint tout de suite extrêmement impopulaire, dans l'ensemble du pays.

A Clermont, les autorités nouvelles faisaient cependant de leur mieux pour s'attirer la sympathie. Ainsi, en l'honneur de la deuxième République, et dans l'attente des prochaines élections à la Constituante, le préfet, M. Dujardin-Beaumetz, décide-t-il d'offrir un jour de réjouissance et de congé, le lundi 10 avril. On plante des arbres de la Liberté, bénis par le curé de la cathédrale ; puis un grand banquet réunit dans la salle du Poids-de-Ville (aujourd'hui « salle Gaillard ») les notables et les dirigeants des associations. Le soir, il ose même ouvrir toutes grandes les portes de sa préfecture. Hommes, femmes et enfants du peuple envahissent les salons, s'exclamant en patois et en français :

« C'est bien notre tour !... Nous y voilà !... *Podin nous ivenlé !* »

Et ils ne manquent pas en effet de se vautrer sur les canapés et les fauteuils, riant de leur audace et de leur promotion, tandis que M. Dujardin-Beaumetz se montre aimable, serre les mains des adultes, tapote les joues des petits.

Deux semaines plus tard, cependant, ont lieu des élections tumultueuses. Les agents de la nouvelle administration répandent à profusion les bulletins jaunes de la liste républicaine, et chichement les blancs des monarchistes. Il se fait autour des urnes une grande distribution de coups de trique qui causent une dizaine de morts dans le département. Les « rouges » l'emportent par dix sièges contre cinq. Les esprits se calment. La nouvelle des sanglantes journées parisiennes de juin n'éveille que peu d'écho en Auvergne, sauf entre Issoire et Brioude où persiste un foyer d'agitation socialiste. Au *Club de l'Egalité*, le professeur de philosophie du collège propose de « multiplier les prêtres en coupant en quatre chacun d'eux ». Votée au début de novembre, la nouvelle Constitution est immédiatement proclamée à tous les carrefours. A Issoire, les autorités encadrées de gendarmes (la garde nationale s'étant récusée) arrivent dans cette intention sur la place de la Halle ; elles sont accueillies par des huées :

« A bas le maire ! A bas la Constitution ! A bas les Rats ! »

Ce terme désigne les agents du fisc. La force publique forme cercle autour du premier magistrat qui peut enfin lire à haute voix les articles, malgré les sifflets que suscitent certaines formules :

« En présence de Dieu et au nom du peuple français... La société doit fournir du travail aux hommes valides qui ne peuvent autrement se procurer... »

Tout ce qui est officiel va chanter ensuite le *Te Deum* dans Saint-Austremoine. Les socialistes en profitent pour placarder plusieurs affiches satiriques. On y voit une Liberté peinte en vert, tenant à la main un drapeau rouge et assise sur les tablettes de la Constitution :

Article 1er. — *Indestruction des Rats.*
Art. 2. — *Abolition du droit au travail.*
Art. 3. — *Liberté comprimée.*
Art. 4. — *Egalité méconnue.*
Art. 5. — *Fraternité repoussée.*
Art. 6. — *Enseignement jésuitique.*
Art. 7. — *Progrès des écrevisses.*
Art. 8. — *Impôts de* 45 *centimes.*
Art. 9. — *Les bourgeois ont bien mérité de la patrie.*
Art. 10. — *Le peuple est une canaille à l'unanimité.*

Le mois suivant, on vote pour élire le président de cette deuxième République si faible de constitution. Dans toute l'Auvergne, Louis-Napoléon Bonaparte obtient une énorme majorité, excepté, naturellement, dans la région de Brioude. Arrondissement qui apparaît comme le plus rouge de la France entière.

Il ne bouge pas cependant lorsque Louis-Napoléon commet son premier coup d'Etat, le 2 décembre 1851. Pas plus que le reste de la province, solidement tenue en main. La seule exception à cette inertie vient de Thiers où un groupe de républicains socialisants, le Dr Lachamp, le pharmacien Lasteyras, l'avoué Prunet rameutent la population ouvrière. Celle-ci bombarde le sous-préfet à coups de pommes, puis envahit la mairie, essaye de s'emparer des armes de la garde nationale ; mais elles ont été mises en lieu sûr. La troupe arrive de Clermont avant que l'émeute se soit organisée. Plusieurs meneurs sont arrêtés. Lachamp réussit à s'échapper dans un char de foin : il passe en Angleterre, puis en Amérique, où il mourra de la fièvre jaune, sur les rives du Mississipi, en 1855. A Thiers, des récompenses sont promises à qui permettra d'arrêter ses compagnons. Pour cinq cents francs, un plaideur rancunier dénonce l'avoué Prunet. Mais quelque temps plus tard, on trouvera le délateur pendu, avec autour du cou la sacoche des trente deniers. On ne saura jamais s'il a été tourmenté par les remords de Judas ou victime d'un justicier. Il y aura eu dans toute l'Auvergne deux centaines d'arrestations, dont 41 à Thiers, suivies de 97 déportations vers l'Algérie.

L'opération Caïman.

La Résistance en Auvergne eut des mérites particuliers. Une adroite propagande avait établi le culte du Maréchal : ses icônes tapissaient les vitrines, figuraient dans les écoles et d'innombrables foyers ; on chantait ses cantiques ; on le reproduisait sous forme de cendriers, de pipes, de broches, de presse-papiers ; on le débitait en cartes postales, en francisques, en timbres-poste ; des milliers d'adorateurs se pressaient autour de lui à chacun de ses déplacements, baisant ses vêtements et la trace de ses pas. Son ministre Pierre Laval, était en outre l'enfant du pays, près de ses sous, parlant patois, la cigarette pendante, avec dans l'œil et le sourire une lueur maquignonne, parfaite image de l'Auvergnat moyen et folklorique ; lui aussi jouissait d'une indéniable popularité qui se maintiendra jusqu'au bout dans une partie de l'opinion. En dépit de cette faveur, le refus de toute collaboration avec le nazisme n'eut pas moins de force chez nous que dans les autres provinces. La mobilisation de mai 1944, les combats du mont Mouchet et de la Truyère prouvent l'ampleur numérique de la Résistance armée. A laquelle il faut ajouter le refus plus obscur, parfois aussi héroïque, d'innombrables civils.

Dans l'organisation clandestine, l'Auvergne forme au début de 1944 la Région 6 qui groupe quatre départements : Puy-de-Dôme, Allier, Cantal, Haute-Loire. La présence des services gouvernementaux de l'Etat français lui vaut d'être dotée d'une exceptionnelle densité de forces de l'ordre, vichystes ou allemandes. En compensation, leurs exactions, leurs atrocités plus nombreuses qu'ailleurs ont fait naître une Résistance puissante et active, quoique désordonnée. En janvier, les Comités départementaux de Libération se sont laborieusement constitués avec la participation des M.U.R. (Mouvements unis de Résistance), du Front National, des F.T.P. (Francs-Tireurs et Partisans), des partis communiste et socialiste, de la C.G.T., de la Confédération nationale paysanne. Leurs présidents reconnus sont Emile Coulaudon (*Gaspard*) dans le Puy-de-Dôme ; Emile Andrieux (*Blaise*) en Haute-Loire ; Jean Lépine (*Pierre*) dans le Cantal ; René Ribière (*Vincent*) dans l'Allier ; cependant qu'Henry

Ingrand (*Mazières, Rouvres, Combat*) assume la direction du Comité régional de Libération.

Quant aux effectifs des combattants, ils sont difficiles à établir avec exactitude. Dans le seul Puy-de-Dôme, ils semblent atteindre 5 à 600 hommes pour le P.C. ; 1 500 pour le Front National ; 10 900 pour les M.U.R., dont 8 500 en réserve. Leur action se poursuit dans tous les sens et en ordre dispersé : contre l'usine Michelin des Carmes, contre les usines Sagem à Montluçon, contre Joseph Darnand à Vichy, contre le wagon de la banque de France en gare de Clermont-Ferrand. Le 8 mars, un détachement de troupes allemandes défile rue Montlosier. C'est alors que trois grenades lancées de la place de la Poterne par des combattants F.T.P. tombent et explosent au milieu de la colonne, faisant un mort et 37 blessés. La troupe riposte aussitôt par une fusillade nourrie, donne l'assaut aux maisons voisines et les incendie. Plusieurs habitants périssent dans les flammes. En complément, les Allemands arrêtent 183 personnes et exécutent 50 « ennemis du Reich ». Les sabotages continuent cependant un peu partout dans la région, tandis que des engagements limités opposent d'une part maquisards et de l'autre miliciens, Feldgendarmes, agents du S.D. (*Sicherheitsdienst :* Service de Sécurité des S.S.), forces diverses de la Wehrmacht. Ces actions sont condamnées par une fraction de l'opinion publique à cause des représailles qu'elles entraînent. Mais une Résistance qui se bornerait à distribuer des tracts, à lancer des sifflets ou des cailloux n'aurait pas grand effet sur l'envahisseur.

La formidable machine à détruire des fascistes fait payer très cher chaque succès de la Résistance. Les fusillés tombent par centaines, les déportés partent par milliers vers les camps de la mort, de nombreux réseaux se trouvent démantelés. L'armement des combattants clandestins est d'une insuffisance criante. Un rapport de Gabriel Montpied (*Monique*) donne ces tristes précisions : « Nous avons beaucoup d'explosifs : nous en fournissons les autres régions. Nos hommes qui font des coups de main sont armés ; mais les maquis ne sont pas encore dotés de mitraillettes. A titre d'exemple en ce qui concerne l'Armée secrète de la ville de Clermont : 3 000 hommes environ disposent de 35 mitraillettes. Nous pouvons faire peur, et c'est tout. » Les premiers parachutages anglais améliorent toutefois cette situation.

Au début d'avril, les maquis de la Basse Auvergne prennent la résolution de se replier vers les montagnes boisées de la Margeride, aux confins du Cantal, de la Lozère et de la Haute-Loire. Le point culminant, le mont Mouchet, a exactement l'altitude du puy de Dôme : 1 465 mètres. Une immense forêt de résineux couvre ces cimes, se prêtant parfaitement à l'accueil et au camouflage des combattants. Emile Coulaudon et son état-major trouvent asile à la maison forestière tenue par M. et Mme Fontugne qui mettent avec empressement à la disposition des nouveaux venus leurs locaux, leur bétail, leurs ressources. Les maquisards construisent des cabanes, des tentes en toile de parachute ou bien logent dans les hameaux des environs qui les accueillent avec chaleur. Le ravitaillement ne manque point. Ce retour à la vie primitive et communautaire plaît aux hommes qui plantent des pancartes : *Ici commence la France libre.*

De nouvelles armes tombent du ciel : on dispose d'un fusil pour chaque homme, d'une mitraillette pour trois, d'un F.M. et de trente grenades par groupe de vingt. Des instructions en tombent aussi. Celles du général Koenig : « Vous ne devez accepter que des ordres signés de moi pour tout ce qui concerne directement plan d'emploi des Forces Françaises de l'Intérieur, mesures d'exécution et ordres d'attaques. »

Le 15 avril, le colonel *Gaspard* et son adjoint Antoine Llorca (*Laurent*) rencontrent à Montluçon le major anglais Maurice Southgate, chef d'un réseau appartenant à l'Intelligence Service, qui depuis janvier 1943 renseigne Londres sur l'activité, les besoins, les projets des résistants français. Cet ex-officier de la R.A.F. est une des pièces maîtresses sur l'échiquier français du S.O.E. (*Special Operations Executive*). *Gaspard* et Southgate s'entretiennent d'un projet qui portera différents noms : plan Koenig, plan Billotte, opération Caïman. Le principe en est la création d'un quadrilatère dans le Massif Central, à l'intérieur duquel serait effectuée une concentration de troupes : F.F.I. et soldats alliés amenés par planeurs et parachutages. Ainsi, le jour venu, trois débarquements simultanés auraient lieu : sur les côtes de l'ouest (Force A) ; sur celles du sud (Force B) ; sur le quadrilatère central (Force C). Ce front intérieur présenterait les avantages suivants :

1 — de libérer une partie importante du territoire français où pourrait s'installer une délégation du Gouvernement provisoire d'Alger ;

2 — d'attirer à lui de nombreuses troupes allemandes qui ne pourraient être employées sur les côtes ;

3 — de faciliter la liaison entre les forces A et B ;

4 — de couper les lignes de retraite des forces allemandes dispersées.

E. d'Astier de La Vigerie qualifiera après coup ce plan d'« ambitieux et chimérique »[1]. Le général de Gaulle, au contraire, dans une lettre datée du 14 juillet 1944, écrivait : « J'attache à l'exécution de cette opération, en liaison avec les théâtres Nord et Sud, une très grande importance, car je considère que cette opération est de nature à permettre la mainmise des forces alliées sur le Massif Central au moment même où les opérations Nord et Sud commenceront à porter leurs fruits et à entraîner d'importantes conséquences au point de vue national et moral en France. »

Au cours de son entretien montluçonnais, *Gaspard*

---

1. *De la chute à la libération de Paris*, éd. Gallimard, 1965.

ne manque pas de souligner les avantages du terrain autour du mont Mouchet : difficulté des communications terrestres et de l'accès, protection de la masse forestière ; et les effectifs dont il peut disposer après mobilisation : au moins dix mille hommes. Southgate est gagné par la conviction de son interlocuteur : il promet les armes anglaises, le personnel d'encadrement, le parachutage d'une division aéroportée (une brigade anglaise et une américaine), de l'équipement nécessaire, y compris artillerie et tanks légers. Tout cela est subordonné, évidemment, à l'accord des gouvernements anglo-saxons.

Ceux-ci semblent accueillir l'idée favorablement car, quinze jours plus tard, deux officiers anglais sautent au-dessus de Cosne-d'Allier avec mission de rencontrer Coulaudon. Il s'agit du capitaine John Hind Farmer et du lieutenant féminin Nancy Fiocca-Wake, vigoureuse et brune jeune femme d'origine à la fois marseillaise et australienne. Son premier contact avec le colonel *Gaspard* est assez difficile :

« J'arrive, dit-elle, avec de l'argent ; les armes vont suivre. Mais en échange, je veux le commandement.

— Le commandement de quoi ?

— Des forces dont vous disposez dans cette région.

— C'est une plaisanterie ?... Je devrais donc me mettre sous vos ordres ? Moi, Français et Auvergnat ? Vous, dont les ancêtres ont brûlé Jeanne d'Arc ?

— C'est vous qui plaisantez, à présent. Mais je ne suis pas venue pour ça. Il faut que nous nous entendions !

— Je ne demande qu'à m'entendre avec vous. A condition que les ordres que vous me donnerez coïncident exactement avec ceux du général Kœnig, responsable national des Forces Françaises de l'Intérieur.

— Ne combattons-nous pas pour la même cause ?

— Sans doute. Mais supposez que, sur un point

précis, les intérêts de la grande Angleterre ne soient pas rigoureusement les mêmes que ceux de la petite France ? Cela s'est déjà produit. Cela peut se reproduire. Je vous prie donc de faire passer vos ordres par le bureau du général Kœnig dont vous avez l'adresse. »

Sur cette base, la coopération devient possible. De toute manière, *Gaspard* voit dans l'arrivée de la mission anglo-australo-marseillaise une première étape du plan Caïman. Un second parachutage semble en être la suivante : celui de la mission interalliée « Benjoin » composée de quatre officiers : le major anglais Cardozo, chargé de l'inspection des maquis ; le capitaine français Bernard Gouy, instructeur en armements ; le lieutenant américain d'origine canadienne Lebaigue, chargé de répartir les armes ; le sous-lieutenant français Trollet, opérateur radio. Ces hommes sont accompagnés d'armes et de matériel de transmission. C'est l'enthousiasme dans tout le maquis de la Margeride. Toutefois, les nombreuses demandes envoyées à Londres du 15 ou 20 mai ne seront qu'en partie satisfaites. N'importe : on ne doute plus désormais de la prochaine naissance du réduit, laquelle devrait précéder immédiatement le débarquement. Henry Ingrand est déjà venu s'installer au centre du dispositif, à l'écart de la maison forestière.

Cependant, la Gestapo multiplie ses coups de filet, la répression s'intensifie contre les saboteurs et les maquisards. Aussi, dans le but de préserver les hommes et de préparer le quadrilatère de réception de la Force C, le Comité régional de Libération décide-t-il une mobilisation générale de tous ses volontaires. Celle-ci commence le 20 mai : des placards tricolores sont affichés aux portes des granges, des cafés, des églises, des écoles, des mairies, des bureaux de poste, parfois même des gendarmeries. Les effets sont immédiats. De toutes parts, des hommes, jeunes ou vieux, affluent vers les maquis du mont Mouchet, de la Truyère, de Saint-Genès-Champespe, de Venteuges. Un colonel d'active, Jean Garcie (*Jitomir*), ancien directeur de l'Ecole d'enfants de troupe de Billom, organise le système défensif de la Margeride, fait creuser des tranchées, installer des emplacements de combat avec sacs de sable. Les Allemands sont informés de ces préparatifs par un petit avion de reconnaissance, le « mouchard », qui survole fréquemment le plateau.

Le 2 juin, quatre jours avant le débarquement, commence la bataille du mont Mouchet que j'ai longuement racontée par ailleurs. Première attaque, première victoire. La 2e, la 3e, la 12e compagnie, renforcées par le corps franc des Truands, après huit heures de combat, obligent un bataillon de S.S. à se replier, lui tuant une trentaine d'hommes. On se rend compte toutefois de l'insuffisance de l'armement, et l'on continue d'envoyer à Londres de pressants appels.

Et voici que tombent les premiers parachutages américains. Il s'agit d'étranges containers en carton-pâte qui arrivent au sol brisées comme des œufs-surprises : à l'intérieur, un chargement d'armes disparates, allemandes ou italiennes, raflées sur les champs de bataille africains. Les maquisards restent songeurs et déçus devant cette brocante. Heureusement, l'annonce du débarquement en Normandie relève les enthousiasmes. On attend avec impatience la venue des bataillons du ciel qui doit mettre en œuvre le plan Caïman.

Cependant, de longues colonnes ennemies montent vers la Margeride. Dès le 9 au soir, elles sont évaluées à 1 500 camions, appuyés par des chars et de l'artillerie. En tout, au moins 8 000 hommes. Dans un rayon de dix kilomètres autour du mont Mouchet, elles incendient les villages et les fermes isolées, fusillent les habitants : 26 à Ruynes, 13 à Clavières, 11 à Pinols. Le maire de Clavières, François Broncy, ceint son écharpe tricolore et dit : « J'ai fait l'autre guerre, je connais les Allemands, je vais essayer de parlementer avec eux. » On retrouvera plus tard son cadavre calciné dans les décombres d'une maison.

Pendant toute la journée du 10, les S.S. attaquent furieusement en direction de la maison forestière. Les bazookas, les grenades Gammon font merveille contre leurs automitrailleuses. Les obus de mortiers allemands pleuvent aussi sur la forêt. On voit alors une compagnie d'infanterie allemande monter à l'assaut à découvert, en ordre de parade, comme à l'exercice. Un feu violent de la 9e compagnie la met en déroute. Sur la face nord, les Truands attaquent une colonne ennemie à la grenade, incendient seize camions. Leur chef Jean Mazuel (*Judex*) anime ses hommes au moyen de ce raisonnement :

« Dès l'instant où vous avez tué un Boche ou un milicien, votre vie est d'avance vengée. Tout le temps dont vous disposez d'elle ensuite, vous n'avez plus de crainte à avoir pour elle : c'est un cadeau du ciel. Alors, profitez-en pour bien vous en servir. »

Il y a dans cette façon de mettre en balance la vie et la mort quelque chose qui touche au pari de Pascal, bien que *Judex*, ancien mineur, n'ait jamais lu les *Pensées*.

Au cours de la nuit, l'état-major ordonne l'évacuation du matériel par la route encore libre, via Paulhac et le Malzieu, vers le réduit de la Truyère. Lui-même abandonne la maison forestière. Le dimanche 11, dès neuf heures, les Allemands repartent à l'assaut avec de grands moyens : artillerie, chars, aviation. Les bombes et les obus écrabouillent l'ancien P.C., déciment les rangs des F.F.I. Les 26e et 27e compagnies, formées de jeunes Cantaliens, se distinguent par leur acharnement. Aux Quatre-Routes, Marcel Ray (*Danton*) attaque avec ses trente hommes les colonnes allemandes juste au moment où un peloton allait fusiller le maire et l'instituteur de Pinols : ceux-ci échappent miraculeusement à l'exécution, tandis que *Danton*, un moment plus tard, tombera à la Font-du-Faux.

Les combats se poursuivront les jours suivants après la jonction avec les maquisards de la Truyère sous les ordres du colonel Mondange (*Thomas*). Dans la nuit du 16 au 17 juin, des tonnes de matériel et d'armes tombent de vingt-huit bombardiers anglais et permettent d'armer de nouveaux volontaires. L'effectif total est alors d'environ 5 800 hommes. Le 20 juin, ils subissent l'assaut de quatre colonnes blindées allemandes appuyées par l'aviation et l'artillerie. Les troupes ennemies occupent Chaudes-Aigues et fusillent à tour de bras. Les F.F.I. doivent rompre le contact et se disperser. Mais leurs compagnies se reconstituent au mois de juillet. Il n'est plus question du plan Caïman. Toutefois, en l'honneur sans doute de notre Fête nationale, des avions américains laissent tomber du ciel un grand nombre de containers accrochés à des parachutes tricolores. L'opération se produit en plein jour, à Pleaux, à l'ouest d'Aurillac, très loin par conséquent du « quadrilatère », et le matériel est destiné à l'O.R.A. (Organisation de Résistance de l'Armée) formée uniquement de militaires de carrière. Les paysannes du lieu courent sur le terrain à la poursuite des parachutes afin d'en faire des chemises. Tel est l'ultime avatar de la Force C.

Toute leur vie, les rescapés des réduits cantaliens auront le regret de cette grande occasion manquée d'une libération par l'intérieur qui aurait affirmé la contribution française à l'effort des Alliés, facilité les débarquements A et B, abrégé de plusieurs jours la résistance allemande, sauvé sans doute la vie de milliers de combattants des plages. Pendant un quart de siècle, Emile Coulaudon se posera vainement cette question : « Qui donc s'est opposé au plan Caïman ? » La réponse lui viendra à Colombey-les-deux-Eglises, le jour où il rencontrera aux obsèques de Charles de Gaulle le général Billotte :

« Qui donc ?... Roosevelt. Et lui seul.

— Mais pourquoi ?

— Il n'aimait ni de Gaulle ni la Résistance française. Toutefois, la raison officielle fut la suivante : " Il faut, dit-il, que les Français ne doivent leur libération qu'à eux-mêmes ! " Appréciez-la comme vous voudrez. »

LES GRANDES HEURES DU BRIGANDAGE

PENDANT des siècles, l'Auvergne eut, comme la Calabre, la renommée d'être une terre de brigands. Les lieux-dits en témoignent encore : col de Cure-Bourse, col de la Croix de l'Homme-Mort, col de la Mort-Raynaud, pont des Trois-Coquins, bois de Coupe-Gorge, bois de la Malegoutte, rocher des Pendus, fourche de Cébazat (où se dressaient les potences), tour des Voleurs... C'est que les malandrins de toutes sortes trouvaient dans nos montagnes des refuges inaccessibles où pas même le soleil ne pénétrait. Les voyageurs de conséquence faisaient de longs détours plutôt que de traverser une région où toutes les classes de la société participaient aux rapines : certains seigneurs n'hésitaient pas à piller et incendier même les églises ; des curés y devenaient contrebandiers ou assassins ; des abbés mettaient leur propre monastère en coupe réglée ; la fausse monnaie circulait partout ; les femmes n'osaient s'éloigner de leur maison de peur d'être « ravies ».

Le grand banditisme fut très probablement une conséquence directe des croisades. Tout le monde n'avait pas entrepris le voyage de Palestine pour le bon motif. De nombreux pèlerins de sac et de corde, qui n'avaient pas trouvé là-bas les délices promises, refluèrent vers leur point de départ, avec des milliers de kilomètres dans les jambes et rien dans l'escarcelle. Ils avaient pris sur les terres infidèles la douce habitude de rançonner les villes, de violer les femmes au cri de « Dieu le veut ! » Au retour, ces hommes de mauvaise foi se répandirent dans les campagnes françaises et entreprirent de se nourrir sur le dos de l'habitant : on les appela, pour des raisons mal connues, « brabançons » ou « cotereaux ». Ils attaquaient les maisons des manants, les communautés religieuses, parfois les châteaux dont les maîtres étaient encore retenus en Palestine. Dans le Limousin, une troupe de cotereaux s'empara de Malemort-sur-Corrèze et la mit à sac. L'abbé de Saint-Martial et l'évêque de Limoges durent prêcher une croisade contre ces décroisés. Nobles, bourgeois et vilains réunis les écrasèrent le jeudi saint de l'an 1177 : il en resta mille cinq cents sur le carreau.

En Bourgogne, ils s'en prirent à l'abbaye de Cluny. Pour les arrêter, les moines ne voulurent pas recourir aux méthodes énergiques de leurs collègues limousins, et se contentèrent d'organiser une belle procession avec cierges et cantiques. Au terme de la rencontre avec les brabançons, on ne retrouva à peu près rien des processionnaires, excepté quelques bouts de chandelle.

En 1208, une croisade nouvelle est lancée en France même par le pape Innocent III, le mal nommé, contre les *albigeois*, ou *cathares*, ou *parfaits*. A Montpellier, dans une conférence tenue aux cisterciens, saint Dominique avait suggéré :

« Ils se prétendent parfaits ? Ayons raison d'eux, mes frères, en nous faisant plus parfaits encore ! Adoptons l'austérité qui leur a valu la faveur populaire ! »

Les abbés avaient d'abord applaudi, renvoyé leurs montures, leurs pages, leurs domestiques, quitté leurs sandales, mis de l'eau dans leur vin. Mais, après une brève expérience, ils s'étaient lassés des mélanges, des cailloux et des ronces, avaient regagné leurs confortables monastères. Le Saint Père alors suggéra une autre méthode : « Détruisez les Albigeois ! » Tout leur territoire se trouva bientôt à feu et à sang ; Béziers fut à ce point traité qu' « il n'y resta chose vivante au monde ». Parmi les incendiaires figuraient Bertrand de Chalençon, évêque du Puy, Robert de La Tour, évêque de Clermont, et son frère Guy II, comte d'Auvergne.

Quelques groupes de cathares survivants, avides de vengeance, quittèrent le Midi, se répandirent sur les montagnes du Massif Central, attaquant à leur tour fermes, églises, villages, avec une grande férocité. On les appela les *faidits* (les bannis). Et ce terme prit place bientôt aux côtés de *brabançons* et *cotereaux*, pour désigner les bandits de grand chemin.

Les Tuchins.

D'un mal en naît un autre. Au XIVe siècle, des bandes anglo-gasconnes pénètrent en Auvergne, venant de la Guyenne, et réussissent à s'installer dans mainte place forte, après en avoir tué ou chassé les occupants. C'est ainsi qu'ils occupent Carlat, Châteauneuf-de-Randon, Chaliers, Alleuze. Plusieurs fois, ils s'attaquent à Saint-Flour. Mais la cité drapière, merveilleusement retranchée sur son plateau basaltique, oppose aux assaillants ses orgues inexpugnables, l'épaisseur de ses remparts, la détermination de ses consuls et de ses habitants ; et même les prières d'une recluse, enfermée volontairement et pour sa vie dans une masure, sur le Pont-Vieux. Ils se rabattent sur des os moins durs à briser, s'en prennent aux convois qui traversent la région, chargés de draps, de pelleteries, de vin ou d'épices ; aux abbayes ; aux paysans. Alors, les dépouillés se font souvent dépouilleurs à leur tour. Des bandes de vilains se forment : chassés de leur masure par l'incendie ou le pillage, ils entendent se rattraper sur moins pauvres qu'eux. Ce sont les *Tuchins*, ou *Tue-Chiens* : ainsi nommés parce qu'ils ont coutume d'assommer les chiens, ce qui facilite leurs entreprises et leur procure les peaux dont ils se revêtent. Ils manifestent une haine féroce contre les riches, dont ils exigent des rançons exorbitantes.

En 1384, la milice sanfloraine, renforcée par les troupes royales, venge les chiens de la Planèze en opérant elle-même un grand massacre de ces massacreurs.

Les brigands des châteaux.

Mais les pires méfaits étaient commis par les seigneurs qui auraient dû, suivant leurs principes de chevalerie, ne se servir de leurs armes que pour défendre le droit, la justice et les faibles. Certains d'ailleurs étaient en même temps religieux ou abbés, ce qui ajoutait au paradoxe.

Au XIVe siècle, ils recevaient l'exemple de haut, puisque le duc Jean de Berry, fils de Jean le Bon, héritier de l'Auvergne, exerçait sur elle un gouvernement de pillage et de brigandage. Tandis que son frère Charles V s'appliquait avec l'aide de Du Guesclin à chasser les Anglais de France, lui, sur ses terres, trouvait plus commode d'acheter leur départ, quitte à faire suer le bliaud de ses vilains et de ses bourgeois pour obtenir les rançons. Chaque année, il exigeait une « levée exceptionnelle » : pour payer les *pactis* avec les routiers ; pour entretenir ses soldats ; pour son mariage ; pour construire ou tranformer ses châteaux. A Riom, il fit jeter bas l'ancienne forteresse construite par Alphonse de Poitiers, n'en conservant que le donjon où il enfermait ses opposants. Ses architectes, André et Guy de Dammartin, édifièrent une gracieuse résidence, crénelée, dentelée, hérissée de flèches et clochetons ; on en posa même un sur l'énorme tour pour l'affiner. Dans une immense salle de réception, où deux cents convives pouvaient souper sous la colossale cheminée, le duc traitait avec faste ses favoris, ses musiciens, ses poètes, ses courtisanes, ses bateleurs. Il y donnait des fêtes dignes du shah de Perse. Il aimait pour lui-même les toilettes extravagantes, les joyaux, les plumets. Les fameuses *Très riches heures du duc de Berry* le montrent coiffé d'un bonnet d'écarlate bordé d'hermine, dans une robe traînante à triples manches, pendantes, boursouflées, garnies de galons. Afin de payer tout cela, les Etats de la province multipliaient les assemblées, s'y plaignant amèrement des exactions du duc. Il fit incarcérer successivement les consuls de Riom, de Saint-Flour, de Montferrand, qui prétendaient contrôler l'emploi de leur argent. A Aurillac, ses sergents durent livrer aux habitants de vrais combats de rues. Tandis qu'il affamait ainsi ses sujets, juifs et chrétiens, il entretenait dans son château de Nonette des volières, une meute de mâtins d'Auvergne, une ménagerie d'animaux exotiques. A partir de 1388, il exploita son premier beau-père, le comte d'Armagnac, et lui arracha plusieurs domaines.

Les victimes faisaient parfois appel à la justice du roi. Mais celui-ci n'avait pas grand pouvoir pour leur donner satisfaction. Bien à l'abri dans leurs châteaux-forteresses, entourés d'hommes d'armes, les seigneurs, grands et petits, se moquaient de ses jugements. Il préférait sauver la face en leur accordant toute rémission de leurs crimes pour peu qu'ils en fissent la demande. Il arrivait alors ce qui toujours se produit quand la loi fait montre de faiblesse : les particuliers se rendaient justice eux-mêmes.

Egyptiens et Bohémiens.

Parmi ceux qui « roulaient » les chemins et rançonnaient les paysans, les « Egyptiens et Bohémiens » étaient particulièrement redoutés. Si bien qu'un arrêt du Parlement de Paris, en 1612, les bannit entièrement du royaume. Dès lors, les archers des prévôts leur donnèrent la chasse, les obligeant soit à passer les frontières, soit à se réfugier dans les régions les moins accessibles, spécialement la Haute Auvergne.

Durant tout l'été de 1750, les environs de Collandres, près de Riom-ès-Montagnes, furent mis en coupe réglée par une de ces bandes, composée de quinze hommes, quatre femmes, trois chevaux et de tout leur armement, vêtus de haillons disparates ou d'habits galonnés, fruits évidents de leurs rapines. Une de ces Egyptiennes jouait du violon aussi bien que du pistolet. Ils s'attaquaient spécialement aux vachers des burons, se faisaient remettre sous la menace beurre, fromage, pain, emmenaient quelquefois une bête. Une battue fut organisée, avec le concours des gendarmes. Le 25 août, un grand nombre d'habitants se présentèrent armés de fourches, de piques à loups, de fusils. Ils s'enfoncèrent dans les bois de Marlhou, près de Trizac, où la bande avait coutume de se retirer. Au dernier moment, la maréchaussée de Mauriac ne se présenta point, sous prétexte que les chemins étaient difficiles et que sa présence serait sans effet : les autorités du temps se plaignaient fréquemment de son manque de zèle. L'encerclement espéré fut donc impossible. Toutefois, les Egyptiens furent suffisamment effrayés ; ils se retirèrent et allèrent se faire pendre ailleurs.

Marsan, le voleur de chevaux.

Quelques années plus tard, un nommé Marsan, originaire de Menet, fit de la même région une espèce de

Far West en se spécialisant dans le vol des chevaux. Malgré les efforts des shérifs, M. de Malessaigne, subdélégué à Bort, et de Tournemire, subdélégué à Mauriac, la maréchaussée demeurait dans sa traditionnelle inertie. La bande comprenait Marsan et ses trois frères, une dizaine d'autres voleurs et un grand nombre de complices d'occasion, notamment certains cabaretiers et aubergistes qui leur donnaient retraite et dissimulaient les chevaux volés. De temps en temps, les Marsan disparaissaient, pour se livrer à leur industrie dans les provinces voisines, en Quercy ou en Limousin. Des placards étaient affichés aux portes des églises, portant défense à quiconque de les loger et ordre à la force publique de se saisir de leurs personnes.

En novembre 1752, Marsan fut reconnu à Egliseneuve-d'Entraigues par six colporteurs de passage et dénoncé séance tenante. Comme, exceptionnellement, il se trouvait seul, son arrestation eut lieu sans difficulté, dès le lendemain, dans l'auberge de François Papon, encerclée par un certain nombre de volontaires, un huissier, un sergent et deux soldats. Marsan se rendit sans résistance, et fut enfermé dans la prison d'Egliseneuve ; on lui lia les mains et les pieds au moyen de deux chaînes fabriquées par le forgeron local ; on l'attacha au pilier de son lit par une corde lui ceinturant le corps. La geôle ne disposait que d'une fenêtre très élevée, inaccessible, et donnant sur un précipice affreux. Enfin, on établit une garde de trois hommes : le geôlier armé de son fusil, l'huissier de son épée, le sergent de sa hallebarde. En dépit de ces extraordinaires précautions, dès le lendemain, l'oiseau avait quitté sa cage, abandonnant sur le sol cordes, chaînes, cadenas, souliers. Il s'était enfui, d'après le rapport de l'huissier, « par la fenêtre comme s'il avait volé ». Il fallait que Marsan eût un pouvoir magique, ou qu'il eût réussi à corrompre ses gardiens, les amenant à quelque cachette où il avait dissimulé de l'or. Cette dernière version fut confirmée par le bandit lui-même, qui se vanta dans le pays de les avoir achetés.

Ceux-là furent arrêtés, puis relâchés faute de preuve. Quant à Marsan, il rejoignit sa bande et reprit le cours de ses exploits.

Mandrin.

Le système fiscal à la veille de la Révolution était un extraordinaire mélange d'incohérence et de poésie. Chaque province avait ses tarifs particuliers. Les droits de péage s'additionnaient d'étape en étape et portaient quelquefois les plus jolis noms du monde. Tels *le droit de septembre, le grand et le petit pied fourché, le vingtain de carême, le passe-debout, les chemins obliques, le miel et la cire, le trop-bu, la branche de cyprès, le denier de Saint-André, la table de mer, le liard du baron...* En ce qui concerne la « gabelle », impôt sur le sel, la France était divisée en pays de grande gabelle, pays de petite gabelle, pays de salines, pays rédimés, pays exempts, pays de quart-bouillon, pays de franc-salé. En Auvergne, pays rédimé pour s'être une fois pour toutes délivré de l'impôt en versant, sous Henri II, une somme forfaitaire, les prévôtés de Brioude, de Langeac, d'Auzon et de Saint-Flour payaient néanmoins des droits, ce qui entraînait de grandes disparités dans le prix de la marchandise suivant qu'elle se vendait au nord ou au sud du pays.

De cette situation naquit le faux saunage, la contrebande du sel, qui attirait une quantité d'hommes heureux de gagner jusqu'à cent livres par mois et, en même temps, de nuire aux publicains royaux, gabelous ou gapians, collecteurs, fermiers généraux, entreposeurs de sel et de tabac. Par la même occasion, ils transportaient sans droits le tabac à pipe et à chique et des tissus venus de l'étranger : mousselines, toiles de coton indiennes, soies pures ou mêlées d'or et d'argent. Plus exceptionnellement, ils introduisaient des montres et des bijoux suisses, des livres à l'usage des protestants, des teintures. La plupart de ces contrebandiers venaient du Dauphiné ou de la Savoie ; on les appelait *margandiers, camelotiers, porte-col.*

Les fermiers généraux, concessionnaires exclusifs de la perception des divers impôts, à charge pour eux d'en reverser à l'Etat une partie, opposaient à ces clandestins des gardes armés, recrutés de bric et de broc, tous grassement payés. Ils portaient uniformément le sobriquet de *gapians,* quel que fût leur titre officiel. Leur prépotence, leur brutalité les faisaient haïr de tous. Ils brisaient les pipes entre les dents des fumeurs, ou obligeaient à coups de poing les chiqueurs à cracher, sous prétexte qu'ils reconnaissaient l'odeur du tabac de contrebande. Il leur arrivait aussi fréquemment de tirer sur des margandiers véritables ou supposés et de les « homicider ». Ainsi, dans la nuit du 6 au 7 juillet 1753, un gapian hèle un batelier qui descendait le Rhône ; avant que l'homme ait eu le temps d'accoster, il reçoit une décharge qui le foudroie. On ne trouve dans sa barque aucune marchandise prohibée. La famille de la victime intente une action en dommages et intérêts à l'adjudicataire des Fermes, employeur du garde. Mais l'un et l'autre sont acquittés et la famille déboutée, avec ces considérants : « les marchandises de contrebande descendant le Rhône en grandes quantités, le garde n'a fait que son devoir ; les employés de la Ferme ne peuvent forcer les bateaux à accoster qu'en tirant sur les mariniers, dès l'instant que ceux-ci n'arrivent pas au premier cri ; il est indifférent de savoir si la barque de la victime contenait ou non des articles de contrebande, vu que le garde l'ignorait. »

Devant une telle situation, les faux sauniers s'organisent : ils forment des troupes de soixante, quatre-vingts, cent hommes armés et décidés. Très braves devant les faibles, les gapians le sont généralement beaucoup moins devant les contrebandiers en armes. Ceux-ci obtiennent en outre la complicité des petites gens ; malgré les interdictions, les aubergistes et cabaretiers les accueillent ; les curés se font souvent leurs amis, cachant les hommes et la marchandise jusque dans leurs églises ; les soldats des régiments réguliers achètent de leur tabac. Ils gagnent parfois l'amour et l'admiration des femmes, souvent enfin l'auréole du martyre, l'immortalité que confèrent les complaintes et la légende.

Louis Mandrin fut le modèle de ces brigands bien-aimés. Après avoir été enfant de chœur, puis honorable commerçant dauphinois, il s'était jeté dans la clandestinité à la suite d'une bagarre confuse qui avait coûté la vie à deux hommes. Ce qui, par contumace, lui avait valu une condamnation à la roue. On ne put alors se saisir de lui, mais ce n'était que partie remise. En 1753, il devint chef de bande. Un correspondant de la *Gazette de Hollande,* qui le vit en Savoie, fait de lui le portrait suivant : *Il est assez beau de visage, bien fait, fort robuste et agile. A ces qualités de corps il joint un esprit vif et pénétrant, des manières aisées et polies. Il est prompt à venger une offense. Il est d'une hardiesse et d'une intrépidité à toute épreuve, d'un sang-froid et d'une présence d'esprit admirables dans le danger. Patient et laborieux à l'excès, son courage lui fait tout entreprendre, tout supporter pour satisfaire son ambition.* Le signalement diffusé par la police ajoute les détails suivants : *taille,* 5 *pieds,* 4 *pouces* (1,73 *m*)*; cheveux châtains tirant sur le blond, courts, non frisés ; yeux enfoncés, sourcils non fournis ; visage gros, ovale, un peu marqué de petite vérole ; nez proportionné et assez bien tiré ; bouche assez grande, un peu enfoncée ; lèvres ni grosses ni petites ; menton un peu pointu et saillant ; bonne mine, épaules larges, corps vigoureux, bien planté, gros mollets.*

Personnage étrange et contradictoire. Ennemi des employés de la Ferme, dont il trucide un grand nombre, il se débarrasse un jour d'un de ses propres margandiers en le tuant durant son sommeil, simplement parce qu'il ne peut plus suivre la troupe. Mais en même temps, il se montre généreux envers les pauvres, galant envers les dames. Lorsque sa troupe occupe une ville, son premier soin est de délivrer les hommes jetés en prison pour faux saunage ou désertion. A Roanne, il se préparait à faire élargir ainsi une dizaine de prisonniers, quand soudain il y renonce sur cette remarque du gardien-chef :

« Mais il s'agit d'assassins et de voleurs de grand chemin ! »

Lorsqu'il entre en Auvergne, au sommet de sa gloire, Mandrin en est déjà à sa quatrième campagne. Un peintre de Bourg a fait de lui un portrait d'après nature : celui-ci, imprimé à Lyon, s'est vendu à des milliers d'exemplaires. Comme il arrivera plus tard à Salvatore Giuliano, les correspondants de presse sollicitent des entrevues et publient ses hauts faits.

En août 1754, sa bande sort de Savoie malgré le cordon de troupes qui prétendait l'y contenir et vient d'une traite jusqu'à Saint-Georges-d'Aurac, où elle passe la nuit du 25 chez l'aubergiste Comte. Le lendemain, les margandiers à cheval entrent dans Brioude, suivis de vingt-neuf autres montures chargées de « faux tabac ». Rue de la Vieille-Cartellerie, ils cognent aux portes de l'entrepôt, y trouvent la veuve de l'entreposeur, Mme Angélique du Hamel, âgée, malade et alitée. En proférant d'effroyables jurons, ils lui imposent de prendre pour 15 000 livres de leur marchandise, mais se contentent des 6 600 que la dame du Hamel réussit à rassembler, non sans mal. Au milieu de l'après-midi, ils remontent en selle et se partagent en deux corps à la sortie de la ville : l'un se dirige vers Massiac, l'autre vers le Velay, sous les ordres de Mandrin lui-même. A travers bois, celui-ci marche sur

Yssingeaux, puis sur Craponne qu'il atteint le 28. Comme à l'accoutumée, il y rançonne la recette buraliste : l'entreposeuse, Mme Boule, doit emprunter deux mille livres au maire, M. Calemard de Montjoly. Ce dernier exprime devant Mandrin des observations sévères sur le métier qu'il exerce, ce qui lui vaut une amende de cinquante louis « pour les propos malsonnants où il s'était oublié ». Le lendemain, la bande s'éloigne en direction de Montbrison.

Il ne s'écoule guère plus d'un mois avant qu'elle ne revienne. Le 10 octobre, descendant de Saint-Just-en-Chevalet, elle pénètre vers cinq heures du soir dans Thiers par la Porte-Neuve, forte d'une centaine d'hommes à cheval, précédés de deux joueurs de fifre. Les brigands se répandent dans les rues, tirent en l'air des coups de carabine pour effrayer la population, occupent les auberges et les carrefours. Vêtus de guenilles, coiffés de larges chapeaux, un mouchoir rouge autour du cou, ils sont armés jusqu'aux dents : épée, fusil avec baïonnette, pistolets dans la ceinture. Leur chef est beaucoup mieux mis : habit de drap gris, veste de panne écarlate à petits carreaux, cravate de soie, chapeau retroussé et bordé d'or, large ceinture d'où pend un couteau de chasse, guêtres de ratine. Parmi ses compagnons, on reconnaît plusieurs colporteurs dauphinois venus précédemment vendre à Thiers leurs bagatelles, et aussi deux ou trois enfants du pays, tel ce mauvais sujet d'Antoine Barge, fils du forgeron.

Bien renseigné, comme toujours, sur le domicile et la qualité de ses victimes, Mandrin se rend chez la dame Mellore, entreposeuse. Il exige d'elle 5 000 livres en échange du tabac qu'il va leur laisser.

Pendant ce temps, d'autres brigands s'en prennent au receveur du sel, M. de Manovelly, habitant derrière l'église Saint-Genès, place de la Chabre, face à l'hôtel de ville. Ils demandent vingt mille livres, lui ne dispose que d'un millier. « Paye ! Ou par les quatre cents cornes du diable, tu vas brûler ! » menacent-ils, en débitant un certain nombre d'autres jurons à faire dresser les cheveux sur la tête. Et le receveur : « Seul, M. de Riberolles peut me prêter ce qui manque. » On se met en marche pour le 29 de la rue Conchette, où habite ce riche négociant. Le receveur du sel implore :

« Si vous me refusez votre secours, vous aurez ma mort sur la conscience ! »

Autour d'eux, les carabines sont une centaine. Le vieil homme finit par céder ; cependant, il marchande sou à sou. Mandrin consent un rabais. M. de Riberolles revient avec trois sacs d'écus. En échange desquels le contrebandier laisse neuf quintaux de tabac, de médiocre qualité, et un reçu en bonne et due forme : *Je déclare avoir resu du sieur Manovelly cinq mille livres pour tabat de contrebande, L. MANDRIN.*

D'autres brigands ont conduit les chevaux vers l'abreuvoir banal : on en a compté quatre-vingts. Les coups de feu tirés en l'air continuent, si bien que personne n'ose mettre le nez dehors.

Le lendemain, vers les deux heures de relevée, les contrebandiers se retirent. La bande esquisse une fausse marche en direction de Puy-Guillaume ; mais elle revient sur ses pas et se dirige vers Ambert où elle arrive le 12, sur les onze heures du matin, par la porte de Clermont. Elle cherche des écuries pour ses montures et les loge chez les divers aubergistes de la ville, Antoine Mayet, Jacques Sabatier, Claudine Caillet, veuve Chesles ; chez les cabaretiers Chaumond, Fuzon et Chaptard ; chez l'estaminier Ribeyron. Elle paie exactement le foin, l'avoine, le pain, la viande, le vin qu'on lui fournit.

Un édit de 1729 obligeait les habitants d'une ville attaquée par des brigands à sonner le tocsin. Aux premiers sons de cloche, les margandiers se saisissent des serviteurs de l'église, leur conseillant de se tenir tranquilles s'ils ne veulent être pendus à la pointe du clocher. Puis ils répètent leurs exactions chez

Mme Artaud, débitante de tabac, et M. de Lussigny, entreposeur. La première doit accepter trois ballots de tabac interdit, et le second six ; chacun reçoit un beau reçu des sommes extorquées.

« Pour vous, M. de Lussigny, ajoute Mandrin, je veux faire mieux, afin de vous prouver combien j'ai souci de l'honnêteté en affaires. J'entends vous donner quittance de votre argent devant le notaire de votre choix. Vous pourrez ainsi prouver à vos supérieurs de la Ferme que je vous ai fait violence, et que rien ne doit vous être reproché. »

L'entreposeur accepte, et choisit l'étude de maître Herbuer-Laroche, et deux témoins de rencontre, le peintre Ratier et le marchand Henri Faure. D'une main quelque peu tremblante, assez troublée pour y perdre une part de son orthographe, pas assez toutefois pour oublier de parer de majuscules le redoutable comparant, le notaire rédige l'acte ci-dessous, sur papier « formulé », sorti d'un moulin même de la région ambertoise :

Aujourd'hui douze octobre mil sept cents cinquante quatre environ l'heure de midy devant le notaire soussigné et en présence des témoins cy apprès nommés, a comparu Mr Jean-Philippe-Joseph Lusiny entre pozeure de tabacs en cette ville d'Ambert, y habitant, avec le Sieur Louis Mandrin Marchand et Chef des Contrebandiers à la teste de cent vingt hommes, lequel dit sieur Lusiny nous a déclaré comme l'a reconnu le dit Sieur Mandrin avoir pris par forcement dudit Sieur Mandrin et de sa Troupe pour la somme de trois milles livres de tabac de Contrebande en six balles pezant environ six quintaux, de laquelle déclaration ledit sieur Lusiny nous a requis acte ainsy que de l'aveu dudit Sieur Mandrin icy présent, que luy avons octroyé pour luy valloir et servir ce que de raizon.

Pendant ce temps, un autre margandier, nommé La Faye, oblige Mme de Lussigny a accepter un paquet de mouchoirs d'indienne pour la somme de cinquante-six écus. Elle se plaint audacieusement à Mandrin de ce prix exorbitant :

« Que voulez-vous, Madame ! C'est un prix de Fermier général !

— Tout de même ! Cinquante-six écus pour vingt-six mouchoirs !

— Combien dites-vous qu'il y en a ?

— Vingt-six ! Comptez-les vous-même ! »

Il fait appeler La Faye : « Je partage l'avis de Madame : tes prix sont exagérés, étant donné la marchandise vendue. Tu vas rendre illico à Madame la somme de vingt-six écus, car tes mouchoirs n'en valent pas plus de trente ! »

Surprise et charmée par tant de galanterie, Mme de Lussigny remercie le chef de bande et envoie quérir une bouteille de vin vieux dont Mandrin accepte de boire un gobelet. On conservera longtemps dans la maison ledit gobelet, comme une sainte relique.

Le lendemain, le maréchal-ferrant Pierre Chometton est requis de ferrer plusieurs chevaux et d'en soigner un d'une enclouure ; il touche pour sa peine les cinq livres et sept sous demandés. D'autres débitants de tabac sont rançonnés, tandis que les indiennes aux vives couleurs, étalées sur la place publique, attirent les acheteuses. Le 13 octobre, vers cinq heures, les malandrins décampent enfin.

Or, à la nuit close, M. de Lussigny, qui avait par bonheur fermé ses portes à barres et à verrous, entend cogner aux volets. C'est le margandier La Faye qui, mécontent d'avoir dû rendre trente écus, est revenu bride abattue, avec l'espoir de les récupérer. Ses coups de poing restant sans effet, il s'en retourne en jurant comme un Turc.

A Arlanc, la compagnie malmène quelques bourgeois et gapians, menace de les brûler dans leur maison si quelqu'un s'avise de sonner le tocsin, les oblige à emprunter l'argent qui leur manque :

« Allons, jean-foutres ! Trouvez-en ! Vous en trouveriez tout de suite s'il en fallait pour nous faire pendre ! »

Scrupuleusement, les brigands délivrent des quittances signées *L. Mandrin,* ou *Monsieur Mandrin,* et laissent en échange des balles de tabac. A La Chaise-Dieu, les buralistes se sont enfuis dans la campagne, sauf Jean Richard qui a couru au fond d'une grange s'enfouir sous un tas de paille. Cela n'empêche pas le pillage de son entrepôt. Le lendemain, ils se dirigent vers Le Puy. En cours de route, ils délivrent deux déserteurs que quatre cavaliers de la maréchaussée emmenaient à Lyon, appuyés par les gens du peuple qui lancent des pierres aux soldats. Entre Fix et Saint-Geneix, ils sont attaqués par un détachement de hussards, qu'ils repoussent. Le 16 octobre, vers midi, ils se présentent au Puy devant la porte des Farges.

Les choses vont se gâter. M. Le Juge, capitaine-général des Fermes, a décidé qu'il résistera. Il a armé ses employés et fait monter des tas de pierres aux étages supérieurs pour les jeter sur la tête des assaillants. Ceux-ci longent la vieille enceinte, franchissent la porte Pannessac, suivent la rue du même nom jusqu'à la rue du Consulat où se trouve l'entrepôt. Au moment où ils se présentent, une fusillade jaillit des volets, tue un margandier et en blesse plusieurs autres. Les agresseurs répliquent, grimpent sur les toits voisins pour éviter les pierres, finissent par tuer plusieurs gardes ; les autres prennent la fuite. Mandrin a le bras gauche traversé par une balle, mais la ville appartient aux contrebandiers. Ayant pillé la maison de ses provisions de bouche, ils mettent le mobilier à l'encan : les acheteurs sont convoqués au son du tambour, et l'un des brigands se fait commissaire-priseur. La gendarmerie elle-même se présente et, loin de s'opposer à la vente, elle veille à la régularité des opérations. Dans les greniers, on trouve un dépôt de blé, appartenant à un bourgeois de la ville. Celui-ci accourt, pour défendre son bien. Mandrin consent à ne pas s'en emparer, mais il fait payer au bonhomme une amende pour lui apprendre à ne pas se commettre avec les agents de la Ferme. La journée se termine par des réjouissances : les margandiers dansent et chantent au son de leurs fifres et de leurs tambours.

On les trouve ensuite à Pradelles, Langogne, Saint-Bonnet-le-Château, Montbrison, où Mandrin fait soigner sa blessure par un chirurgien. Il accepte un bol de bouillon que lui offre une admiratrice apitoyée. Comme on lui représente que sa blessure exige du repos, il prononce un mot historique : « En France, il n'est point de repos pour moi. Mais bientôt je serai à l'étranger, et là je me reposerai. » Par petites étapes et par petits pillages, délivrant chaque fois des prisonniers dont certains grossissent sa bande, il se dirige vers la Suisse. Ayant franchi la Saône, il rencontre la voiture du baron d'Espagnac, ex-aide de camp du maréchal de Saxe à Fontenoy. Lorsqu'il apprend à qui il a affaire, il demande une faveur :

« Monsieur le mestre de camp, je vous serais très obligé si vous acceptiez de passer mes gens en revue et de les faire manœuvrer quelques minutes. »

Comment refuser ? Voici donc le baron, sur le propre cheval de Mandrin, criant ses ordres aux margandiers, les faisant volter, s'arrêter, pirouetter tant bien que mal. Plutôt mal que bien.

« Je suis émerveillé, conclut-il, de l'exactitude et de la rapidité de leurs mouvements ! Mes félicitations tout de même ! »

En remerciement, Mme d'Espagnac recevra, dans un rouleau de carton, une étoffe des Indes de l'impression la plus fine.

Tandis que Mandrin et les siens se reposent sur les rives du lac Léman, ses portraits se vendent partout en France, son nom est dans toutes les bouches.

Son voisin Voltaire écrit : *Le peuple aime ce Mandrin à la fureur. Il s'intéresse pour celui qui mange les mangeurs de gens.*

Dans le royaume, on attend son retour avec terreur ou délices, et des bruits circulent :

« Il a dit que les fermiers généraux lui doivent trois millions de livres, et qu'il en fera bientôt le recouvrement !

— Qu'il marchera sur Paris !

— Qu'il pendra quelques-uns de ces messieurs !

— Nous le verrons revenir ! »

En Auvergne, de grands préparatifs se font pour l'accueillir comme il le mérite. Une fois encore, il sort du sanctuaire savoyard. Le 20 décembre 1754, à Gueunand, près d'Autun, il affronte les hussards et les dragons du roi, en tue une quinzaine, en blesse cinquante-sept ; mais ses adversaires incendient les maisons d'où tiraillent les contrebandiers. Neuf sont brûlés vifs, les autres s'échappent par miracle, abandonnant toutes les marchandises, quarante-deux chevaux, quarante fusils ou pistolets, deux chefs prisonniers et trente blessés. Dans la bataille, il a perdu son fameux chapeau galonné d'or, atteint de deux coups de fusil. Mais les témoins reconnaissent que ces hommes se sont battus comme des diables ; le correspondant de la *Gazette de Hollande* parle d'« un véritable prodige militaire ».

Mandrin rassemble les survivants. Au galop de leurs montures, ils foncent vers les montagnes d'Auvergne où ils auront plus de facilités pour échapper à la troupe. En outre, il espère y trouver des renforts. Cependant, la défaite de Gueunand, sa lutte ouverte contre les forces royales lui enlèvent de son prestige. Les gens du peuple refusent à présent de l'aider. Il cherche des consolations dans le vin, en sorte que ses hommes doivent parfois le hisser sur son cheval. Le 22 décembre, ils assassinent un meunier et sa femme qui refusaient de les renseigner. Ils sont à

Noirétable le 23 au matin. Mandrin, neutralisé par la boisson et ses blessures, laisse le commandement de la bande à son lieutenant Bertier. Le soir, ils couchent à la Paterie, près d'Olliergues. Ils en repartent au petit jour en emmenant deux filles qui, « suivant toute apparence, n'ont pas été forcées ». Ils se dirigent une fois encore vers Ambert où ils n'osent entrer, car ils ont entendu sonner les cloches, et savent que la population a reçu des fusils. A Marsac, les gens sont frappés de la tristesse de Mandrin, contrastant avec son ancien enjouement. Il se sait talonné par les chasseurs de Fischer, son vainqueur de Gueunand. A La Chaise-Dieu, il rafle chez le buraliste Grégoire Richard l'argent et cinq douzaines de bagues après avoir roué de coups sa servante : ses bonnes manières ont disparu.

Marchant à travers bois, les margandiers atteignent Fix-Saint-Geneix comme les gens sortent de la messe de minuit, en cette veille de Noël. Ils assistent à la seconde messe, dans leurs haillons et en armes, mêlés aux paysans, et s'y montrent tous d'une grande piété. Ensuite, ils réveillonnent joyeusement chez la veuve Fontaine, cabaretière, et se reposent jusqu'à onze heures du matin. Après quoi, ils se remettent en route, à travers bois, et atteignent avant l'aube suivante le village de La Sauvetat-en-Velay : ils y sont attendus par cent cinquante cavaliers, qui les mettent en déroute.

A ce moment, par un prodige de la renommée, Mandrin se multiplie comme les pains de l'Evangile : on le voit, on le reconnaît simultanément en plusieurs points du Massif Central. En fait, les troupes françaises, violant les frontières de la Savoie, l'arrêteront au château de Rochefort, près de Saint-Genix-sur-Guiers. Sur la protestation du roi de Sardaigne, le gouvernement français payera 35 000 livres de dédommagement.

Conduit à Valence le 13 mai 1755, devant le tribunal d'exception, Mandrin est condamné le 24 à la torture et à la roue ; les débris de son corps devront être exposés aux portes de la ville, sur les fourches patibulaires. On l'en informe le 26 au matin, mais toute la ville le sait déjà. Une foule de curieux converge vers Valence de quinze lieues à la ronde. Autour de la place des Clercs, lieu du supplice, des entrepreneurs ont dressé des estrades où la place coûte une livre. Vers cinq heures de l'après-midi, Mandrin est extrait de sa prison, pieds nus, en chemise, une torche dans les mains, un écriteau attaché dans l'échine où l'on peut lire :

CHEF DE CONTREBANDIERS,
ASSASSIN, CRIMINEL DE LESE-MAJESTE,
FAUX-MONNAYEUR,
PERTURBATEUR DU REPOS PUBLIC.

Il s'avance d'un pas ferme, soutenant son confesseur sur le point de défaillir. A la porte de l'église de Saint-Apollinaire, il prononce la formule de l'amende honorable : « Je demande pardon à Dieu, au Roi et à la Justice... » Puis il se relève et marche vers le lieu de son supplice. La place grouille de spectateurs ; certains sont grimpés sur les toits ou suspendus aux balcons, comme des singes. Autour de l'échafaud, et au premier rang, se pressent les enfants des écoles, venus recevoir une leçon de morale : la justice punissant le crime. Mandrin, attaché aux quatre branches de la « roue », prononce à voix haute et à leur intention une phrase ambiguë :

« Jeunesse ! Prenez exemple sur moi ! »

Il a pris la précaution de retrousser ses manches et sa culotte afin de faciliter la besogne du bourreau. Pour commencer, et sans le moindre soupir, il reçoit neuf coups sur les bras et sur les jambes. Huit minutes après, l'exécuteur compatissant l'étrangle, tandis que des femmes s'évanouissent.

Alors, commence le temps des complaintes, toutes favorables au brigand :

Lorsque Mandrin courait l'Auvargne,
Il fit courir plus vite encor
Gabelous, dragons et gendarmes
Qui des Fermes protégeaient l'or...
Par des faits d'un genre nouveau,
Mandrin consacra sa mémoire.
Sa mort ne ternit point sa gloire,
Il vit au-delà du tombeau...
On le vit dedans Montbrison,
A Bourg, à Cluny près Mâcon,
Qui sont des pays de Cocagne,
Enfiler avec grand fracas
Les commis et les chapons gras...

Il inspirera un poète anonyme qui, sur le modèle de *la Henriade* et de *la Franciale,* écrira une épopée, *la Mandarinade.*

Le Borgne et le Dragon.

Même après le supplice de Mandrin, son nom ne va pas disparaître. Plusieurs brigands l'emprunteront afin de terroriser les populations. Il finira par devenir un nom commun ; on dira bientôt : une troupe de mandrins, aussi bien que de margandiers ou d'arcandiers. Et j'entends encore dans la bouche de ma grand-mère cette exclamation, contre le mauvais sujet que je devais être : « Mandrin ! »

Les belles années du faux saunage continuent aussi. Vers 1768, un ancien compagnon de Louis Mandrin fit parler de lui en Auvergne : Jean-Baptiste Simon, dit le Borgne, natif de Savoie, âgé déjà de soixante ans. Il commandait à dix hommes, avec son lieutenant nommé Massard, un ancien déserteur, portant pour ce motif le sobriquet de le Dragon. Ses principes étaient les mêmes que ceux de leur ancien chef : vivre sur la Ferme, ne pas hésiter à trucider les gapians, respecter autant que possible la vie et les biens des autres personnes, éviter toute inutile cruauté, se montrer généreux quand il le fallait.

Le 1er juin 1768, venant du Forez, le Borgne déboucha en Auvergne par le col de l'Homme-Mort, au-dessus de Saint-Anthème. La bande essuya quelques coups de feu : des gardes en embuscade les attendaient. Mais les mandrins réussirent à les dépister, et le soir ils couchaient à Saint-Anthème, où ils trouvèrent tout le vin, le pain, le foin qu'ils voulaient. Par prudence, et bien qu'il eût été payé, le cabaretier leur fit signer une reconnaissance attestant qu'ils avaient obtenu vivre et couvert sous la menace. Les jours suivants, la troupe du Borgne se dirigea vers Marsac, coucha à Saint-Germain-L'Herm, franchit l'Allier près d'Orsonnette, logea à Vodable. Tout cela sans commettre aucun acte de violence. Au moment où ils se préparaient à repartir, ils se trouvèrent encerclés par une vingtaine de gardes qui blessèrent deux brigands, sans pouvoir les empêcher de s'enfuir en direction de Condat.

Toutes les brigades de la Haute Auvergne sont alors alertées. Le Borgne leur échappe en direction du Limousin ; il y vend tranquillement son tabac, son sel, ses étoffes. Quelques jours plus tard, il revient en Auvergne où il a une revanche à prendre. Il tombe à l'improviste sur le poste de la Ferme de Lamontgie, à l'est d'Orsonnette. Les gapians surpris s'enfuient à travers champs, sauf un qui, en vertu de sa profession, est proprement passé à tabac. La bande emporte les armes et les effets de la brigade, détruit les meubles, les portes, les planchers. Puis elle s'enfuit en direction du Livradois. A Vertolaye, audacieusement, elle se présente en plein jour au poste de la Ferme, demande aux gabelous de lui remettre leurs armes. Mais les gardes résistent : une balle traverse la mâchoire du Dragon. Furieux, les arcandiers livrent assaut à la brigade, capturent plusieurs agents, en tuent deux, mettent les autres en fuite. Après la bataille, ils reçoivent la visite d'un religieux récollet établi dans le bourg :

« Je viens au nom du Christ vous demander de ne pas maltraiter vos prisonniers, de soigner les blessés, de rendre la liberté à ces hommes qui n'ont fait que leur devoir. »

Le Borgne accueille le moine avec déférence, lui promet de l'humanité, sauf envers l'auteur du premier coup de feu qui a si mal arrangé le Dragon, et qu'il veut exécuter de ses mains. Alors, voici que le mandrin blessé intervient à son tour. On l'a sommairement pansé avec une serviette qui lui enveloppe la figure et contient l'hémorragie. Le Dragon se penche vers le gabelou ficelé. Ses mots étouffés et laborieux traversent difficilement la serviette :

« N'es-tu pas Untel ? N'as-tu pas servi dans tel régiment de dragons en telle année ? »

Le captif reconnaît tout cela, et il se trouve que tous deux ont été jadis compagnons d'armes. Alors, Massard, dit le Dragon, sauve la vie de ce gapian qui lui a fracassé la figure pour préserver les impositions royales. On l'abandonne dans ses liens, parmi les décombres du poste, et la bande se remet en route en direction du Forez. Massard porte un grand manteau rouge sur lequel le sang ruisselle. A quatre heures du soir, ils atteignent Valcivières, où ils s'arrêtent pour prier une religieuse de faire un autre pansement au blessé. Ils boivent un peu, puis reprennent le chemin des montagnes. Au hameau de Montauroux, la veuve Chantemerle voit arriver dans sa cour une troupe de onze cavaliers armés jusqu'aux dents. Ils mettent pied à terre, lui demandent à boire, à manger, de l'avoine pour leurs chevaux ; elle s'exécute toute tremblante, mais ils la payent exactement. Massard est à bout de forces.

La nuit les surprend dans les forêts, après une course épuisante de quinze lieues. Ils s'établissent comme ils peuvent sous les arbres et s'efforcent de dormir. Leur conscience est tranquille, mais ils ne trouvent point le sommeil du juste. Car le juste se tourne et se retourne sur sa couche, tourmenté par ses scrupules ; alors que l'impitoyable assassin, la brute sans fissure s'endorment vite et ronflent puissamment. Le lendemain, 18 juin, les mandrins doivent abandonner le Dragon mourant, dans les bois de Verrières, au-delà de Saint-Anthème. On n'entendra plus jamais parler de lui ni de son corps, dévoré sans doute par les loups. Les autres, après une chevauchée ininterrompue, réussissent à regagner la Savoie, où l'on parle français mais où l'on n'a aucun compte à rendre au roi de France.

L'année suivante, en décembre 1769, la bande du Borgne, réduite à sept hommes, reparaît en Auvergne. Le 17, ils couchent aux Pradeaux, aux portes d'Ambert. M. de Lussigny, l' « entre pozeure », écrit une lettre affolée à l'intendant d'Auvergne, M. de Monthyon : *Je vous prie de vous rappeler mes malheurs et mes alarmes continuels pendant quinze années... Délivrez-moi des nouveaux malheurs dont je suis menacé.* Mais les mandrins se dirigent vers La Chaise-Dieu, arrivent à Arlanc où ils étalent leurs marchandises sur la place et attirent beaucoup de pratiques.

Cinq jours plus tard, on les retrouve dans le Cézallier, à Ardes-sur-Couze. Le nommé Prat, surveillant des greniers à sel de la ville, court aussitôt chez Chaussidier, meunier à Barège, près d'Augnat, et lui emprunte un cheval en criant :

« Service du Roi ! »

De là, il galope jusqu'à Sauxillanges, avertit les gardes de la Ferme qui accourent, au nombre de dix-huit, attaquent les contrebandiers entre Ardes et Saint-

Germain-Lembron. Le Borgne, blessé d'une balle à la jambe, est capturé avec deux de ses compagnons. Les quatre autres, avertis du service rendu par le meunier de Barège au surveillant, courent à son moulin. Mais il a jugé bon de prendre le maquis. Alors, les mandrins se vengent sur les meubles qu'ils jettent dans la Couze, et s'enfuient avec les chevaux restants.

On ignore l'épilogue de ces événements.

Les brigands d'occasion.

Le printemps et l'automne sont en Auvergne pendant des siècles l'occasion de vastes migrations chez les oiseaux comme chez les hommes. En mars, partent les « hirondelles blanches » : maçons, paveurs, scieurs de long, charpentiers, qui quittent leur domicile pour aller travailler à Paris, Lyon, Bordeaux et autres grandes villes. Ils en reviennent en septembre, et finissent par y gagner les sobriquets de Parisien, Lyonnais, Bordelais. Les sous-préfets attribuent la grande fréquence des crimes, vols, escroqueries dans leurs circonscriptions à cette expatriation annuelle : les ouvriers migrants « rapportent chez eux des habitudes de débauche, de vagabondage, et la tendance à imiter les mauvais exemples qu'ils ont trouvés loin de chez eux ». Remède proposé : l'exécution des criminels, non plus seulement à Riom, siège de la cour impériale ou royale, mais le plus près possible des lieux de leurs forfaits.

Les colporteurs donnent également bien du souci. Outre leur pacotille, ils colportent des nouvelles, vraies ou fausses, des idées pernicieuses, des chansons et livres subversifs. Les hommes d'Arconsat et de Celles, aux limites de l'Auvergne et du Forez, se sont spécialisés dans cette industrie. Afin de se rendre intéressants, de gagner la commisération publique, ils voyagent ordinairement sous des habits de hussards ou de chasseurs à cheval, laissant croire qu'ils sont déserteurs de régiments étrangers ou prisonniers de guerre rentrant de Prusse, d'Italie, de Crimée. Ils se déplacent parfois à plusieurs. On n'ose guère refuser l'achat de ce qu'ils proposent ou la charité qu'ils exigent. « Une fois rentrés dans leur commune, reconnaissent les maires, ils y mènent une conduite fort régulière et l'autorité locale a seulement lieu de s'étonner de la quantité d'argent qu'ils apportent de leurs campagnes. »

Mornac.

Durant un quart de siècle, Victor Mornac fit trembler les populations entre Clermont, Herment et le Mont-Dore, ce qui lui valut le sobriquet de « terreur des montagnes ». On ose encore de nos jours à peine prononcer son nom sur son ancien territoire, et seulement après avoir regardé sous le lit.

Né à Laqueuille en 1802 d'un officier de santé et d'une fille de riches propriétaires, il affichera des prétentions nobiliaires ; sa sœur Julie parlera de « leurs neuf quartiers de noblesse ». Pourvu d'une bonne instruction, sinon de bons principes, il est d'abord gagne-petit : il enseigne l'a b c aux petits enfants de Laqueuille qu'il reçoit, contre paiement, dans sa maison. Etrange pédagogue qui écope, coup sur coup, de trois condamnations en trois ans : quinze jours de prison et seize francs d'amende en 1826, pour rébellion à la force publique ; un mois de prison en 1827 pour « mauvais traitements » infligés à ses élèves ; deux ans de prison et cinquante francs d'amende en 1828 pour coups et blessures volontaires sur la personne d'un autre maître d'école du village, décédé par la suite des brutalités subies. Il est à supposer que Mornac voyait d'un très mauvais œil ce concurrent et qu'une bagarre s'ensuivit. Cette fois, il ne se laisse pas saisir par les gendarmes ; il prend le maquis et commence sa carrière de brigand. Les paysans, qui n'ont jamais aimé la justice ni les « bigarrés », le supportent d'abord, l'hébergent, le nourrissent, de bon gré ou de mauvais. Mais un jour qu'il a été mal accueilli, il se venge atrocement : ayant trouvé un cheval appartenant à son offenseur, paisiblement occupé à paître, il lui passe une corde au cou, l'attache à un arbre, et l'oblige, en le fouaillant, à s'étrangler lui-même. Il en sera condamné à douze semaines de prison par contumace.

L'escalade de ses forfaits se poursuit. Le 3 février 1834, à neuf heures du soir, Jean Champseaume, du village de Feix, dort tranquillement dans son lit-alcôve, en compagnie de son plus jeune fils, âgé de huit ans, tandis que le reste de la famille est en veillée chez un voisin. Soudain, ils sont tirés de leur sommeil par des individus armés qui les tiennent en respect au moyen d'un fusil à deux coups. L'enfant supplie :

« Ne tuez pas mon père ! Laissez-le vivre pour me donner à manger, à moi et à mes frères !

— Mais non, mais non ! répond un des bandits. C'est une farce ! »

En même temps, il fracture la porte de l'armoire, s'empare de linge, de diverses pièces d'étoffe et d'une somme de 650 francs. Champseaume a reconnu Victor Mornac à sa haute taille, ses longs cheveux, sa barbe épaisse, sa voix creuse, son langage distingué. La rumeur publique confirme son accusation. Dans les semaines qui suivent, la même bande commet d'autres agressions dans le canton de Rochefort, tandis que Mornac se montre impudemment, chez lui et hors de chez lui. C'est par surprise que les gendarmes réussissent à lui mettre la main au collet. En août 1834, il est condamné à dix années de bagne, et expédié à Toulon.

Il y séjourne depuis deux ans, lorsque le procureur du roi de Clermont-Ferrand reçoit une lettre expédiée par deux forçats :

Toulon, 10 *juillet* 1836

Monsieur le Procureur du Roi,

Nous prenons la liberté de vous écrire deux mauts pour vous d'onner connaissance d'une affaire qui rentre dans vos attributions et en même temps adoucir notres triste position car nous espérons après que vous aurez reçu présente que vous daigneré bien nous recommandé à Monsieur le Commissaire de notre bagne...

Voici ce que Mornac nous a dit en buvant et entrint de nous rapporter ses hauts faits pendant qu'il étoir dans le monde. « Mes amis ou lon croit qu'il ny a rien souvent on trouve gros. Sur la fin de 29 *ou au commencement de* 1828 *un soir ayant été dans un village de ma commune pour voller un jeune homme, je vis à travers une croisé une fille que je croiais misérable conté toute seulle une pile decus. Content d'une si belle decouverte je fus aussitot frapper à sa porte en lappelant par son nom de suite elle se lève dépose son argent dans une gamelle en bois sur son lit et vient mouvrir la porte. Moi sans autre forme de procés en entrant je la prends au gosier je l'étrangle et prands la gamèle quelle avait mis sur son lit. vous ne le croirez pas, il y avait* 700 *francs en argent et en pièces d'or de* 40 *fr. la justice fit de grandes perquisitions mais inutilement alors on ne me croyait pas voleur ensuite on crut qu'elle s'étoit noyer parce que je l'apportai à côté d'une rivière. »*

Voilà monsieur le procureur du Roi tout ce que nous savons par lui touchant ce crime maintenant faites en ce que vous jugerez à propos si vous désirez de nous d'autres renseignements nous sommes près à faire notre déclaration devant notres commissaire et espéront qu'après avoir éclairé la justice sur un si grand crime commis par ce brigand d'obtenir quelque douceur dans notre malheureux sort.

Soumission et respec.

Gabriel MUGUET, François NEUTON.

Le magistrat rouvre ses dossiers, et apprend qu'en effet, le 30 octobre 1831, a été découvert le corps d'une fille Anne Gaudet, sur les bords de la Miouze. La date et d'autres détails de la lettre ne concordant pas, il renonce toutefois au supplément d'enquête. Les forçats Muguet et Neuton n'obtiennent pas les douceurs espérées.

A expiration de sa peine, Mornac sort du bagne en 1884, et regagne sa maison de Laqueuille. Abandonnant l'auguste fonction enseignante, il tient un débit de vin, confié à la fille Marie Lonchambon, qui est aussi sa maîtresse. Il y paraît quelquefois, trinque en compagnie de ses affidés ou de ses futures victimes. Mais, comme le loup-garou, il surgit soudain au détour d'un sentier, au coin d'un bois, de jour et de nuit ; enveloppé de sa limousine à raies blanches et noires, sur laquelle s'étale sa barbe de suie ; coiffé d'un large chapeau qu'il tire très bas sur ses yeux. Quelquefois, il salue ironiquement :

« Je parie que vous parliez de Mornac ?... Le voilà ! »

Il demande aux voyageurs d'où ils viennent, où ils vont, s'ils ont de l'argent sur eux ; il recommande :

« Attention aux mauvaises rencontres ! »

Il les régale quelquefois de tout un sermon, ou se met soudain à jouer des castagnettes avec ses dents, d'une façon épouvantable. Il aime bien aussi, surtout quand il est à cheval, arrêter les hommes seuls, et leur tendre d'abord sa tabatière, quoique lui-même ne prise pas. Ainsi fait-il pour qu'on remarque sa présence à tel endroit, qu'on en témoigne éventuellement. D'autres fois, il va à pied et demande une place dans les voitures.

Une nuit, le fermier Neyrial suivait à cheval la route de Clermont à Rochefort lorsque, entre la Baraque et le col de la Mort-Raynaud, il entend appliquer deux claques vigoureuses sur la croupe de sa jument. Un homme vient de sauter derrière lui sans sa permission. L'inconnu le saisit aux épaules et déclare en patois :

« Dis, l'ami, ta bête est assez forte pour nous porter tous les deux, pas vrai ? »

Neyrial reconnaît Mornac, et, se sentant à sa merci, se garde bien de protester. Ils arrivent à l'auberge du col, tenue par Ondet, dit le Parisien, qui, à cette heure tardive, dort comme un bienheureux. Mornac cogne aux volets, donne de la voix, le Parisien paraît à la fenêtre en bonnet de nuit.

« On a soif ! crie le brigand. On veut boire un verre !

— Mais il est plus de minuit !

— Pour moi, il n'y a pas d'heure ! »

Quand ils ont trinqué et bu, ils repartent tous deux sur la jument. Aux Quatre-Routes, Mornac descend, remercie, s'enfonce dans les ténèbres, tandis que Neyrial, encore tremblant, fouette sa monture, content de s'en tirer à si bon compte.

La terreur est générale. Mornac a dans la voix, dans la silhouette, dans le regard quelque chose qui fascine et paralyse. Les hommes, en le reconnaissant, quittent leurs sabots pour mieux courir. Dans les auberges, les femmes lui servent à boire et à manger sans rien demander. Il déploie toutes sortes d'astuces pour en imposer. Ainsi, on le voit placer deux tables côte à côte et les sauter à pieds joints. Il sort son couteau et en fait claquer les lames sous le nez des gens. S'il lui arrive de rencontrer les montures de deux gendarmes occupés à se désaltérer, il tranche les sangles des selles, et s'en va les narguer ensuite dans l'auberge. Le temps de le remettre, de s'essuyer les moustaches, il est déjà loin. Eux sautent sur les chevaux, les selles tournent, et ils se retrouvent où il ne faudrait pas.

Quelquefois, cependant, Mornac rate son numéro. Ainsi, le voiturier Decoin suivait une nuit de 1848 la route de Perpezat aux Buges, au-dessus de Rochefort. Soudain, il se voit suivi par un inconnu :

« Passe au large ! » lui crie-t-il.

Mais comme l'autre ne décollait pas et faisait mine, au contraire, de vouloir sauter dans la charrette, Decoin saisit une barre de bois et l'étend par terre d'un coup violent dans la figure. A ce moment, il lui semble apercevoir deux ou trois autres individus qui se sauvent dans l'ombre. Une fois rendu chez lui, à Tauves, Decoin va se plaindre au maire, qui avise son collègue de Laqueuille, l'aubergiste Mège. Celui-ci, à tout hasard, se rend au domicile de Mornac et le trouve au lit, la tête bandée. Mège lui signifie la plainte du voiturier, et l'autre d'avouer, avec colère :

« La canaille ! Je ne voulais pourtant pas lui faire de mal ! »

Le maire l'informe que son devoir est de transmettre la plainte au Parquet. Alors, Mornac se répand en pleurnicheries :

« Laisse cela, je t'en prie... Je voulais jouer seulement une farce... J'étais saoul... Nous sommes des amis d'enfance, souviens-t'en... »

Le maire se laisse attendrir, l'affaire en reste là. Il a d'ailleurs d'autres soucis : à Paris, une nouvelle révolution vient de renverser le roi Louis-Philippe et de proclamer la République. Les contrecoups s'en font ressentir jusqu'à Laqueuille. Un matin, Mège trouve un drapeau rouge planté sur le clocher de l'église. Mornac est présent, tout glorieux de l'avoir hissé de ses mains :

« Tiens ! Regarde ! Ce n'est pas là ta couleur !

Mais c'est celle de la nation ! Attention à toi, maintenant !

— J'ignore si c'est celle de la nation ; mais il me suffit de savoir que c'est toi qui l'a mise là-haut pour que je ne le permette pas ! »

Les régimes changent, Mornac reste le même. Il menace à présent de la guillotine les gens qui ne lui plaisent pas, comme s'il l'avait dans sa poche. Deux assassinats ont été perpétrés dans des conditions particulièrement sauvages, celui de Jean Barrier qui, en 1849, s'en revenait avec l'argent de quarante bêtes à laine vendues à la foire de Montferrand ; on le trouve détroussé et le crâne ouvert, entre Pont-des-Eaux et Villejacques. Celui de Marien Bony, habituel compagnon de beuverie de Mornac, qui est découvert dans un fossé, les reins brisés. Ni l'un ni l'autre ne prononce le nom de son assassin ; mais la rumeur publique, une fois encore, n'a aucune hésitation : il s'agit de Mornac et de sa clique. Pour y couper court, il se rend chez le malheureux Bony, manifeste une douleur spectaculaire, se jette sur le cadavre et l'embrasse sur la bouche ; puis il allume sa pipe pour se remettre. Cela ne fait point taire les accusations. Alors, le « gentilhomme » prend sa plus belle plume et fait porter la lettre suivante :

Antoine Victor de Mornac
propriétaire à Laqueuille,
à Monsieur le procureur de La république
de Clermont-ferrand en son parquet,
Monsieur le Procureur,

Malgré que je n'aie point l'honneur d'être connu de vous, et que je n'ignore pas que vous êtes déjà instruit de l'événement qui est arrivé à Laqueuille, j'ose, Monsieur, vous écrire deux mots par ma bonne, afin d'éclairer votre religion à cet égard. Et pour arrêter en même temps les méchantes allégations de cer-

taines misérables personnes de mon endroit que ma fille[1] *vous fera connaître et qu'elle a même déjà eu l'honneur de vous signaler.*

Agréez je vous prie, Monsieur le Procureur de la République, l'expression de la plus haute considération avec laquelle j'ai bien l'honneur d'être votre très humble et très obéissant s.eur.

Suit la signature : *De Mornac,* achevée par un mirobolant paraphe.

L'enquête commence ; elle traîne en longueur : on dit que l'assassin fait jouer ses protections. Le Procureur, M. Godemel, entend de nombreux témoins, mais manque de preuves. Il semble qu'on aille vers un non-lieu. Et sans doute en aurait-il été ainsi sans les événements de Briffons, le 27 juillet 1851, jour de fête patronale. Alors que la plus grande partie de la population se trouvait dans l'église pour entendre les vêpres, des paysannes se trouvaient sur la place, occupées à vendre leurs œufs et leurs fruits. Or, voici que la porte du café s'ouvre soudainement, et qu'on en voit sortir Mornac se querellant avec un jeune homme, la figure en sang. On saura plus tard qu'il l'a frappé pour n'avoir pas payé le vin qu'ils buvaient ensemble. Aussitôt, les femmes poussent des cris aigus :

« Tuez-le ! Tuez-le ! Le brigand ! Qu'il n'en fasse pas d'autres ! »

En ce brusque péril, Mornac se réfugie dans l'église, lieu d'asile, et s'y tient coi jusqu'à la fin de l'office. Mais alors il faut bien sortir. Et dès qu'il a franchi le porche, les furies se jettent sur lui, le renversent, le piétinent, le laissent pour mort, se dispersent enfin pour ne pas avoir d'ennuis avec la justice. Ainsi, comme les Vêpres siciliennes, les Vêpres de Briffons semblent avoir mis fin à une grande iniquité.

En fait, le brigand n'était que meurtri. Dès qu'il

1. Ma servante.

le peut, il se relève et disparaît. De nouveau, il prend le maquis. De nouveau, on le voit surgir à l'improviste dans les auberges, au coin des bois, seul ou flanqué de mauvais sujets comme lui : Bouchaudy, Tixier, Fradet, tous gens de sac et de corde. Tantôt il rit, tantôt il menace, tantôt il implore. La maréchaussée est lancée à ses trousses, munie d'un mandat d'amener. Elle finit par le dénicher le 16 décembre 1851 chez le docteur Pélissier, qui tient une maison de santé dans le quartier Saint-André. Mornac y soignait des blessures dont il refuse de préciser l'origine.

Devant la cour d'assises, ses regards étincelants font encore trembler les témoins. La plupart ont d'ailleurs perdu la mémoire. Mornac, lui, ne craint pas d'interrompre le président comme il lui plaît et semble mener les débats. Si quelqu'un ose l'accuser avec précision, il se dresse fièrement et s'exclame :

« C'est un misérable !... Je n'ai jamais menacé personne ! On sait que j'ai de la moralité ! Ces mensonges, quand il y en aurait cent, ne prouvent pas que je suis coupable ! Je suis aussi innocent que le Christ devant qui je parle ! »

Effectivement, aucune preuve irréfutable n'est produite contre lui. Mais la population est en tel ferment qu'il faut bien lui donner satisfaction. On le condamne donc, le 8 août 1852, au bagne perpétuel. Il y mourra à une date inconnue, mais sera longtemps encore présent aux veillées, entre les puys et les Monts-Dore :

Victor Mornac, monstre exécrable,
Couvert d'un voile d'assassin,
Comment te peindre assez coupable ?
La plume s'y refuse enfin.

Dans les Montagnes de l'Auvergne
Régnaient la terreur et l'effroi.
Et jusqu'aux plaines de Limagne
Ton nom mettait tout en émoi...

Ce criminel que l'on redoute,
La nuit, marchant furtivement,
Assassina sur une route
L'infortuné Barrier, d'Herment...

Ce crime était dans les ténèbres
Et tout le monde consterné,
Quand tout à coup les cris funèbres
Nomment Bony assassiné...

O nos enfants, de l'infamie
Gardez-vous de tacher vos fronts,
Et que jamais, dans votre vie,
Vous rougissiez de tels affronts.

A Dieu soyez toujours fidèles :
La religion défend l'honneur,
Et elle donne à ses modèles
Le calme, la paix, le bonheur.

Mornac eut enfin la gloire de paraître en image d'Epinal : musée Grévin de l'ancienne province. On l'y voit sur un fond rempli de nuages tourmentés, au milieu desquels se dresse un puy de Dôme abrupt et solitaire, surprenant comme un chapeau sur une table vide. En blouse bleue et feutre plat, escopette en bandoulière, Mornac à cheval tend sa tabatière à un paysan en guêtres et en sabots, visiblement terrorisé. La barbe du brigand-gentilhomme s'épanouit ; les ongles de ses mains ressemblent à des griffes. Sa monture tourne la tête vers le piéton et bave d'un air menaçant. A ses pieds, des attributs non moins effroyables : un chien maigre, armé de plusieurs centaines de dents aiguës et d'une quintuple queue ; un serpent à oreilles, dressé sur ses spirales ; des chardons ; un sapin macabre. Les sabots du roussin ressemblent à des tampons ferroviaires. On comprend mieux à cette évocation les paroles de l'accusateur public, le jour de son procès :

« L'effroi causé par cet homme était si grand qu'il était presque de formule dans ces montagnes d'ajouter, en disant bonsoir à quelqu'un : *Dieu vous garde de Mornac !* »

LES GRANDES HEURES
DE L'ESPRIT

Pierre de Vic et Pierre Cardenal, troubadours.

J'AI déjà longuement présenté les troubadours nés en Auvergne ou sur ses Marches. Gens de haut lignage ou de petite extraction qui, usant du « parler d'Auvergne et de Limousin », faisaient l'agrément des cours seigneuriales où le prince lui-même ne dédaignait pas de chanter : ce fut le cas du Dauphin de Montferrand, de Pons de Chapteuil, de Bertrand de La Tour, de Peyrol de Rochefort. Ils étaient aussi parfois gens d'église, tels Peyre de Rogier, chanoine de Clermont ; Pierre de Vic, dit encore le Moine de Montaudon, qui menait dans son prieuré une vie déjà rabelaisienne. De temps en temps, les troubadours se réunissaient en une sorte d'olympiade où ils s'affrontaient devant un jury composé de nobles dames et de chevaliers. Leurs épreuves consistaient à répondre à des questions de ce type :

— Est-ce entre amants ou entre époux qu'existe la plus grande affection, le plus vif attachement ?

— Une dame jadis mariée est aujourd'hui séparée

de son époux par l'effet du divorce ; celui qui avait été son époux lui demande ensuite manifestation de son amour ; cela est-il coupable ou honnête ?

— L'amour et l'avarice peuvent-ils loger dans la même maison ?

— Qu'est-ce qui maintient le mieux l'amour : les yeux ou le cœur ?

Les meilleures réponses valaient à leurs auteurs une récompense publique de la main du « seigneur » ou de la « dame » de ces jeux : un épervier d'or à la cour du Puy-Sainte-Marie (aujourd'hui, Le Puy simplement).

Du XIe au XIIIe siècle, ces troubadours — et leurs imitateurs en langue d'oïl, les trouvères et les ménestrels — écrivirent des milliers de vers, composèrent des centaines de *chansons, sirventois, plaintes, romances, tensons, pastourelles, aubes, ballades* qu'il est aujourd'hui de bon ton d'admirer aveuglément, et dont les neuf dixièmes ne sont que de la bouillie pour les chats. Ce ne sont partout que mille oiselets sur les buissons, rossignolets dans la verdure, herbette verdelette, vasselage amoureux, service d'amour, dames plus parfaites qu'anges du ciel et autres mièvreries. Pour dissimuler leur insuffisance, quelques-uns de ces rimeurs inventent alors le *trobar clus,* merveilleuse trouvaille qui aura des prolongements jusque dans la poésie et la prose hermétiques en si grande faveur dans notre siècle. Elle consiste à s'exprimer de telle sorte que les gens d'esprit simple ne puissent rien comprendre au sens caché.

Par bonheur, le dixième restant est d'une autre mouture. On le doit en Auvergne au Moine de Montaudon et surtout à Peyre Cardenal. Né au château de Vic, jeté au cloître sans vocation religieuse vers 1160, le premier obtint un jour de son abbé la permission de se conduire « selon les volontés du roi Alphonse d'Aragon ». Le roi lui « commanda de manger de la viande, de courtiser les dames, de chanter et de *trouver,* et il fit ainsi ». Ayant donc, comme il le proclame lui-même, « laissé Dieu pour la bacon », c'est avec truculence qu'il énumère ses plaisirs et déplaisirs :

Bien me plaît plaisir et liesse,
Bons repas, présents et prouesses,
Et dame avenante et courtoise,
A me répondre bien apprise...
Me plaît celui qui bien me donne,
Le riche qui ne me sermonne,
Et de dormir quand vente et tonne,
Et gras saumon, à l'heure none...

Sa verve satirique s'épanouit dans une triple *tenson* où il évoque un triple voyage au paradis. Une première fois pour y régler une affaire personnelle qu'il a avec Dieu le Père. La seconde et la troisième pour nous faire assister à un conflit aristophanesque entre les femmes, grandes consommatrices de rouge et de noir, et les Saintes Images (fresques, statues, sculptures des chapiteaux) qui se plaignent d'en manquer. Le Moine se fait l'avocat de ces dames, et l'on arrive à un compromis : elles auront l'autorisation d'user de fards et teintures de vingt-cinq à quarante ans. En fait, elles ne tiennent point parole, et les plus vieilles, qui ont les dents longues comme celles du sanglier, se peinturlurent plus que jamais.

Chez Pierre Cardenal, la satire perd toute forme humoristique ou grivoise ; elle devient âpre, furieuse, sarcastique. Le ton annonce *les Tragiques* et *les Châtiments*. On ne sait de sa vie que le peu qu'en raconte Michel de La Tour, un notaire de Nîmes. Il naquit au Puy, vingt ans sans doute après le Moine de Montaudon, dans la famille d'un chevalier. « Quand il était jeune, son père l'établit chanoine au chapitre de la ville ; il y apprit les lettres et sut bien réciter et bien chanter... Quand il fut arrivé à l'âge d'homme, il s'éprit des plaisirs de ce monde, car il se sentait gai, jeune et beau. » Il se faisait accompagner d'un jongleur qui chantait ses compositions. Il fut très honoré par le roi Jaques d'Aragon et maints autres seigneurs, et mourut quasi centenaire. Le cours de cette longue vie fut marqué par l'odieuse croisade des Albigeois. Les seigneurs du Midi, sans adopter leur façon de vivre — tant s'en faut ! — toléraient chez eux les cathares. Voilà quel était leur erreur et leur crime : la tolérance. Le Saint Père rameuta contre eux les barons du Nord ; sans participer à la campagne, Philippe Auguste laissa faire.

La voix sévère de Pierre Cardenal s'élève pour condamner moins les hommes de guerre, seigneurs et barons, Français, Picards, Allemands ou Frisons, que les gens d'Eglise qui ont voulu le massacre :

Li clerc si fan pastor
E son aucizedor...

Les clercs se font bergers
Et sont des assassins
Aux airs de sainteté.
Quand les vois s'habiller,
Il me vient souvenir
D'Ysengrin qui entra
Dans une bergerie.
Mais par crainte des chiens,
Peau de mouton vêtit.
Ainsi put-il manger
Son content de brebis.

Pierre Cardenal ne craint pas d'adresser ses gronderies à Dieu même, sur un ton qui n'invite pas à sourire, et sans antécédent chez les troubadours :

Je veux écrire un sirventois nouveau
Que je dirai au jour du Jugement

A Celui qui me créa du néant.
S'il veut me gourmander de quelque faute,
Et m'expédier ensuite chez les diables,
Je lui dirai : « Non, Seigneur ! Par pitié !
Ce siècle a tourmenté toute ma vie :
Gardez-moi, s'il vous plaît, d'autres tourments...

Je ne veux pas désespérer de vous,
Mais en vous j'ai mis mon meilleur espoir :
Que vous m'aidiez au jour de mon trépas,
Que vous sauviez mon corps avec mon âme.
Et je vous proposerai un beau choix :
Renvoyez-moi là d'où je suis venu,
Ou pardonnez mes torts et mes péchés :
Point n'en aurais, si ne m'aviez fait naître... »

On a voulu voir dans ce refus éventuel de la vie et de ses responsabilités une certaine tendance cathare chez Pierre Cardenal. En fait, ses autres poèmes religieux, corrigeant cette impression, n'autorisent pas à l'écarter de l'orthodoxie catholique. Ainsi cette *chanson* à la Vierge, dans la traduction de René Lavaud :

Marie, véritable vierge,
Véritable vie et foi,
Vérité vraie et vraie voie,
Vraie vertu et Etre vrai,
Vraie mère, amie véritable,
Amour vrai et vraie merci :
Par ta merci vraie, ton Fils
Me prenne en son héritage !...

Comme nous voici loin des rossignolets !

Le jansénisme.

A la veille de la Révolution, la monarchie française est pareille à une table munie de deux pieds sains :

la Noblesse et le Peuple qui n'ont jamais discuté son principe ; et de deux vermoulus : l'Eglise et la Bourgeoisie. Celle-là sort chancelante et amputée de sa longue guerre contre le protestantisme. Celle-ci, dévorée par le ver de l'ambition, cédera la première, entraînant la ruine de tout l'édifice.

Au début du XVIIe siècle, alors qu'elle croyait avoir tant bien que mal résolu le problème huguenot, la Sainte Eglise Catholique et Romaine avait senti les atteintes d'une nouvelle plaie : le jansénisme. Ses tenants étaient d'autant plus dangereux qu'ils ne prétendaient pas se séparer du Corps mystique ; ils voulaient au contraire rester à l'intérieur, opposant aux membres qu'ils jugeaient aveugles ou indignes l'exemple de leur lucidité et de leurs vertus. Toutefois — et c'était le pire de leur doctrine — ils discutaient les Textes, remettaient en question les commandements de Dieu, attaquaient les principes fondamentaux de la grâce et de la liberté. Le Christ de leurs crucifix n'ouvrait pas largement les bras à n'importe qui, mais les joignait pour souligner qu'il faut entendre littéralement le principe de « la porte étroite » ; qu'il n'est pas mort pour tous, mais pour quelques-uns, choisis de toute éternité. La bête noire de ces nouveaux protestants était le jésuite : spécialiste de casuistique, coupeur de cheveux en quatre, défenseur d'une religion accueillante comme un moulin, capable d'accepter même les crimes les plus abominables.

La Compagnie de Jésus avait choisi l'Auvergne pour ses premières installations en France. Elle y avait créé les collèges de Billom, Mauriac, Clermont. En franchissant la porte de ces établissements, les enfants renonçaient pratiquement à leur langue maternelle pour ne plus employer que le latin, dans les rapports avec les maîtres, et même entre eux. Le français y était étudié comme une langue étrangère ; un traité rédigé *en latin* en expliquait les règles et la prononciation ! Levés à quatre heures, les élèves gagnaient la salle d'étude à cinq, leur écritoire et leur chandelier à la main. La classe durait jusqu'au *dîner,* à dix heures. Pendant les repas au réfectoire, l'un d'eux à tour de rôle débitait à ses camarades quelque lecture latine ou grecque. La classe reprenait ensuite à midi et durait jusqu'au *souper.* Tout le long de la journée, sous le moindre prétexte, paresse, distraction, bavardage, ignorance, ils recevaient le fouet, les verges ou la férule. Nul n'y échappait, pas même les enfants des rois, pas même des jeunes gens qui de nos jours auraient l'âge de la majorité : à dix-neuf ans, déjà couronné à Reims, Louis XIII fut encore fouetté par son magister. C'est par une si ferme discipline, par les prodiges d'érudition qu'ils arrivaient à former de la sorte que les jésuites se faisaient apprécier des parents.

Toutefois, leur concurrence, leurs ambitions envahissantes suscitèrent le courroux de l'Université qui leur intenta un procès en 1594. La Sorbonne choisit pour défenseur un avocat riomois, Antoine Arnauld, dont l'argumentation sortit très vite du domaine de la pédagogie. Il reprocha à la Société de Jésus les méfaits innombrables qu'elle avait couverts en France et à l'étranger : « Formidable épée dont la poignée est à Rome et la pointe partout ! » C'est du jour de cet affrontement qu'est né pratiquement le jansénisme.

Presque tous les cadres de Port-Royal descendront de ces Arnauld. Originaire d'Aigueperse, et plus anciennement de la Provence, cette vieille famille riomoise de magistrats, de receveurs des tailles, de trésoriers, avait compté plusieurs huguenots dans ses rangs, notamment une alliance avec Marguerite du Bourg, sœur d'Anne, mort sur le bûcher. A partir du XVIe siècle, ses membres les plus éminents s'installent à Paris tout en gardant des intérêts et des relations en Auvergne. Un autre mariage l'unira un peu plus tard à la famille des Pascal.

Combattus à leur tête par la Sorbonne, les jésuites sont attaqués de flanc à partir de 1613 par un ordre nouveau qui lui aussi entend se consacrer à l'enseignement de la jeunesse : les prêtres de l'Oratoire. Ils offrent des méthodes pédagogiques toutes nouvelles. Ils semblent vouloir appliquer très exactement les conseils de Montaigne sur l'éducation : *Otez-moi la violence et la force ; il n'est rien à mon avis qui abâtardisse et étourdisse si fort une nature bien née... Qu'il lui fasse tout passer par l'étamine, et ne loge rien en sa tête par simple autorité et à crédit... J'aime mieux une tête bien faite qu'une tête bien pleine...* Les Riomois, enthousiastes, leur permettent d'ouvrir un collège dans leur ville : ils auront le monopole de l'enseignement secondaire, pourvu qu'ils ne demandent aucune contribution à leurs élèves. Ainsi se prépare le terrain où croîtront des esprits libres et exigeants, merveilleusement armés pour la dialectique : lettrés, magistrats, avocats, dont beaucoup embrasseront les doctrines jésuites.

On connaît les grandes dates du jansénisme français. Depuis 1603, Angélique Arnauld est abbesse de Port-Royal, qu'elle réforme en 1608 ; en 1623, elle entre en relation avec l'abbé de Saint-Cyran, un ami des oratoriens et de Jansen, qui d'emblée lui déclare :

« J'ai vu beaucoup d'abbesses réformer leur monastère, mais j'en ai vu bien peu réformer leur personne. »

Fascinée par sa personnalité, elle voit en lui le directeur de conscience idéal, celui dont elle rêvait depuis des années : « un homme dont la force d'esprit accablât le sien. » Peu à peu, il devient le directeur de la maison tout entière, et emporte les moniales dans un vertige d'amour divin. « M. de Saint-Cyran, avouent-elles, nous a appris à être attentives à Dieu qui prie en nous, à nous perdre en son abîme. » L'abbé entretient une correspondance suivie avec Jansen et attaque les jésuites dans ses écrits. Pour l'éloigner, on lui propose l'évêché de Bayonne qu'il refuse. En 1640, paraît le grand ouvrage de Jansen, l'*Augustinus ;* ses principes sont vulgarisés par le traité du Grand Arnauld, *De la fréquente communion* (1643). En 1646, le germe janséniste gagne la famille Pascal, contaminée par deux gentilshommes normands : en 1652, Jacqueline entre à Port-Royal. En 1653, la bulle *Cum occasione* condamne l'*Augustinus,* et tout spécialement cinq articles renfermant l'essence de sa doctrine. Le pape exige bientôt que tout chrétien désireux d'obtenir les sacrements signe un *Formulaire* par lequel il renie les cinq propositions. En 1656, paraît la première *Lettre à un Provincial,* qui provoque dans la France entière un immense éclat de rire. Elle est signée *Montalte,* ce qui est presque l'anagramme de *Clermont.* Les suivantes obtiennent le même succès. A Riom, chacune est passionnément commentée chez les oratoriens qui se mettent à faire des neuvaines « pour obtenir la conversion des fils égarés de Loyola ». La troisième lettre est consacrée à la défense du Grand Arnauld, condamné par la Faculté de théologie, pour avoir notamment écrit que saint Pierre est « un juste à qui la grâce a manqué ». *Montalte* y expose, texte à l'appui, que les Pères de l'Eglise — saint Augustin, saint Chrysostome — ont affirmé à peu près la même chose qu'Arnauld ; les théologiens de la Faculté vont-ils donc les condamner aussi ? Au surplus, les jésuites se bornent à condamner sans s'expliquer, car il leur est « bien plus aisé de trouver des moines que des raisons ». Au moment de terminer sa lettre, il cède au plaisir de narguer ses adversaires qui voudraient tant l'identifier pour le réduire au silence, et il signe : *Votre très humble et très obéissant serviteur EAABPAFDEP.* A Port-Royal, on connaît le sens de ces initiales : *Et Ancien Ami, Blaise Pascal, Auvergnat, Fils d'Etienne Pascal.*

A Paris comme en province, on s'arrache les exemplaires de ces lettres qui circulent sous le manteau.

La Compagnie crache feu et flammes, accuse l'auteur de tourner les choses saintes en raillerie. A quoi il réplique :

Il y a bien de la différence entre rire de la religion et rire de ceux qui la profanent par leurs opinions extravagantes. Ce serait une impiété de manquer de respect pour les vérités que l'Esprit de Dieu a révélées ; mais ce serait une autre impiété de manquer de mépris pour les faussetés que l'esprit de l'homme leur oppose.

Dans sa dix-septième lettre, Blaise Pascal prend tout à coup ses distances avec Port-Royal où cependant il vient d'entrer : ... *Je suis seul... Je ne suis pas de Port-Royal... Je n'ai d'attache sur terre qu'à la seule église catholique, apostolique et romaine dans laquelle je veux vivre et mourir et dans la communion avec le pape.* Il y a un mystère de Pascal.

Ne pouvant rien contre ce *Montalte* si bien dissimulé, les jésuites obtiennent contre l'Oratoire riomois un arrêt du Conseil d'Etat portant défense de continuer les cours de théologie. Aussitôt, les Pères en appellent à la reine mère, Anne d'Autriche, et parviennent à faire lever l'interdit. En même temps, par prudence, ils jugent bon de signer le *Formulaire.* La ville, toutefois, restera tenue pour un lieu pestiféré : en 1671, on y exilera Pierre Faydit, en 1676 Gervais Chardon, illustres théologiens, pour les punir de leur jansénisme. Lorsque Chardon mourra, les carmélites riomoises réussiront secrètement, par leur chirurgien, à récupérer son cœur qu'elles inhumeront dans leur cloître. Peut-être glisseront-elles dans la boîte, comme ont coutume de faire les dames de Port-Royal, une missive au Christ ou à Dieu en personne, afin de recommander leur ordre à Ses soins.

Le jansénisme a franchi les limites de Riom, gagné la grande bourgeoisie clermontoise. Son chef de file est le juriste Jean Domat, ami d'enfance de Blaise Pascal, « avocat du roi au présidial de Clermont », qui comme lui combat farouchement les jésuites, quoique petit-neveu du père Sirmond, riomois, confesseur de Louis XIII.

Cependant, Pascal souffre de grandes douleurs physiques. Un jour, pour se distraire d'un terrible mal de dents, il se met à penser intensément à la cycloïde (qu'il appelle *roulette*), trouve la solution et en oublie sa souffrance. *Roulette :* nom prédestiné à guérir les maux de dents. Mais Blaise en tire une conséquence inattendue : pourquoi ne pas mettre le raisonnement et les démonstrations mathématiques au service de la foi ? Ainsi naît en lui, sans doute, l'idée de cette *Apologie de la religion chrétienne* dont il ne nous reste que des fragments : ses *Pensées*. Il les compose partiellement en Auvergne, chez son beau-frère, au château de Bien-Assis que Florin Périer vient d'acquérir, un peu malgré l'opposition de Pascal. Dans une lettre de Blaise et Jacqueline à leur sœur Gilberte, on lit en effet : « Nous l'avons conseillé de bâtir bien moins qu'il prétendait, rien que le simple nécessaire... Nous te prions d'y penser sérieusement et de l'en conseiller, de peur qu'il donne bien plus de soin et de peine au bâtiment d'une maison qu'il n'est pas obligé de faire, qu'à celui de cette tour mystique dont tu sais que saint Augustin parle dans une de ses lettres. » Pascal vient cependant chercher à Clermont quelque trêve à ses tourments. Gilberte le cajole, le nourrit de lait d'ânesse et des aliments les plus fins qu'il refuse ou absorbe comme des purges. L'affection de tous les Périer l'entoure, grands et petits, notamment celle de sa nièce et filleule Marguerite, récemment miraculée par la Sainte-Epine ; de son neveu Louis, qu'on retrouvera plus tard doyen du chapitre de Saint-Pierre à Clermont, puis chanoine de la cathédrale ; de son neveu Etienne qui préfacera la première édition des *Pensées*. Mais il en refuse la moindre expression.

En sorte que Gilberte se plaint qu'il n'a d'amitié ni pour elle ni pour personne. Elle trouvera trop tard dans ses papiers la clé de cette attitude : « Il est injuste qu'on s'attache à moi, quoique on le fasse avec plaisir et volontairement. Je tromperais ceux à qui j'en ferais naître le désir ; car je ne suis la fin de personne et je n'ai de quoi les satisfaire. » Il meurt le 19 août 1662, après avoir obtenu les sacrements de manière parfaitement orthodoxe.

En 1669, la *paix* de Clément IX semble devoir mettre un terme à la querelle janséniste. Mais en Auvergne, rien n'est terminé. Au collège de Riom, enseigne vers ce temps un ancien élève de la maison, Jean Soanen, cousin de Jean Domat. Les Riomois se pressent à ses magnifiques homélies. Avec le même succès, il prêche ensuite à Lyon, Orléans, Versailles où il ose souligner que les fautes des souverains, plus que celles des particuliers, « exigent des réparations envers Dieu ». En 1702 éclate l'affaire du « cas de conscience », qui implique une fois encore la famille Pascal-Périer. L'abbé Louis Périer, fils de Gilberte, n'avait point signé le *Formulaire,* ni jamais dissimulé ses sentiments jansénistes. Ce saint homme obtenait néanmoins la confession auprès du curé du Port, M. Fréhel. Obligé d'avouer lui-même les répréhensibles absolutions qu'il a accordées au neveu de Blaise Pascal, l'abbé Fréhel se fait réprimander par ses supérieurs : le grand-vicaire et l'évêque, Mgr Bochart de Saron. Pour se tirer d'affaire, le curé du Port imagine alors de soumettre à la Sorbonne son « cas de conscience », prétendant que tout pénitent soupçonné de jansénisme est exempté de signature pourvu qu'il manifeste « une soumission de silence et de respect » aux condamnations romaines. Et voici que quarante docteurs (parmi lesquels François de Combes, abbé de Saint-Genès de Clermont) prennent son parti et celui du chanoine Périer. Mgr de Saron en appelle à plusieurs de ses collègues, à Bossuet, enfin au Saint-

Siège. Le clergé auvergnat se divise en deux fractions : l'une soutient l'évêque, l'autre les jansénistes, aux mœurs toujours irréprochables. « Quand bien même ils vivraient comme des anges, s'écrie en chaire un de leurs ennemis, il faudrait s'en donner garde comme des démons ! » Rome enfin condamne le jugement des quarante docteurs, et, par la bulle *Vineam Domini,* exige la signature d'un second *Formulaire.*

Peu après, l'ancien professeur de Jean Soanen, le père Quesnel, publie un recueil de *Réflexions morales sur le Nouveau Testament,* qui est considéré tout de suite comme un nouvel *Augustinus.* L'auteur est arrêté à Bruxelles, mais il s'évade et passe en Hollande. Louis XIV, exaspéré, décide alors d'en finir avec le jansénisme : il ordonne la dispersion des dames de Port-Royal et fait raser le monastère ; on arrache même les défunts à leur tombe. Une autre bulle condamne les *Réflexions* de Quesnel. Toutefois, quinze évêques refusent de la recevoir sans entendre des explications : parmi eux, Jean Soanen, devenu évêque de Senez. Les quinze font appel de la bulle à un concile général qui ne peut faillir, puisqu'il reçoit obligatoirement l'inspiration du Saint-Esprit. Le pape décide de leur donner satisfaction, et le concile se tient à Embrun, en août 1727. Or, contre leurs espérances, le Saint-Esprit condamne les appelants. Les punitions pleuvent aussitôt. Suspendu de toute fonction ecclésiastique, Soanen est exilé par lettre de cachet vers le monastère de La Chaise-Dieu, en milieu contaminé. Il y arrive le 21 octobre, transi, tout secoué par la bourrasque, encadré de commissaires. Le lieutenant qui le gardait le remet aux religieux, les yeux humides :

« Ayez grand soin de lui. Je n'ai pas connu d'homme plus aimable, ni qui ait davantage l'esprit de Dieu. »

Les moines prennent livraison du précieux et saint hérétique, lui donnent leur meilleure cellule, lui font boire du vin chaud. Il vivra quatorze ans dans l'hermitage casadéen, parmi les sapins noirs, ne cessant jusqu'à sa mort de défendre sa cause. Des admirateurs viennent de fort loin pour le rencontrer, entendre un mot de sa bouche, recevoir de ses mains une image sainte. En 1740, âgé de quatre-vingt-treize ans, à quelques jours de son agonie, il renouvelle par écrit l'expression de ses sentiments inchangés. Il meurt le jour de Noël et ses funérailles se déroulent dans un grand concours de peuple. Il avait composé lui-même son épitaphe : *Moi, Jean, jadis évêque, maintenant poussière.*

Le doux Massillon.

Massillon est un illustre prédicateur lorsqu'il gagne son diocèse de Clermont en 1719, au beau milieu du scandale suscité par les *appelants.* Il arrive plein de sympathie pour les Pères de l'Oratoire, ayant été lui-même leur élève, à Hyères et à Marseille. En 1699, il a prêché le *Carême* à l'Oratoire et l'*Avent* à la Cour, à la demande de Louis XIV. Sa parole est harmonieuse, sa pensée pleine de profondeur et d'audace. Devant le cercueil du Roi-Soleil et les courtisans, de haute ou de basse volée, entassés dans la Sainte-Chapelle, il a secoué l'assistance par son exorde :

« Dieu seul est grand, mes frères, et dans ces derniers moments surtout où il préside à la mort des rois de la terre. Plus leur gloire et leur puissance ont éclaté, plus, en s'évanouissant alors, elles rendent hommage à sa grandeur suprême. Dieu paraît tout ce qu'il est, et l'homme n'est plus rien de ce qu'il croyait être... »

Il vient d'être reçu à l'Académie française et quitte Paris pour son exil auvergnat avec quelques regrets. Il est bien décidé toutefois à remplir ses devoirs épiscopaux avec la plus haute conscience ; et ce n'est qu'à temps dérobé qu'il préparera l'édition de ses *Sermons*, dans sa retraite estivale de Beauregard.

Non sans provoquer une certaine gêne dans son entourage, il rompt d'abord avec le cérémonial de son installation. Celui-ci voulait qu'en arrivant à Clermont le nouvel évêque descendît à l'abbaye de Saint-Alyre et y restât une semaine, à recevoir les députations du chapitre et des notables. Le jour faste, vêtu seulement du rochet et du camail, entouré du clergé, du peuple, des bourgeois, il devait s'avancer processionnellement vers la cathédrale. A la porte des Gras, l'abbé de Saint-Alyre remettait l'évêque au chapitre en disant :

« Nous vous le donnons en vie. Vous nous le rendrez mort. »

Le chanoine-chantre lui adressait un discours en latin. Après avoir prêté serment, il recevait enfin la mitre, la crosse, la chape, et entrait dans son église dans le fracas du *Te Deum*. Massillon simplifie, retranche, raccourcit. Partant de l'évêché (alors situé entre le sommet de la rue des Chaussetiers et la place Saint-Genès) il se contente de longer les murs extérieurs de la cathédrale, tout incrustés de boutiquettes comme l'est de coquillages l'épave d'un navire, se présente devant la porte du midi, face à la fontaine d'Amboise. Là, il jure de respecter exactement les privilèges du chapitre et reçoit les insignes épiscopaux sans entendre aucune harangue. Le chanoine-chantre humilié doit ravaler la sienne.

A peine installé, il envoie des ordonnances à son clergé pour l'inciter au désintéressement et à un zèle infatigable dans ses fonctions. Lui-même prêche d'exemple. Il consacre chaque printemps à visiter son diocèse, qui est vaste et accidenté, de Vichy aux premières pentes du Cantal, de l'abbaye d'Ebreuil à Champs-sur-Tarentaine, de Montaigut à La Chaise-Dieu. Tout l'hiver, son carrosse reposait sous sa housse grise. Mais dès les premiers beaux jours, il reprend son air de fête, avec ses armoiries redorées. Le reconnaissant, les travailleurs de la terre et des villes viennent le saluer et l'applaudir. Quand les chemins refusent le passage à la voiture, Massillon se juche sur un cheval, non sans difficultés ni souffrances lorsqu'il sera atteint de gravelle.

Il y eut parfois des incidents. Ainsi, à Riom, le 26 avril 1721, jour où le fameux carrosse vécut un vilain quart d'heure. Tout s'était d'abord bien passé. Massillon avait rendu sa première visite à Saint-Amable où dormaient les reliques de ce saint *amabilis*. En si grande grâce auprès du Seigneur que celui-ci lui fournissait, dans ses pèlerinages, un rayon de soleil pour y accrocher son manteau et ses gants. Par une amabilité non moins grande, l'évêque de Clermont demande à voir ses reliques. Tout à coup, une rumeur court de bouche en bouche :

« Cet homme-là, qui est de Marseille et non d'Auvergne, veut nous voler saint Amable ! Qui donc alors nous protégera des incendies et des serpents ? Qui donc nous chassera les démons du ventre ? »

Car le vénérable Riomois avait ce pouvoir, et bien d'autres. Quant à ce qui est de voler des reliques, cela s'était vu ailleurs. A Conques par exemple, où un moine de l'abbaye était allé dérober à Agen celles de sainte Foy. Mais les Riomois ne sont pas des mangeurs de pruneaux, et ils ne se laisseront pas dépouiller si niaisement. Le tocsin sonne, la foule accourt de tous les quartiers, se presse dans l'église avec des cris menaçants :

« Retourne à Clermont, voleur de reliques !... Les Clermontois nous ont tout pris, et ils veulent encore notre saint Amable !... Cet évêque est le diable, chassez-le !... »

Un boulanger ose même lever la main et soufflette le prélat qui doit se réfugier dans la sacristie ; il parvient difficilement à regagner sa voiture qui s'enfuit sous une grêle de pierres. Les glaces sont brisées. Le collège accueille un Massillon tout ébouriffé. Le lendemain, l'émotion populaire s'étant calmée, il rend quand même visite aux autres églises riomoises. Et voici qu'on lui montre, sous une certaine vitrine, des cailloux exposés à la vénération publique.

« Qu'est-ce que c'est que ça ?

— La tradition veut, Monseigneur, que ces pierres aient été rapportées de Jérusalem et qu'elles soient de celles qui furent jetées au malheureux Etienne... »

Un confrère en lapidation ! Mi-choqué, mi-amusé, l'évêque interdit de montrer des reliques aussi douteuses. Mais quand il reviendra à Riom, neuf ans plus tard, il les retrouvera à la même place. Il finira par s'y résigner, pour ne pas provoquer une nouvelle émeute.

C'est après son inspection à La Chaise-Dieu que Jean Soanen fut relégué dans ce monastère. Massillon éprouvait pour l'ancien oratorien de l'affection et de l'estime, et il caressa longtemps le projet de remonter vers l'abbaye. *Je crois,* écrivait-il à l'exilé, *que j'aurai cet été la consolation de vous aller voir à La Chaise-Dieu. Comme je n'y ferai point une visite épiscopale, rien n'y tirera à conséquence pour la prétendue exemption de cette abbaye. J'y trouverai un ancien confrère que tant de liens d'éducation et de caractère me rendent extrêmement cher. Quelle joie pour moi de pouvoir* os ad os loqui ! On ne sait comment se serait déroulée cette conversation en tête à tête avec l'obstiné vieillard. Massillon n'entendait pas que sa visite eût l'air d'un encouragement à son hérésie, et n'envisageait rien d'autre que de ramener au troupeau une brebis indocile. Connaissant d'autre part le caractère de son homme, il hésitait à entreprendre le voyage et le remplaçait par des objurgations épistolaires. Plus tard, prenant prétexte des indispositions du proscrit, il l'invita à diverses reprises au château de Beauregard, « pour y venir changer d'air ». Soanen resta sur la même réserve ; si bien que la rencontre n'eut jamais lieu.

Comme son lointain prédécesseur Guillaume Duprat, Massillon aimait cette résidence estivale, joliment perchée sur sa colline, d'où le regard embrassait l'alignement majestueux des Dômes, les monts du Forez, les villages épars de la Limagne, entre lesquels serpentait la couleuvre bleue de l'Allier. Massillon restaura le principal corps de logis du château, planta un bois, donna aux allées du parc un nouveau tracé et une nouvelle largeur. Il se plaisait lui-même à jardiner, en sabots et chapeau de paille, pour se reposer des fatigues de l'esprit. De même, il s'efforça d'améliorer le village aux rues étroites et boueuses en pavant les chaussées, en achetant pour les abattre quelques masures mal situées. Il rendait visite aux habitants, s'entretenait familièrement avec eux. En ce pays de cultures, la laine manquait. Il convainquit les femmes de filer le coton, leur fit cadeau d'un rouet et de quelques livres de filasse.

Son urbanité, son cœur généreux, son esprit de tolérance lui conféraient un merveilleux don d'apaisement qui accomplissait des miracles. C'est ainsi qu'un étranger reçu à Beauregard put assister un jour à un spectacle étonnant. Il avait admiré d'abord le paysage, le château, les jardins, quand le prélat lui dit :

« Venez dans cette allée. Je vous montrerai quelque chose de plus extraordinaire que tout cela. »

L'allée était fort ombreuse, le visiteur ne distinguait rien.

« Comment ! dit Massillon. Vous n'apercevez pas, là-bas, ce jésuite et ce père de l'Oratoire qui jouent aux boules ensemble ? Voilà à quoi je les ai réduits ! »

Cette douceur, pourtant, n'était point une marque de faiblesse. On le voit assez par une lettre adressée au cardinal Fleury, à qui cependant il devait sa nomination épiscopale. Elle demandait des exonérations fiscales :

... Les peuples de nos campagnes vivent dans une misère affreuse, sans lit, sans meubles. La plupart même, la moitié de l'année, manquent de pain d'orge ou d'avoine qui fait leur unique nourriture, et qu'ils sont obligés de s'arracher de la bouche et de celle de leurs enfants pour payer leurs impositions. C'est un fait certain que dans tout le reste de la France il n'y a pas de peuple plus pauvre et plus misérable que celui-ci. Il l'est au point que les nègres de nos îles sont infiniment plus heureux, car en travaillant ils sont nourris et habillés, au lieu que nos paysans, les plus laborieux du royaume, ne peuvent avoir du pain pour eux et pour leur famille et payer leurs subsides. S'il s'est trouvé dans cette province des intendants qui aient pu parler un autre langage, ils ont sacrifié la vérité et leur conscience à une misérable fortune.

Pouvait-on parler avec plus de courage ? Le cardinal-ministre en fut si frappé qu'il donna à l'audacieux évêque une satisfaction très partielle et très ironique : les droits sur les viandes et les boissons furent supprimés, et remplacés par une taxe à la charge des gens d'Eglise ! On dut bien rire à Versailles aux dépens du doux Massillon.

L'académicien ne pouvait oublier les nourritures spirituelles. Près de sa cathédrale, sur l'emplacement actuel du tribunal de Commerce, il fit construire une bibliothèque publique dont on admirait la belle salle ornée de boiseries. Il lui fournit un fonds important et l'alimenta régulièrement par la suite : un de ses confrères, oratorien de Paris, avait charge de lui envoyer les nouveautés par diligence. En outre, il lui légua toute sa librairie personnelle. Le total de ces dons atteignit plus de cinq mille volumes et constitua le noyau de la Bibliothèque universitaire actuelle. La salle était ouverte au public deux fois la semaine. Mais les Clermontois furent lents à profiter de ces richesses : Legrand d'Aussy, qui la visita un demi-siècle plus tard, constata que, « ouverte deux fois par semaine, elle était vide deux fois par semaine ».

Massillon mourut d'une attaque d'apoplexie à Beauregard le 28 septembre 1742, tandis que commençaient les vendanges. Selon ses instructions, son corps fut transporté à Clermont pour reposer dans la cathédrale ; mais son cœur resta dans la petite église du village qu'il avait tant aimé.

Son successeur fut Mgr de La Garlaye qui traita avec une inflexible dureté le jansénisme et s'efforça de l'extirper du sol auvergnat. Il y parvint à peu près. Cependant l'élimination des jésuites, ses plus farouches ennemis, ne devait pas tarder non plus ; et l'Auvergne joua dans l'affaire un rôle involontaire, mais capital. En 1757, Damiens, un déséquilibré *qui avait servi chez les jésuites*, se crut désigné par le ciel pour avertir Louis XV et le rappeler à ses devoirs : il lui porta un coup de canif au côté droit, lui infligeant une blessure insignifiante. Alors on se souvint des nombreux crimes plus ou moins inspirés par le fanatisme des fils de Loyola. Entre autres, de l'attentat de Jean Chastel qui, avant Ravaillac, avait failli expédier Henri IV dans l'autre monde et sur qui l'on avait trouvé une incitation au meurtre signée du jésuite Guignard. La Cour trembla pour Louis le Bien-Aimé. Dans sa prison, Damiens fut torturé horriblement. Après quoi, publiquement, on brûla sa main « régicide », on versa du plomb fondu et de l'huile bouillante sur ses plaies, on l'écartela. Tout cela pour une égratignure. En même temps, la Société de Jésus était attaquée de toutes parts. Dans son collège de Billom, on découvrit un tableau suspendu là depuis longtemps, dont Legrand d'Aussy, qui le vit, fait la description suivante : « Ce n'était qu'une peinture allégorique et mystique de l'état religieux, représenté par un vaisseau qui quitte le monde, et qui vogue à pleines voiles vers le port du salut et le séjour céleste. Des diables et des hérétiques l'attaquent en vain ; leurs insultes sont repoussées. Plusieurs personnes, conduites par un ange, viennent dans une nacelle pour y entrer. Enfin sur le pont on voit les fondateurs d'ordres religieux. Tous sont rangés sur une même ligne et selon leur ordre d'ancienneté, en commençant par saint Antoine et finissant par saint Ignace, fondateur des jésuites. Celui-ci, comme le plus récent d'entre eux, terminait la file ; mais, par cet arrangement fort adroit, dans l'endroit du tableau qui frappait le plus la vue. D'ailleurs, pour le faire remarquer encore mieux, le peintre lui avait mis en main un nom de *JESUS*, rayonnant. »

Le Parlement de Paris condamna ce tableau, non point sur son sujet, mais sur son titre : *TYPUS RELIGIONIS*. On prétendit qu'il signifiait « Emblème de la religion chrétienne » ; qu'Ignace avait été placé là, au pied du grand mât, pour indiquer qu'il conduisait le vaisseau de l'Eglise par un privilège exorbitant qu'il détenait directement de Jésus. Le tableau fut reproduit en gravure par les ennemis des jésuites, répandu sur des milliers de feuilles dans la France entière, qui découvrit ainsi le nom de Billom. Après cette opération contre-publicitaire, la Compagnie fut interdite et expulsée.

Rameau, organiste de Massillon.

Philippe Rameau est le Newton de la musique. Comme le mathématicien anglais l'avait fait trente-cinq ans plus tôt pour les astres, Rameau découvrit les lois par lesquelles les sons s'attirent ou se repoussent, et il les consigna dans un ouvrage publié à Paris en 1722, mais écrit à Clermont : *Traité de l'harmonie réduite à ses principes naturels*, qu'il signa *Philippe Rameau, organiste de la Cathédrale de Clermont en Auvergne*. Et lorsque, quatre ans plus tard et devenu parisien pour toujours, il publiera son second recueil : *Nouveau système de musique théorique,* il le signera : *Monsieur Rameau, ci-devant organiste de la Cathédrale de Clermont.* On sent dans la formule quelque fierté, et l'expression d'une certaine reconnaissance envers l'auguste machine sur laquelle il avait besogné si assidûment et dont il avait tiré ses fécondes découvertes.

Né à Dijon en 1683, d'un père lui-même organiste à l'église Saint-Etienne, il entreprit tout jeune des vagabondages en Italie, puis dans la France méridionale, laissant partout le souvenir de son excellente technique et de son difficile caractère. Il n'a que dix-neuf ans lorsque, sur la recommandation des chanoines d'Avignon, il signe avec le chapitre cathédral de Clermont un bail qui doit le lier pour six ans. Il s'y engage à « jouer et toucher dudit orgue aux offices, fêtes et solennités ordinaires et extraordinaires », ainsi qu'à « instruire et enseigner savamment un enfant de chœur ou autre personne pendant ledit temps... Plus, sera tenu d'accorder et tenir bien d'accord tous les jeux d'anche dudit orgue ». L'acte est signé par-devant notaire le 23 juin 1702.

Quoique salarié de l'Eglise, accompagnateur officiel des cantiques grégoriens, Rameau manqua presque entièrement d'inspiration religieuse. Lorsqu'il tenait l'orgue en dehors des solennités, c'était pour y composer des gavottes, des menuets, des pièces pour chant ou pour danse destinées au clavecin. Eu égard à l'habileté de leur maître de chapelle, les chanoines se bouchaient les oreilles au cours de ces exercices. A moins qu'ils n'y prissent eux-mêmes un inavouable plaisir. Ils se disaient sans doute aussi qu'il fallait pardonner à la jeunesse. La perspective de rester six années attaché à son clavier dans cette cathédrale noire d'une ville plus noire encore, ne l'enchantait guère. Son contrat finit par lui devenir insupportable, il voulut le rompre :

« N'y comptez point ! Un contrat est un contrat ! »

Alors, Rameau passa aux actes. Il choisit le samedi dans l'octave de la Fête-Dieu. Au Salut du matin, il s'assit comme à l'accoutumée sur son tabouret, posa les mains sur les claviers, mais aucun son ne se produisit. On crut le souffleur défaillant ce jour-là, les chantres chantèrent sans accompagnement et ce fut tout. Au Salut du soir, comprenant que la « cabale » de ses doigts (on ne disait pas encore la « grève ») n'avait guère impressionné, Rameau usa d'une autre tactique : il tira les jeux de l'orgue les plus discordants, déclenchant une atroce guerre entre les flûtes et les bourdons, la doublette et la bombarde, la voix céleste et le larigot. En bas, les chanoines jouaient des bras pour lui faire signe de s'arrêter. On lui dépêcha un enfant de chœur — son propre élève — qu'il fit semblant de ne pas entendre. Le chapitre dut battre en retraite, les poings sur les oreilles. Ainsi, le jeune Rameau obtint-il gain de cause.

« Nous vous regretterons davantage encore après cet exploit, avouèrent les prêtres en soupirant. Car vous avez si bien mélangé les voix que vous seul étiez capable de produire pareilles dissonances. »

Après quatre années de séjour en Auvergne, le voilà donc installé à Paris, chez les jésuites de la rue Saint-Jacques. Il publie son premier recueil de pièces pour clavecin, qui ne lui vaut pas cependant toutes les satisfactions espérées, car peu après il regagne sa ville natale, où il prend la suite de son père. Puis il reprend son vagabondage. En 1715, il signe un nouveau bail avec le chapitre de Clermont, qui ne semble pas lui avoir tenu rigueur de sa cacophonie. Cette fois, il va demeurer sept ans.

En 1719, il est au clavier et joue le *Te Deum* lorsque le nouvel évêque, Massillon, prend possession de sa cathédrale. Entre ces deux maîtres de l'harmonie, il ne put y avoir qu'accord parfait. Rameau passait ses jours et ses nuits dans un univers sonore, improvisant, notant, expérimentant, produisant à son gré des gazouillis et des rires, des gémissements et des orages. On le trouvait souvent au matin endormi sur son orgue, comme Turenne sur ses canons. Une telle passion pour la musique effrayait quelque peu. Plus tard, Diderot écrira : « La femme et la fille de Rameau n'ont qu'à mourir quand elles voudront ; pourvu que les cloches de la paroisse qui sonneront pour elles continuent à résonner la douzième et la dix-septième, tout ira bien ». De ces travaux sortiront ses deux traités majeurs, qui continuent à régler de nos jours les bons et les mauvais rapports des sons et jamais ne perdront leur autorité : elle ne résulte pas, comme les lois humaines, d'une coutume ni des caprices d'un législateur, mais de la nécessité des choses.

Vie et mort du comte de Montlosier.

Montlosier — qui le sait encore ? qui s'en doute ? — est un de nos plus brillants écrivains : aussi mordant que Voltaire, aussi profond que Bossuet, aussi étincelant que Chamfort. Son malheur est d'avoir employé la meilleure part de son talent à des polémiques, à des conflits de nos jours résolus, qui ne nous touchent pas plus que la querelle des Horaces et des Curiaces. « Il y a grand intérêt, pour les œuvres et pour les hommes, dira Montherlant, à n'être pas d'actualité ». Montlosier le fut presque exclusivement. Voilà pourquoi il nous ennuie. Sauf par exemple quand il nous parle de lui-même ; de l'étrange famille où il est né, à Clermont-Ferrand, en 1755 ; de ses non moins étranges amours avec des femmes qui ont l'âge de sa mère. Son épouse légitime lui a apporté en compensation le domaine de Récoleine, où travaillent dix valets ; il a épousé en fait ses terres, ses quarante vaches, ses cinq cents moutons. Il est vrai que ses idées sur la propriété et le mariage sont plus romaines que françaises : « La femme, les enfants, les serviteurs n'ont pas de propriété, car ils sont une propriété eux-mêmes ; la femme, parce qu'elle fait partie de l'homme ; les enfants parce qu'ils en sont une émanation ; les serviteurs parce que, simples instruments, leur temps, leur peine, leur industrie, tout appartient au maître. » Le sort complète son pouvoir en le faisant veuf et libre, à trente-trois ans, comme il vient d'acquérir les terres de Randanne.

C'est que la terre le tient par les entrailles, cette terre auvergnate âpre et tumultueuse, maigre ou charnue, à laquelle il reviendra toujours et confiera son dernier sommeil. Il n'en fait d'abord qu'un objet d'études scientifiques. Au début de 1789, il publie sa *Théorie des volcans d'Auvergne* où il note avec perspicacité la différence entre les volcans « modernes » et les volcans « anciens » : en suivant les coulées de lave des premiers, on remonte au foyer d'où elles ont émané ; les coulées des seconds ne conduisent à rien, car le foyer a disparu ; de plus, après avoir occupé des vallées, elles se trouvent maintenant sur des sommités, par une curieuse inversion du relief. Il note certaines observations d'un grand intérêt pour l'avenir : « On ne peut pas dire, ainsi que l'a fait Legrand d'Aussy, que la lave du puy de la Vache commence à se couvrir de bois ; on devrait dire plutôt qu'elle commence à s'en dépouiller. Même dans les parties les plus arides qu'on appelle aujourd'hui la Cheire-Vieille, elle était couverte autrefois d'une forêt considérable ; c'est ce qu'on voit dans d'anciens titres. » Conclusion : ces terrains sont susceptibles d'être reboisés, puisqu'ils le furent jadis.

Elu député de la noblesse la même année, il se lance dans la politique où il a beaucoup à dire. Mais une petite phrase qu'il prononce devant les Constituants suffit à le rendre célèbre. On discutait de la

Constitution civile du clergé, et il s'y opposait farouchement : « Je ne crois pas qu'on puisse chasser les évêques de leur siège épiscopal ; si cependant on les chasse, ils se retireront dans la cabane du pauvre qu'ils ont nourri. Si on leur enlève leur croix d'or, ils prendront une croix de bois : *c'est une croix de bois qui a sauvé le monde !* »

Peu après, il prend le chemin de l'exil qui le mène à Coblence, puis en Angleterre. Dans ses *Souvenirs d'un émigré,* il écrira sur cette île et ses habitants des pages très caractéristiques de sa manière :

La première chose à observer en Angleterre, c'est la nature du climat. Elle se caractérise au premier abord par une absence particulière de chaleur et de froid... Dans ces derniers temps, quand Mme de Staël était en Angleterre, un Français qui partait pour la France lui ayant demandé ses commissions, elle lui dit : « Quand vous verrez le soleil, faites-lui mes compliments. »

Il en résulte pour les populations, affirme Montlosier, un « affaiblissement de l'esprit vital » qui les pousse à chercher des compensations dans la nourriture :

Sur le continent on peut être sobre ; en Angleterre, on ne le peut pas. L'air n'ayant pas de substance, on y mange beaucoup. Ce n'est pas trop d'y faire quatre repas. On peut aller jusqu'à cinq... A cette nécessité de manger faute de respirer, se joint la nécessité de boire. Sur cela comme sur d'autres choses, on dit que depuis quelque temps la coutume s'est adoucie. Mais encore en 1794 quand j'y suis arrivé, le hard drinking *était tout à fait en vigueur. Au dessert, quand les dames selon l'usage s'étaient retirées, il fallait voir vider les bouteilles, les évacuations de bouteilles donnant lieu à certaines autres évacua-*

tions dans la pièce voisine. Quelquefois dans la même pièce des vases étaient dressés à cet usage, et on pouvait entendre en même temps le retentissement différent de ces deux sortes d'évacuations.

De là, il passe à la cuisine anglaise, rappelle cette dépêche de l'ambassadeur Caraccioli au roi de Naples : « Sire, j'ai trouvé dans ce pays vingt-deux religions et deux sauces. » Il est vrai que depuis, vu les progrès de la civilisation, les sauces se sont multipliées.

Certains Anglais luttent contre l'affaiblissement de leur esprit vital en séjournant à l'étranger. Voilà donc ce « peuple de demi-paralytiques » en France, en Italie, en Amérique, dans l'Inde :

Là, cherchant à conserver quelque chose de leurs coutumes anglaises, leur poitrine s'ouvre pourtant à un nouvel air, plus fort, plus vital ; leur chair toute bouffie de beurre, de bière et de thé se remplit d'éléments plus actifs et plus vigoureux. Bientôt cependant, lorsque ramené par ses souvenirs ou l'amour de la patrie on revient dans ses brouillards ou si l'on veut dans ses foyers, la poitrine accoutumée à un air fort n'ayant plus à se remplir que d'un air humide, c'est en vain qu'on voudra se reprendre à une vie tranquille et domestique... Il s'ensuivra un commencement de tristesse, bientôt un affaissement général. Un ennui particulier de la vie. Tel est le fameux état de spleen, sorte de consomption, au moyen duquel on arrive diversement à la folie, à la stupidité, à la passion de se détruire...

Après un exil de dix années, dès qu'il peut le faire sans déshonneur, il rentre en France, avide de revoir ses volcans. Il trouve ses terres, non point achetées comme bien d'émigré, mais simplement occupées, labourées, fauchées par ses voisins, comme un bien sans maître. « A mon retour, écrira-t-il dans ses *Mémoires,* je rassemblai mes bienfaisants voleurs. Je les remerciai. Je les chassai. » Cela ne se fit pas sans discussions, procès, compromis. Il entreprend alors d'assécher l'étang de Randanne, de défricher et surtout de reboiser ses quatre cents hectares. Il sait que le bois manque : faute de combustible, les paysans de la région ne cuisent le pain que deux fois chaque hiver et souvent se chauffent à la bouse de vache séchée. Montlosier mènera ces travaux avec les peines et l'acharnement que j'ai racontés. Ulcéré du sort fait à la noblesse — sa seconde passion — par les rois et les révolutionnaires, il construit de ses mains une cabane de planches au pied du puy de Montchal, et y cloue cet écriteau : *Féodalité du* XIXe *siècle.* Un de ses amis, le botaniste Victor Jacquemont, le juge ainsi dans une de ses lettres : « Il y a d'ailleurs un chapitre sur lequel il est complètement fou, mais fou comme un don Quichotte : c'est celui de la noblesse. Il semble qu'il revienne des croisades. »

Dans les intervalles de ses entreprises agronomiques, Montlosier poursuit une œuvre littéraire considérable, qui compte de nos jours plus de soixante titres. La pièce maîtresse en est son *Histoire de la monarchie française depuis son établissement jusqu'à nos jours.* Il y expose sa conception mérovingienne de la société française : seule une noblesse puissante est capable d'y contrecarrer le despotisme du roi et de garantir, par conséquent, la liberté. A partir de 1815, toutefois, ramassant la plume acérée de son compatriote Blaise Pascal, c'est contre un autre despotisme qu'il guerroie : celui des jésuites revenus en force, des congréganistes qu'il nomme le *parti-prêtre.* Ils s'infiltrent dans l'entourage du souverain aussi bien que dans les familles, règlent la vie quotidienne des citoyens et même les relations conjugales. Leurs troupes de choc — les missionnaires — se répandent dans les villes et les villages pour effacer les souvenirs de la Révolution et les rechristianiser. Parfois, sous la protection de la gendarmerie, ils se livrent, comme au temps de Savonarole, à un autodafé de livres impies et de tableaux impurs. Ainsi, en 1818, Clermont est submergé sous une tornade de dévotion, de bannières, de cantiques, de défilés triomphaux. « Ils ont mis le feu partout ! écrit Montlosier à son ami de Barante. Qu'on nous envoie la peste de Marseille, mais qu'on ne nous envoie plus de missionnaires ! »

Contre le parti-prêtre, il publie coup sur coup, en 1826, deux libelles qui obtiennent un succès foudroyant : *Mémoire à consulter sur un système religieux et politique tendant à renverser la religion, la société et le trône*, et *Dénonciation aux cours royales, relativement au système religieux et politique signalé dans le Mémoire à consulter*. Sous ces titres un peu abondants, il se présente comme le défenseur du christianisme véritable et des saints prêtres, humbles, désintéressés, le cœur et les mains débordants de charité. La presse d'opposition, qui naguère avait couvert de sarcasmes le comte paladin, le sacre du jour au lendemain « le Tirésias d'Auvergne ». Sept éditions de ses libelles sont vendues en deux mois. Il devient le grand homme du département, applaudi par les uns, honni par les autres. Parmi ces derniers, la plupart des prêtres de Clermont, peu sensibles aux distinguos du polémiste septuagénaire. Il a le sentiment que des revanches seront prises au moment de sa mort.

La Monarchie de Juillet lui apporte cependant une satisfaction. Sur la proposition du duc de Broglie, il est nommé Pair de France. En même temps, l'évêque de Clermont, Mgr de Dampierre, l'interdit des sacrements. Montlosier l'avait prévu : « Si les prêtres m'abandonnent dans mes derniers moments, si dans la prévention où sont aujourd'hui les esprits ils se laissent captiver par cette prévention, qu'ai-je à faire, sinon me recueillir en moi, et demander en haut des secours et des forces ? » Les choses se passeront bien ainsi.

Au mois de décembre 1838, souffrant d'une très douloureuse inflammation d'entrailles et sentant venir la mort, il exprime, quoique interdit, à ses proches le désir de se confesser. Informé de ce souhait, Mgr Féron, l'évêque du moment, se rend au domicile de l'illustre malade et consent à lever la mesure de son prédécesseur, pourvu que Montlosier signe une rétractation de tout ce qui, dans ses écrits ou discours, a pu affliger l'Eglise, être contraire à son enseignement sur le dogme, la morale et le culte. Le comte n'accepte qu'une rétractation orale, le prélat ne cède point, le mourant se résigne : « On ne veut pas de ma confession ? Mais Dieu est juste et je peux me passer de prières ainsi refusées. Qu'on m'emporte dans la petite chapelle de Randanne : elle m'attend. Qu'on y plante une croix pour prouver que j'ai voulu mourir en catholique. Les pauvres femmes se signeront en passant, leur prière me suffira. » L'autorité ecclésiastique refuse toute participation du clergé à ses funérailles : c'est à peine si, au moment où le cercueil passera devant Saint-Pierre-les-Minimes, les portes s'entrouvriront, laissant apercevoir dans l'église silencieuse l'autel désorné.

Alors, les Clermontois veulent combler ce vide et suivent le corbillard, en un immense cortège : gens de toutes classes et de toutes opinions. Plusieurs tiennent en main, en guise de paroissien, un exemplaire du *Mémoire à consulter*. Au seuil de la maison mortuaire, un ami du défunt prononce quelques mots :

« Si quelques hommes, si quelques symboles manquent à ce grand deuil, à ce rendez-vous de toute la cité, n'en ayez ni souci ni colère. L'injustice des hommes est le plus puissant appel à la justice de Dieu. Cette confiance en Dieu n'a jamais manqué à celui que nous pleurons. Témoin de cette mort si douce, si ferme, si digne de la plus noble vie, j'ai entendu sa dernière parole : un pardon demandé à Dieu, accordé aux hommes. »

Après lui, parlent le lieutenant-général, M. Brun de Villeret ; le maire, M. Conchon ; M. Gonod, vice-président de l'Académie, dont lui-même assumait la présidence. Le char funèbre se dirige ensuite, à travers les neiges, vers la solitude de Randanne qu'il atteint au bout de cinq heures de marche. Les paysans s'agenouillent à son passage. Caché au milieu des pins qu'il a plantés, un tombeau attend Montlosier. Sur la dalle de lave, on dresse une croix de bois noir portant la fameuse phrase : *C'est une croix de bois qui a sauvé le monde.*

Tout à coup, les obsèques du comte deviennent une affaire nationale. L'organe libéral de Clermont, *L'Ami de la Charte,* part d'abord en guerre contre l'évêque, dont la pieuse *Gazette d'Auvergne,* au contraire, justifie le comportement. Dans le refus de sépulture religieuse, les libéraux voient une vengeance mesquine des jésuites. Ils annoncent un renouveau de leur domination. L'affaire monte à Paris. A la chambre des Pairs, Cousin et Villemain s'indignent qu'une autorité religieuse ait « osé refuser la sépulture ecclésiastique au chrétien intrépide qui défendait la religion quand elle était menacée ». M. Barthe, garde des Sceaux, déclare qu'il saisira d'une plainte le Conseil d'Etat. Montalembert proteste :

« Moi aussi, je déplore l'acte de Clermont. Mais il n'y a pas de répression possible contre un acte purement spirituel. L'Eglise n'est pas une administration des Pompes funèbres, à qui l'on puisse commander des prières comme on commande un cercueil ou des chevaux de deuil. »

Le 30 décembre 1838, le Conseil d'Etat rend une ordonnance par laquelle il affirme qu'en vertu de la loi du 18 germinal an X il y a bien eu abus de la part de l'évêque.

Un certain revirement se produit alors dans la presse et dans l'opinion publique. Après avoir blâmé l'intolérance de Mgr Féron, sa sévérité indigne d'une religion d'amour, plusieurs journaux, tels que *L'Univers, Le Semeur,* organe protestant, le *Journal du Commerce, le Droit* accusent l'Etat de se mêler de ce qui ne le regarde point : les lois qui régissent la sépulture religieuse sont canoniques et non civiles ; leur application appartient donc à l'Eglise qui les a établies, non à l'Etat qui les ignore. S'il y a abus, il provient du gouvernement. *Le Charivari* a de plus la malice de rappeler la composition du Conseil d'Etat responsable de l'ordonnance du 30 décembre : il compte deux théologiens orthodoxes contre trente-cinq protestants, six juifs et de nombreux mécréants qui, avant de s'ériger docteurs ès sciences théologiques, « ont été pour la plupart vaudevillistes, amateurs de chevaux ou coureurs de coulisses ». D'oppresseur, l'évêque de Clermont devient victime et regagne les sympathies.

Le ridicule du jugement est également mis en lumière par un libelle, simplement signé Timon, qui paraît dans les premiers jours de 1839 sous ce titre : *DEFENSE DE L'EVEQUE DE CLERMONT, traduit pour cause d'abus devant les Révérends Pères du Conseil d'Etat, séant en Concile Œcuménique à l'Hôtel Molé.* Le style en rappelle celui des *Provinciales.* L'opuscule se vend cinquante centimes, de nombreuses éditions en sont tirées coup sur coup, les Français s'en tiennent les côtes, même si leur rire est parfois un peu jaune. Voici quelques-uns des propos que Timon-Montalte prête à son évêque :

Je vous demande un million de pardons si j'entre un peu trop brusquement en matière ; mais il m'avait été dit, voyez comme on est méchant ! qu'il y avait parmi vous des gens qui ne croyaient pas à ce que nous croyons ; d'autres qui croyaient à tout ; et d'au-

tres, en plus grand nombre, qui ne croyaient à rien du tout ; que vous seriez tout à fait hors d'état de distinguer la grâce efficace de la grâce concomitante ; que vous aviez pour la plupart fait votre cours de théologie au balcon de l'Opéra ; et que si vous n'étiez pas très forts sur les mystères de la Sainte-Eucharistie, vous saviez au juste, en revanche, de combien de doigts il faudrait raccourcir les jupes des danseuses... Mais l'on m'avait trompé, et ce n'est pas une illusion : je vois Son Eminence monseigneur le Ministre des Cultes qui s'assoit dans son fauteuil pontifical ; les Conseillers d'Etat lui servent de grands-vicaires ; les Maîtres des requêtes portent l'étole des diacres, et les Auditeurs-enfants-de-chœur font fumer l'encens dans leurs cassolettes...

Timon reprend un à un certains termes de l'ordonnance signée par Louis-Philippe : *Vu... vu... vu... refus de sépulture catholique... oppression et scandale public...* Il s'élève contre la confusion du spirituel et du temporel :

Il y a dans ce procédé quelque chose, mes Révérends, qui ne ressemble pas mal à ce que vous autres, n'est-ce pas, vous appelez du jésuitisme ?... Je commence à voir maintenant la façon dont vous voulez, vous autres, Conseiller d'Etat et pairs de France, être obéis et servis, confessés, oints et sépulturés. Le cas échéant, le curé sur la réquisition du maire et en compagnie de deux gendarmes... Le commandant de la force armée amènera son mort de qualité, et braquera sur les portes du sanctuaire deux pièces de huit. Vous aurez alors partie gagnée : car que faire, mes Révérends, avec les canons de l'Eglise contre les canons du roi ?

Jamais obsèques n'auront tant fait rire en un pays pourtant où l'on est coutumier de rire de tout. Ce furent vraiment là de grandes heures de l'esprit.

Les grandes heures de la science.

Longtemps, les médecins eurent plus de connaissances littéraires que scientifiques, une plus longue familiarité avec le latin et le grec qu'avec les hôpitaux ou les léproseries, ces dépotoirs de misère. Marcellin Bompart, le premier grand médecin auvergnat dont l'histoire ait retenu le nom, ne fait pas exception à la règle. Un de ses patients et admirateurs, le sire de Chouvigny, apparenté aux La Fayette, le complimente ainsi :

Tu connais si bien le grégeois
Qu'il semble que tu sois d'Athènes.

Il atteignit néanmoins de son temps une telle renommée par ses succès, qu'Antoine Coiffier Ruzé, marquis et maréchal d'Effiat, se l'attacha et voulut se faire accompagner de lui dans tous ses déplacements. Il devint même médecin de Louis XIII, comme le lui avait prédit le même Chouvigny :

Tu devrais quitter ces provinces
Et former bien d'autres desseins,
Car le prince des médecins
Doit être médecin des princes.

Né au Puy en 1594, Marcellin Bompart, docteur à vingt ans, s'installa à Clermont, y épousa la fille d'un apothicaire. Il ne comptait alors dans la ville que deux confrères qu'il éclipsa très vite, car les échevins le chargèrent de servir à lui seul l'hôpital des malades. Bénévolement. En contrepartie, il était exempté de toute imposition et de toute garde sur les remparts. En 1629, il reçut un appel de la marquise d'Effiat, le priant de venir au plus vite au chevet de son mari. *Comme il y a déjà deux médecins,* précisait-elle, *je vous prie de dire devant eux que c'est vous qui désiriez le voir.* Il se rend donc au château, il voit le malade, il le guérit. Sa fortune est faite. On l'emmène à Paris, où il soutient de beaux débats, en grec et en latin, parmi les plus grands docteurs de l'époque : Malebranche, Cousinot, Brayer, Seguin... Mais le climat lui convient si peu qu'il s'enfuit et retourne à Clermont. En décembre 1630, une lettre comminatoire de Ruzé d'Effiat lui ordonne de revenir. Il obéit à contrecœur. Pour le récompenser, son protecteur le fait nommer « médecin ordinaire du Roi ». L'année suivante, il se voit décerner un autre titre important, celui d'intendant des eaux minérales et des bains du Bourbonnais et de l'Auvergne. Il prend cette charge très au sérieux, fait procéder à des analyses, établit les vertus curatives des sources de sa juridiction, écrit en latin un *Traité des eaux minérales.* Bref, il est le premier médecin hydrologue. Fondateur d'une science en laquelle les docteurs d'aujourd'hui ne croient plus guère, parce qu'elle agit lentement et qu'ils disposent de remèdes fulgurants, sulfamides, antibiotiques, et autres potions magiques.

Cela dit, quelques insuccès éclatants affligèrent la carrière de Marcellin Bompart. Malade lui-même, il n'était pas là lorsque le maréchal d'Effiat fut atteint de « fièvres chaudes » en Lorraine, le 27 juillet 1632, et en mourut, après avoir longuement et vainement réclamé « son Auvergnat ». Revenu à Clermont, il eut l'occasion de donner ses soins à l'évêque Joachym d'Estaing. Il connut, les quinze dernières années de sa vie, les tortures de la goutte et de la gravelle. Dans la biographie qu'il lui a consacrée, son arrière-petit-fils, Etienne Bompart de Saint-Victor, en donne une explication élégante : « Tous les maux par lui vaincus et chassés des corps étrangers cherchaient à se venger sur le sien de la honte de leur défaite, et à faire payer cher au vainqueur la gloire de ses triomphes. »

Chimie et médecine devaient provoquer chez nous en l'année 1871 une conjonction exceptionnelle, comme disent les astrologues, dont les effets se révéleront merveilleusement bénéfiques pour les pauvres hommes : celle de Louis Pasteur, d'Emile Duclaux, son élève préféré, et d'Emile Roux, élève du précédent. Le champ de ce rapprochement fut la faculté des sciences, alors située tout en haut du jardin botanique de Clermont-Ferrand, à l'emplacement actuel du rectorat [1].

Emile Duclaux fut à l'origine de la venue de Pasteur en Auvergne. Il était né en 1840 à Aurillac, au coin de la rue Neuve qui porte aujourd'hui son nom et de la rue Marinhie (actuelle rue Victor-Hugo), dans la famille d'un huissier de justice. Après ses études au collège local, il obtient les baccalauréats ès lettres et ès sciences, qui soulignent en lui l'esprit de géométrie allié à l'esprit de finesse. Habitué aux doubles succès, il est admis en 1859 à l'Ecole polytechnique et à l'Ecole normale supérieure. Il opte pour la seconde où Louis Pasteur assure depuis deux ans la direction des études scientifiques, outre la surveillance du régime économique et hygiénique, la discipline générale, les relations avec les familles. Le savant brillait d'un tel prestige aux yeux des jeunes normaliens que Mme Duclaux (l'Anglaise Mary Robinson) pourra écrire plus tard : « Ils croyaient en Pasteur comme les romantiques de 1830 croyaient en Victor Hugo. » Agrégé de physique en 1862, Duclaux obtient l'autorisation de rester attaché au laboratoire du maître comme préparateur ; le ministre la lui accorde à

1. Cette faculté avait été ouverte en 1854 par Henri Lecoq, par ailleurs pharmacien au 29 de la rue Balainvilliers et directeur du jardin botanique. Lecoq en était alors le seul professeur, maître des trois règnes. N'étant ni licencié ni docteur, il avait dû régulariser sa situation en soutenant à Lyon une thèse sur la *Distribution géographique des végétaux à fleurs colorées.* Son ancienne maison, rue Bardoux, est devenue le Musée Lecoq.

regret : ... *Il doit être entendu que si, dans le courant de l'année, les besoins du service exigent que M. Duclaux soit envoyé dans un lycée des départements, il devra se mettre à la disposition de l'Administration. C'est à cette seule condition que je puis consentir à le laisser à l'Ecole.* En même temps qu'il collabore aux travaux de Pasteur sur la génération dite spontanée et sur les maladies des vers à soie, Duclaux écrit et soutient sa thèse. Le doctorat lui vaut un poste de professeur-suppléant de chimie à la faculté des sciences de Clermont-Ferrand, le titulaire étant M. Audigier. Le voici de retour en Auvergne, avec le titre de plus jeune professeur d'université de France, à l'âge de vingt-six ans.

En 1868, Pasteur est frappé d'une hémiplégie qui lui paralyse la moitié gauche. Duclaux accourt de Clermont-Ferrand ; il est de ceux qui se disputent l'honneur de veiller à son chevet. Personne n'y comprend rien : une hémiplégie à l'âge de quarante-six ans, cela s'est-il jamais vu ? Pasteur est peut-être le plus jeune hémiplégique de l'Histoire ! Puis le mal s'affaiblit ; Emile Duclaux retourne à ses cornues.

Lorsque éclate la guerre de 1870, Pasteur a suffisamment récupéré ses fonctions pour songer à s'enrôler dans la garde nationale. On lui fait comprendre qu'on ne prend pas les paralytiques, même améliorés. Les prouesses des Prussiens le remplissent d'horreur. En janvier 1871, il renvoie à l'université de Bonn le diplôme de docteur en médecine qu'elle lui avait décerné deux ans plus tôt. Dans les mois qui suivent, il se trouve, lui et sa famille, pratiquement sans domicile, chassé de Paris par le siège et d'Arbois, sa ville natale, par l'occupation étrangère. D'Italie lui arrivent plusieurs propositions : une chaire de chimie à Pise, la direction d'un établissement séricicole à Milan. Il refuse. Il erre entre Genève et Lyon, cherchant un refuge. Son élève préféré, Emile Duclaux, le lui offre : son appartement de Clermont, 21, rue

Montlosier. Il est petit, mais ils se serreront. On trouvera même un peu de place pour les vers à soie dont il étudie les maladies. A la mi-avril, voici réunies les deux familles et semées les premières graines de bombyx.

Une épidémie ravageait les magnaneries méridionales : la *pébrine,* ainsi nommée parce que les papillons atteints étaient marqués de nombreux petits points bruns pareils à des grains de poivre. Les éleveurs avaient essayé mille remèdes : saupoudrage des vers avec du sucre, du soufre, du charbon pilé, des cendres, de la suie, de la poudre de quinquina ; aspersion de vin, de rhum, d'absinthe ; fumigation au chlore ou au goudron ; quelques-uns avaient même employé l'électricité. Pasteur, lui, au lieu d'attaquer la pébrine par la fin, la saisit au commencement. Il ne songe pas à trouver une médecine miraculeuse, mais élimine les sujets atteints, ne garde que la graine saine, exempte de « corpuscules ». Pour cela, il faut examiner les vers au microscope.

« Sommes-nous capables de regarder dans un microscope ? protestent les petits magnaniers.

— Vous recourrez au maître d'école, qui fera cela pour vous.

— Un microscope coûte de cent à cent vingt francs. Croyez-vous que nous puissions disposer d'une pareille somme ?

— Associez-vous. Ou faites-le acheter par la commune. »

Rue Montlosier, dans les mansardes d'Emile Duclaux, il poursuit ses observations et ses recherches. Il a l'habitude des greniers : à l'Ecole normale supérieure, il ne disposait pas d'autre chose dans ses débuts. Cependant, Paris est en proie aux affres de la plus radicale révolution qu'il ait jamais enfantée. « Je cherche, écrit Pasteur à un ami, dans le travail dont je suis capable, une distraction à tous les cauchemars communards et prussiens. »

Mais il est coutumier de poursuivre plusieurs lièvres à la fois. Avide de servir son pays selon ses forces et ses talents, il songe à combattre d'autres maladies : celles de la bière. Il y est préparé par ses travaux antérieurs sur la pébrite, les générations « spontanées », les fermentations du vin et la fabrication du vinaigre. Il y est poussé plus encore par son désir de combattre l'Allemagne sur un autre terrain : la bière française doit pouvoir rivaliser en qualité et conservation avec les bières allemandes, les meilleures d'Europe. Entre Clermont et Chamalières, la brasserie Kuhn (devenue plus tard la « Fauvette ») fabrique un breuvage assez plat et facilement altérable. Les ouvriers, le propriétaire accueillent le savant avec respect et sympathie. D'autant plus qu'il ne demande aucune rémunération. La direction fait bien les choses : elle met à sa disposition une chaise et une table de bois blanc. Dès le mois de juin, il écrit à son disciple Maillot : « Vous apprendrez bientôt que j'ai fait ici une découverte importante qui sera je pense très fructueuse pour notre chère Patrie. Il s'agit d'un procédé nouveau de fabrication de la bière qui portera la mort dans l'âme de nos bons voisins allemands. »

Tout en menant ces divers travaux, il fréquente assidûment la faculté des sciences, y profite du laboratoire d'Emile Duclaux. Les gens du quartier connaissent bien sa silhouette modeste, son habit et son chapeau noir, son pas traînant, à cause de la jambe gauche qui peine à suivre, depuis 1868 ; la manière dont il serre toujours contre lui quelque flacon ; son visage grave ; sa barbe poivre et sel. Il n'a pas encore accompli ses découvertes les plus glorieuses ; mais on sait qu'il appartient à l'Académie et qu'il est allé, un jour, affronter le choléra de Marseille, alors que personne ne le lui demandait.

En juillet, Duclaux préside un jury de baccalauréat. Il a l'occasion d'interroger un brillant sujet, venu du Puy, après avoir été comme lui-même élève au collège d'Aurillac. *Nom :* Roux. *Prénom :* Emile. Ces similitudes l'amusent.

« Désirez-vous faire de la chimie ? demande l'examinateur.

— Non. De la médecine. »

Emile Roux, toutefois, né à Confolens, n'appartient pas à une famille auvergnate. Mais c'est à Clermont qu'il va faire ses études de médecine, et il suivra les cours de Duclaux à la faculté des sciences. Pasteur n'y sera plus. En août 1871, il a quitté Clermont pour l'Angleterre, où il va continuer ses études sur la bière chez les fabricants de *stout* et de *pale ale.* Quoique excellents, leurs produits sont soumis à de fréquentes altérations. Afin de tuer les germes responsables, Pasteur leur conseillera de les chauffer à 50-55 degrés centigrades. Les résultats obtenus seront éblouissants, et l'on appellera désormais cette méthode la *pasteurisation.* Lui-même n'en tirera pas un centime, mais il dira : « Je n'ai pas travaillé pour rien, puisque j'ai gagné des amis à la France. »

A Clermont, pendant ce temps, Duclaux enseigne deux années encore, toujours adjoint de M. Audigier. En 1873, il est nommé professeur titulaire à Lyon ; l'année suivante à Paris, à l'Institut national agronomique. Son ancien élève, demi-homonyme, demi-compatriote, Emile Roux, poursuit ses études sans lui. Pendant les vacances, il soigne les malades du Puy, pour l'amour des hommes et de la médecine. Le médecin-chef de l'établissement lui délivre un certificat qui figure actuellement au musée Pasteur : *Doué d'un jugement droit, d'une intelligence vive, du goût des choses sérieuses, laborieux, passionné par les sciences, instruit comme on l'est rarement à son âge, M. Roux est un sujet d'élite.*

En 1878, les trois savants se trouvent à Paris. Emile Roux y termine sa médecine, dans des conditions matérielles difficiles. Emile Duclaux, profitant des loisirs que lui laisse sa chaire lyonnaise, travaille avec Pasteur. Un jour, il lui amène son ancien élève, Pasteur lui ouvre son laboratoire. De cette rencontre, sortiront les découvertes capitales d'Emile Roux, le vaccin antityphoïdique, le vaccin antitétanique et, par l'intermédiaire de son élève Albert Calmette (un autre Auvergnat, ancien élève du lycée Blaise-Pascal de Clermont), le B.C.G.

Louis Pasteur revint en Auvergne en juin 1883. Depuis dix-huit mois, à la suite de ses travaux sur le rouget des porcs, le charbon des moutons et des vaches, les animaux de notre cheptel étaient vaccinés par centaines de milliers. A l'occasion d'une exposition agricole, le département du Cantal voulut rendre au savant un solennel hommage de reconnaissance. Le maire d'Aurillac lui offrit une coupe en bronze argenté (on n'était tout de même pas allé jusqu'à l'argent massif !), sur les flancs de laquelle s'enroulait une procession de moutons et de vaches, surmontée, comme d'une comète, par une seringue à inoculation. Pasteur se promena à travers le comice, s'entretenant familièrement avec les éleveurs, caressant les échines laineuses. Au sortir de l'exposition, il fut croisé dans la rue par un paysan qui s'arrêta net, leva son grand chapeau de peluche et cria :

« Vive Pasteur !... Vous m'avez sauvé mon bétail ! »

Les médecins de la ville voulurent le fêter aussi. Trente-deux se réunirent pour boire à sa santé. Le Dr Fleys, médecin-chef des Hospices, le salua dans son toast comme « le précurseur de la médecine future, le bienfaiteur de l'humanité ».

Cinq ans plus tard, sera fondé l'Institut bactériologique, dit Institut Pasteur. Lorsque le Maître disparaîtra, en 1895, Emile Roux prendra sa place, assisté d'Albert Calmette et de Louis Martin, originaire du Puy. Calmette devait remplacer Roux ; mais il mourut cinq jours avant lui, le 29 octobre 1933. C'est donc Louis Martin qui tiendra la barre jusqu'en 1946.

Ainsi, pendant le demi-siècle qui suivra le décès du fondateur, l'Institut Pasteur sera une affaire auvergnate.

Le rire et l'intuition.

Par décret du 28 septembre 1883, *M. Bergson, nommé professeur de philosophie* (3e *classe*), *au lycée de Carcassonne, est nommé professeur de philosophie* (3e *classe*), *au lycée de Clermont-Ferrand, en remplacement de M. Adam appelé à d'autres fonctions.* Si l'on comprend bien, c'est à une retouche de dernière minute des décisions administratives — dont les raisons nous échappent — que l'Auvergne doit l'honneur d'avoir reçu Bergson. Il restera chez nous cinq années, décisives pour sa carrière et pour la philosophie.

Sorti de l'Ecole normale en 1881, il a occupé un premier poste à Angers. Lorsqu'il arrive au lycée Blaise-Pascal, rue de la Halle-au-Blé, c'est un jeune homme de vingt-trois ans, mais qui en paraît davantage. Un cliché de l'époque, œuvre du photographe Gendraud, le montre dans une veste d'alpaga noir aux revers très serrés, laissant à peine l'espace nécessaire au gros nœud de la cravate sous les deux becs du col dur. Ce col s'élargira encore avec les années, se fermera presque entièrement comme celui d'un *clergyman.* Trois choses vieillissent le visage mince, qui a pourtant la netteté lisse de la jeunesse : la moustache touffue et sans élégance ; le front haut, légèrement dégarni ; un air de gravité plus que professoral, qui confine à la tristesse. Une chose l'illumine : le regard des yeux très clairs. On se demande si cet homme riait souvent. S'il savait même sourire. Et cependant, un de ses premiers sujets d'étude porte sur le *comique* auquel il s'intéresse non point en praticiant, mais en pur théoricien. De même, je suppose, que certains prêtres modernes s'intéressent étonnamment à la sexualité.

A peine installé, Bergson donne, le lundi 18 février 1884 à 20 h 30, une conférence dont un compte rendu paraîtra dans le *Moniteur* : « Une nouvelle conférence avait été annoncée : un philosophe devait parler du *rire*. De quoi rit-on ? Pourquoi rit-on ? Bien des gens ne le savaient pas, quelques-uns ne se l'étaient jamais demandé, qui ont pourtant mené bonne et joyeuse vie. Tous ceux qui ont trouvé place sur les gradins ou autour de l'orateur s'en sont retournés séduits et charmés. Ils avaient appris bien des choses sur le fond même du sujet. Et puis, comme chacun l'avait bien espéré à part soi, dans cette conférence sur le rire, il y avait bien des mots pour rire... M. Bergson a émaillé sa conférence d'anecdotes fort heureusement choisies. Il a pris pour collaborateurs ou cité comme témoins Molière et Cervantès, Augier et Labiche... Le public riait deux fois : d'abord parce que les citations étaient amusantes ; ensuite parce que, de l'avis de M. Bergson, on avait raison de rire. C'est une bien grande consolation que de se divertir selon les règles, comme de mourir sur avis conforme de la Faculté. »

Le journaliste explique la méthode du philosophe : « Il part modestement d'une anecdote. Tandis que le public rit encore à belles dents, M. Bergson a déjà tiré de l'anecdote une observation, un fait ; et le voilà qui court avec une prestesse singulière vers sa conclusion. Il se garde bien de nous dire d'avance où il va ; il nous cache le fil avec lequel il fait miroiter la situation et tire à lui les conséquences. »

Il donne enfin l'analyse du rire, autant qu'il a pu la retenir et la comprendre. « Le rire, suivant M. Bergson, résulterait d'une brusque interruption dans le déploiement de notre activité, ou serait un effet de la sympathie. » On reconnaît déjà les principes et les analyses que Bergson établira plus tard dans son *Traité du rire*. Il ne les a pas tirés de contacts hautement humoristiques avec les Auvergnats, mais uniquement de ses lectures et de ses réflexions. Du moins les Auvergnats l'ont-ils encouragé dans ses recherches.

Un autre encouragement lui vient du ministère : par décret en date du 18 juillet 1884, *M. Bergson, agrégé de philosophie, professeur au lycée de Clermont, est chargé en outre, pour l'année scolaire* 1884-1885, *de faire deux conférences de philosophie par semaine à la faculté des lettres de cette ville.* Deux conférences, c'est-à-dire, dans la terminologie universitaires, deux leçons, sur un programme très scolaire. Elles seront reconduites d'année en année, jusqu'à son départ pour Paris.

Les vacances scolaires dans les lycées et collèges commençaient alors la seconde semaine d'août, après le rite solennel de la distribution des prix, en présence des plus hautes autorités civiles, religieuses, administratives, militaires, chaque professeur dûment revêtu de sa toge et des insignes de son grade. Le discours d'ouverture revenait au plus jeune professeur le plus récemment nommé : Bergson fut de corvée le 5 août 1885. Il prit pour sujet *la Politesse,* qualité hautement française et universitaire, dont il jugea bon toutefois d'approfondir le sens avec une subtilité toute philosophique. Il distingua la *civilité,* faite de bonnes manières extérieures, de la *politesse de l'esprit,* spécialité du parfait homme du monde, de la *politesse du cœur* sans laquelle il manquerait quelque chose à la charité, enfin de *la politesse de la conviction* qui n'est rien d'autre que la tolérance. Quoique cette analyse n'ait point été reprise par la suite, on peut y relever déjà certaines doctrines typiquement bergsoniennes. Ainsi, l'idée des deux tendances complémentaires de la Vie, d'une part à l'individuation, à la division des tâches, de l'autre à la sociabilité, formera une des thèses importantes de *l'Evolution créatrice.* De même, la théorie du sentiment de la grâce figurera presque sans changement dans sa thèse de doctorat : *Essai sur les données immédiates de la conscience.*

Il y travaille les cinq années de son séjour clermontois. Après avoir habité au 38 de la route d'Aubière, il s'installe plus près de son lycée, au numéro 7 du boulevard Trudaine, rez-de-chaussée, face à l'ancien Grand Séminaire qui, après la Révolution, est devenu la caserne d'Estaing (actuellement, école supérieure de Commerce). Il fréquente ses collègues universitaires, MM. Blatin, Amédée Gasquet, Lécuellé, Jullien, Paul Monceaux, et même le recteur Bourget, père du romancier. Il participe à des séances d'hypnotisme chez le Dr Moutin et y prend un vif intérêt. Sa distraction préférée était la marche, comme il convient aux méditatifs. Ses promenades solitaires l'amenaient jusqu'à Beaumont, suivant un chemin bordé de vignes et de guinguettes ; il arrivait ainsi jusqu'aux pentes de Boisséjour, plantées de châtaigniers ; il revenait à petits pas, en réfléchissant à ce qu'il avait vu. Un dimanche d'automne, il assista ainsi à la cueillette des châtaignes, par des femmes et des enfants qui poussaient de petits cris chaque fois qu'ils se piquaient les doigts. Sans doute s'en souviendra-t-il en écrivant une des plus belles pages de *l'Evolution créatrice :*

Comme des tourbillons de poussière soulevés par le vent qui passe, les vivants tournent sur eux-mêmes, suspendus au grands souffle de la vie... Parfois cependant se matérialise à nos yeux, dans une fugitive apparition, le souffle invisible qui les porte. Nous avons cette illumination soudaine devant certaines formes de l'amour maternel, si frappant, si touchant aussi chez la plupart des animaux, observable jusque dans la sollicitude de la plante pour sa graine. Cet amour, où quelques-uns ont vu le grand mystère de la vie, nous en livrerait peut-être le secret. Il nous montre chaque génération penchée sur celle qui la suivra. Il nous laisse entrevoir que l'être vivant est surtout un lieu de passage et que l'essentiel de la vie tient dans le mouvement qui le tranmet.

Bergson termine à Clermont l'*Essai sur les données immédiates de la conscience,* l'envoie à la Sorbonne et en reçoit accusé de réception. Il y expose sa découverte la plus révolutionnaire et la plus féconde, celle d'une nouvelle manière d'appréhender la connaissance, l'intuition, aussi différente de l'intelligence discursive que la nage l'est de la marche, particulièrement appropriée au monde du devenir et du vivant : « Espèce de sympathie intellectuelle par laquelle on se transporte à l'intérieur d'un objet pour coïncider avec ce qu'il a d'unique, et par conséquent d'inexprimable. » Or cette intuition était déjà un principe éminemment auvergnat, puisque pascalien, sous les vocables de *sentiment, cœur, instinct :* « Nous connaissons la vérité, non seulement par la raison, mais encore par le cœur ; c'est de cette dernière sorte que nous connaissons les premiers principes, et c'est en vain que le raisonnement, qui n'y a point de part, essaye de les combattre... »

Ainsi, avec des intentions différentes, Pascal et Bergson en arrivent à montrer les faiblesses de la raison raisonnante, de la géométrie, du bon sens, de la logique, ouvrant des avenues que suivront plus tard de grands continuateurs, de Freud à André Breton, de Claude Monet à Debussy. Des avenues sans doute un peu surpeuplées de nos jours.

La félibrée d'Arsène Vermenouze.

Il naquit à Vielles, près d'Ytrac, à deux lieues d'Aurillac, le 26 septembre 1850, de dame Marie Garric et de « Firmin Vermenouze, marchand actuellement en Espagne ». Mais ses parents sont aussi propriétaires d'un beau domaine où travaillent plusieurs domestiques qu'il évoquera dans *Mon Auvergne :*

Les bouviers, les bras nus, las, de sueur baignés
Et d'un parfum de fleurs sauvages imprégnés,
Cependant qu'on leur fait la soupe et qu'on la trempe,

Et que debout, l'un trace avec un long couteau
Une croix sur le pain, dont il coupe un chanteau,
Viennent prendre un à un leurs places sous la lampe.

Mais l'aventure espagnole, traditionnelle dans cette région de l'Auvergne, le tente plus que tout. A seize ans, il se confie à des compatriotes venus en permission, se mêle à leur vie de commerce et de contrebande. Le voilà errant sur les routes de la Manche et de la Castille, blotti dans un chariot entre les rouleaux de toile qui lui servent de hamac. Il mène ainsi dix-huit années une existence « trafiquante et boutiquière », à peine interrompue en 1870 par son engagement volontaire au 4e hussards. Il rencontre en Espagne celle qui pourrait devenir sa compagne ou sa Béatrice, chantée plus tard en *terza rima :*

Je la vois encor toute en crêpon et satin,
Sous son ciel espagnol où volaient des arondes,
Dans le sourire jeune et rose du matin.

Sa mantille flottant sur elle en brumes blondes,
Un rosaire dans ses doigts fins gantés de blanc,
Elle arrêta sur moi ses prunelles profondes.

Mais une autre inspiratrice l'attend au terme de ses voyages, plus austère et moins périssable : l'Auvergne. Il s'y fixe à partir de 1884. Au 18 de la rue d'Aurinques (devenue aujourd'hui rue Arsène-Vermenouze), il exploite une distillerie avec ses cousins Garric. En même temps qu'il mène ses affaires, Arsène publie dans *le Moniteur* et *la Croix du Cantal* des poèmes en français et en langue d'oc.

Puis, avec quelques amis, il fonde *Lo Cobreto* [1] qui trouve tout de suite 6 000 abonnés parmi les Auvergnats de Paris et devient l'organe officiel de l'« Ecole auvergnate », rattachée au félibrige provençal. Très vite, Vermenouze prend la tête de ce mouvement. Il a déjà magnifiquement souligné l'appartenance de l'Auvergne à la vaste famille occitane :

Eh quoi ! Les Provençaux promènent leur cigale
Qui chante tout le jour, les ailes au soleil ;
Et nous, Auvergnats, n'aurions pas même un grillon
Pour chanter les grandeurs de la terre maternelle ?...

Au banquet parisien qui accompagne la naissance de *Lo Cobreto*, Vermenouze prononce un discours en langue d'oc, et lance cette prophétie : « *Ourén nostre Mistral !* Nous aurons notre Mistral ! » A quoi la salle répond, unanime : « *L'obon ! L'obon !* Nous l'avons ! » Les rites mistraliens sont adoptés par l'Ecole auvergnate ; les animateurs, suivant leur grade hiérarchique, deviennent *capiscol, capoulié, majoral ;* à la fin de chaque *covise* (réunion) ils entonnent l'hymne de la *Coupo Santo* vidée ensuite comme un calice avec *estrambord* (enthousiasme). Pour accentuer sa ressemblance avec le père de *Mireio*, Arsène Vermenouze se laisse pousser une moustache et une barbiche bifide.

Dans un poème paru le 8 novembre 1890, il lance une invitation :

Cigaliès proubençaus, benès nous beire Ourlhat,
Quond lo ginesto d'or desplèguo soi guirlandos...

Cigaliers provençaux, venez nous voir à Aurillac
Lorsque le genêt d'or déploie ses guirlandes...

1. *La cabrette ;* un *cabrettaïre* illustrait le frontispice.

Il faudra cinq ans pour qu'elle soit relevée. Pendant ce temps, la poésie de Vermenouze s'épanouit, sa renommée s'envole. L'Auvergnat de Paris, Jean Ajalbert, rédacteur au *Figaro,* répand son nom dans la capitale. Une réception triomphale lui est faite le 9 décembre 1894 à Saint-Mandé par la Ligue auvergnate que préside, ce jour-là, Emile Duclaux, directeur de l'Institut Pasteur, membre de l'Institut et cousin du poète.

Une ambassade est confiée à Eugène Lintilhac, professeur parisien et félibre cantalien : il ira proposer à Mistral de venir rencontrer ses amis auvergnats à l'occasion d'une grande *félibrée* à Aurillac et à Vic-sur-Cère. Il revient de Maillane, sinon avec une promesse formelle, du moins avec un espoir. Le comte de La Salle propose d'accueillir le Maître dans un de ses châteaux. Après un échange de correspondance, Vermenouze peut écrire au comte : « L'arrivée de Mistral et de Félix Gras, le barde de Toulouse, n'est plus qu'une question de temps. »

En attendant, *Lo Cobreto* organise les premiers jeux floraux de l'Ecole auvergnate, ouverts aux élèves des établissements scolaires. Ceux-ci doivent traduire en langue d'oc l'ode d'Horace *Ad fontem Bandusiam* ou la fable de La Fontaine *Le cochon, la chèvre et le mouton.* Comme il faut bien fixer une date, on décide que la félibrée se tiendra à Aurillac le 25 juin 1895, et à Vic le 26. On aura la musique militaire, des drapeaux et des bannières, une conférence au théâtre, la remise des prix, un grand banquet à Vic, de nombreuses cabrettes, des vers à profusion ; on espère Félix Gras et Mistral, avec une vingtaine de félibres provenant de deux ou trois *maintenances.* D'autres invitations pressantes partent vers Maillane, qui tarde à répondre. Enfin, le Maître daigne expliquer que les félibres auvergnats ne doivent pas compter sur sa venue : une influenza récente lui a laissé une certaine faiblesse qui, à son grand regret, l'empêche de se mettre en voyage. Grande déception en Haute Auvergne. Ce sera, comme dit une expression locale, une Saint-Jean sans cerises.

Cela ne retient pas les autres félibres, dont la troupe débarque à Aurillac le 24 juin, accueillie sur le quai de la gare par le maire de la ville, l'Ecole auvergnate, la musique municipale. Liesse générale. Toute la population est aux fenêtres ou dans la rue pour applaudir les délégations du Bas-Midi. Le soir, au Théâtre, M. Bessières, professeur de rhétorique au lycée, donne une conférence sur le félibrige. L'abbé Courchinoux lit et commente le palmarès des jeux floraux. Puis, Arsène Vermenouze, raide, bien campé, l'œil flambant, récite un poème épique, *L'Eclo e lou Gal* (L'Aigle et le Coq) qui sont en fait les deux adversaires de Gergovie : *Cesar e Bercingetoris.* Pressé par l'assistance, le *capoulié* Félix Gras accepte de prononcer une allocution en langue provençale, que les Auvergnats comprennent aisément. Vient ensuite la partie musicale. Un cabrettaïre joue *regrets* et bourrées. La musique du 139e exécute une ouverture de Beethoven, *La Marseillaise* et, pour finir, un air lent et nouveau que personne ne reconnaît. On s'informe, on apprend qu'il s'agit de l'hymne russe qui ne s'imposait pas, mais que la récente alliance peut justifier.

Le lendemain, à Vic-sur-Cère, patrie du Moine de Montaudon, un grand banquet rassemble les félibres sous une tente dressée dans le jardin de l'école. Sur le menu, un troubadour en costume du XIIe siècle donne la main à un cabrettaïre, tandis que la Poésie les couve de ses ailes. On débite encore force discours, en vers et en prose, on porte des *brindes* (toasts), on lit un message de Mistral et de nombreux télégrammes de félicitations, on entonne la *Coupo Santo,* on rédige une réponse au Maître. Puis les félibres sortent de la tente, la ceinture discrètement relâchée, le cœur débordant d'*estrambord.* A quatre heures, sur la place de Vic, d'une estrade chargée de fleurs, ils assistent au concours de cabrettes ; et chacune

... o pleno pel,
O plen ouire, o plen cormel,
Bufo onei, conto e brouzino
Pel Bas-Miedjour e pel l'Escolo Limousino[1].

La félibrée se termine par le lâcher d'un ballon appelé *Les Félibres* qui monte dans le ciel clair du Carladès, symbole de leurs espérances.

L'année suivante, Arsène Vermenouze publie en édition bilingue *Flour de Brousso* (Fleur de Bruyère) qui rassemble son œuvre éparse, préfacée par Jean Ajalbert. Le *Gil Blas* salue en son auteur le poète de l'Auvergne : « Son volume marque une date dans la renaissance provinciale, après Mistral et Baptiste Bonnet. »

Au début de 1900, se sentant miné par la maladie et désirant consacrer ses dernières forces à l'Auvergne et à la poésie, Vermenouze abandonne la distillerie et se retire dans sa maison paternelle :

Naître, vivre et mourir dans la même maison,
Ce rêve, je l'ai fait, et je le réalise.

Il est resté en relations épistolaires avec Frédéric Mistral. Cinq ans après la félibrée d'Aurillac, il peut enfin réaliser cet autre rêve : lui serrer la main. L'événement se passe à Montpellier, à l'occasion de la Sainte-Estelle. Il se répète à Pau, à Béziers, en Avignon. Une photo-souvenir de cette ultime assemblée montre le Maître resplendissant de gloire et d'orgueil, coiffé de son large feutre, au milieu de ses disciples tête nue. Modestement, Vermenouze se tient

1. A pleine peau, — à pleine outre, à plein chalumeau, — souffle aujourd'hui, chante et vibre — pour le Bas-Midi et pour l'Ecole Limousine.

au rang du fond, tout en haut, à l'extrême gauche, presque invisible, dans sa veste de coutil. Il a l'air du dernier de la classe.

Aux sources de Gaspard.

C'est à la tuberculose que la France doit *Gaspard des Montagnes* et toute l'œuvre d'Henri Pourrat (1887-1959). Il se préparait à une carrière d'officier des Eaux et Forêts, avait déjà été admissible à l'Institut agronomique quand la maladie le retint sur la porte de cette glorieuse école.

« Ménagez votre poitrine, recherchez le grand air, restez allongé le plus souvent que vous pourrez, lui recommanda le médecin, et gobez des œufs crus. »

On croyait très fermement aux vertus curatives de l'œuf cru en ce temps-là. Au cours de ses lentes promenades par les sentiers du Livradois, le jeune Pourrat en emportait toujours quelques-uns dans sa musette. Il en semait derrière lui les coquilles, comme le Petit Poucet ses cailloux. Quant à l'air, il manquait quelque peu dans la maison familiale, rue de la République à Ambert, où ses parents tenaient une boutiquette d'*Articles de Paris,* sous la raison sociale *Pourrat-Debaussaux.* On y vendait du fil, des boutons, des dés à coudre, des bibelots chinois, russes ou japonais ; et un peu d'épicerie, café, chocolat, sucre en pain, vinaigre des Quatre-Voleurs. Mais tout cela exclusivement de première qualité ! Il ne fallait pas compter sur les Pourrat-Debaussaux pour vous procurer la qualité courante. Dans leur négoce comme dans leur conversation, ils employaient ce rien de préciosité qui restera plus tard dans le style de leur fils. Ils reçoivent un jour un enfant :

« Je viens, dit-il, prendre une autre pelote de cette laine grise que vous a achetée ma mère. »

Mme Pourrat, née Berthe Debaussaux, trouve tout de suite sur son rayon la laine dont il s'agit, et tend au petit ce qu'il demande, avec cette correction :

« Voilà. Ta mère a pris de la laine *pintade.* »

M. Marius Pourrat recevait la clientèle cérémonieusement, en jaquette et pantalon rayé provenant du meilleur tailleur de la ville, comme il convenait à un président du tribunal de commerce qui, par surcroît, avait été « officier de complément » après la guerre de 70. Son triomphe était le café que lui-même, après avoir relevé les pans de sa jaquette, grillait devant sa porte, assis sur une chaise de paille : trois tours à droite, trois tours à gauche immuablement. Le feu en devait être de branches de fayard, et l'odeur combinée du bois et des grains se répandait bien au-delà de la mairie et de l'église Saint-Jean. Il composait ensuite des mélanges très étudiés où entraient quatre espèces : Moka, Brésil, Martinique et Bourbon, mais dont il a emporté dans la tombe, malheureusement, le secret des proportions.

Quand on sut Henri atteint du terrible mal, tout Ambert, y compris la famille, le considéra comme perdu. Lui-même écrivit son testament. Par bonheur, deux de ses frères, Jean et Paul, assuraient la perpétuation de la famille et une vieillesse sereine aux parents. Henri Pourrat se prépara donc à mourir, tout en gobant ses œufs pour n'avoir rien à se reprocher. En attendant, et pour passer le temps, il compose de petits poèmes, des chroniques, des récits qu'il envoie au journal local, *L'Echo de la Dore.* Puis il rencontre Jean Angéli, alias Jean l'Olagne (Jean-la-Noisette), avec qui il écrit des contes ambertois, dont ils publient la collection : *Sur la colline ronde* (1912). Mais Jean Angéli tombe à Hébuterne en 1915, Pourrat continue seul le chemin commencé. En 1918, son frère Jean, ingénieur mécanicien, se tue dans un accident de moto. Lui tousse et crache le sang ; mais il survit. Il parle lentement, d'une voix quasi inaudible, économisant son souffle. Les voisins l'appellent « le pas-pressé ».

Un jour, en dépit de sa consomption, il entreprend d'écrire un long roman autour d'un fait divers qui a dû se raconter aux veillées ou se lire dans les livrets de colportage. L'un d'eux, précisément, m'est tombé entre les mains ; imprimé chez Timon à Vienne en 1832, il s'intitule : *Détail des Evénements Malheureux arrivés à diverses époques chez le Sieur Marchand, Aubergiste et Maître de Poste à Seillier.* Il contient l'essentiel de l'anecdote dont Pourrat fera son *Gaspard des Montagnes.* Pourrat ne l'eut jamais sous les yeux ; mais il pressentit son existence, l'établit par l'instinct ou le calcul comme avait fait Le Verrier avec la planète Neptune. Voici comment, dans des feuillets privés, il a raconté cela :

« Il y a surtout un conte derrière lequel je suis parti un jour, essayant de lier les autres à son long fil, d'en faire une longue histoire à cent histoires. C'est celui de la petite laissée seule dans la maison, au milieu des bois. Les servantes, le valet, les parents doivent tour à tour s'éloigner. Et elle a oublié de fermer l'une des sept portes. Une compagne venue l'assister — qu'a-t-elle vu soudain ? — l'abandonne. Dans la nuit, elle entendra quelqu'un sortir de sous le lit, un monsieur... Elle parvient pourtant à fermer sur le brigand la porte de la maison ; et même elle lui abat deux doigts par surprise. Mais il a juré de lui faire crier pitié ; et un matin, au fond des grands bois, elle le reconnaîtra dans l'homme même qu'elle vient d'épouser : il entend à présent prendre sa vengeance.

« Il me semble que j'ai choisi ce conte presque sans choisir... Il court partout, sous des figures diverses ; en Dauphiné, en Normandie, en Savoie, en Bretagne. Une variante qui rejoint presque *Ali Baba* se lit dans les *Légendes Polonaises* de Mlle Strowska. *Les Chauffeurs* du poète normand Féret, c'est l'ordinaire version française. Féret a dit qu'il avait tiré ce conte de sa propre imagination. Mais qui séparera l'imagination de la mémoire ? Probablement, sans le savoir encore, il l'avait entendu conter dans une métairie, au temps des tartines ; ou peut-être l'avait-il lu dans quelque almanach pour 1816 ou pour 1824 déniché au fond d'un placard. »

Avant de la réécrire de sa façon, Pourrat vécut cette histoire chaque jour, visitant les paysans dans leurs métairies, les maîtres dans leurs domaines, questionnant surtout les vieilles personnes : « Vous rappelez-vous ce que vous racontait votre grand-père, votre grand-mère, à propos des Cosaques qui occupaient la région après 1815 ? Des gendarmes d'alors ? Des curés qui se cachaient ?... » Ensuite il revenait, les poches bourrées de notes, les jambes lasses. Comme il lui fallait de l'air, il demandait à ses voisins l'autorisation de s'asseoir en quelque coin de leur jardin, sous un arbre, là où l'ombre et le soleil se mélangent. Et il se mettait à noircir des feuilles. Tel le facteur, il portait un encrier dans sa musette. Alexandre Vialatte assure qu'il écrivit ainsi une bonne partie de *Gaspard* assis dans une brouette, en face de la montagne, dans le jardin de Me Armilhon. De temps en temps, Pourrat gobait un œuf, posant la coquille vide à sa gauche, toujours au même endroit. Bientôt, les coquilles formèrent de petites montagnes, auxquelles personne n'osait toucher, et qui s'élevaient avec la progression du texte.

Pourrat savait qu'en compagnie d'Anne-Marie Grange et de Gaspard son cousin, il devait faire un long voyage. Quand il en fut à la première étape, c'est-à-dire au terme du premier volume, il recommença son manuscrit : la perfection est l'affaire des pas-pressés. Puis il le recopia encore, l'envoya au *Figaro* qui venait d'annoncer un prix littéraire sous son patronage, à remettre en fin d'année, par un jury comprenant Henri de Régnier (président), les deux frères Tharaud, Colette, René Boylesve, Fernand Gregh, Pierre Mille, Edmond Jaloux : tous plus ou moins académiciens, l'élite littéraire du temps. Henri de Régnier raconta le déroulement de l'affaire : « Parmi les cent un manuscrits de romans présentés au concours ... s'en trouvait entre autres un qui méritait véritablement ce nom de *manuscrit*, étant tout entier écrit à la main. Il consistait en un assez volumineux registre cartonné dont les nombreux feuillets étaient couverts d'une haute et fine écriture, un peu penchée et aux lignes serrées. De ces feuillets, avant même d'en aborder la lecture, se dégageait une impression de patience et de sérieux, celle d'être devant « quelque chose ». Et ce qui n'avait été qu'une impression se confirma peu à peu. Si bien qu'à la séance finale, à l'unanimité des voix, le Prix du *Figaro* était attribué à l'ouvrage qui portait comme titre général : *Les Vaillances, Farces et Gentillesses de Gaspard des Montagnes*, et s'intitulait plus particulièrement : *Le Château des Sept Portes ou les Enfances de Gaspard*. L'auteur du roman couronné s'appelait Henri Pourrat. »

Outre la récompense de 10 000 francs-or, quoique en 1921 passablement dédorés, Pourrat eut l'honneur de voir son roman publié en feuilleton dans *le Figaro* de janvier à avril 1922. Tout de suite après, il sortait chez Albin Michel. Ce fut aussitôt un succès éclatant. On le lut dans les villes et dans les campagnes. Très souvent, il fut dans les métairies le premier livre jamais possédé, hors les livres de messe. L'Auvergne entière se reconnut dans cet ouvrage, quelque peu embellie seulement, comme sont les portraits des habiles photographes. Personnellement, j'en fis la lecture à haute voix à ma tante Marie qui gardait ses chèvres dans la tranchée du chemin de fer, là où les acacias ne coûtaient rien. Elle vibrait aux angoisses d'Anne-Marie ; les chèvres elles-mêmes, interrompant leur mastication horizontale, tournaient vers nous le regard de leurs yeux égyptiens, pour montrer la part qu'elles prenaient au récit.

En 1923, Paul Pourrat, le plus jeune des fils, meurt à vingt-deux ans d'un « chaud-et-froid ». Henri, désespéré, écrit : « La famille n'a plus d'avenir. » Pour battre le destin sur son propre terrain, il double sa consommation d'œufs frais.

L'année suivante, en édition pour bibliophiles à tirage limité, *Gaspard* reparaît à Lyon. Comme l'éditeur Lardanchet n'entend pas s'engager pour les volumes en préparation, il demande à l'auteur d'ajouter un épilogue aux *Enfances*, afin de former un tout qui satisfasse ses lecteurs. Pourrat s'y prête, écrit une fin poétique et très vague, où l'on devine cependant une conclusion heureuse. Dans les dernières lignes, on lit cette pensée qui résume sans doute la philosophie de son auteur, dispersée plus tard dans soixante-dix volumes : *Allons, pourtant ! Le monde est mauvais, mais l'amitié sauve tout.* « Amitié » au sens que le paysan lui donne, peu porté aux subtilités de l'âme : sentiment que les gens instruits appellent selon le cas « affection », « amour », « tendresse », « piété », « sympathie », « attachement », « passion », et bien autrement encore.

Viendront ensuite les trois autres volets : *A la belle bergère, La tour du levant, Le pavillon des amourettes,* dont la parution s'échelonnera jusqu'à 1931. Et une refonte de l'ouvrage en 1946.

Ainsi s'est formée une des plus belles œuvres de la littérature française, par la coalition des articles de Paris, d'une providentielle tuberculose et des œufs frais.

PETIT GUIDE

ALLANCHE (15)

13 km au nord de Neussargues, sur la rivière homonyme.

Agréable séjour d'altitude à 985 m, parmi les pâturages d'estive et les forêts. Importantes fromageries.

Il est recommandé d'y assister à la fête de la Saint-Jean, qui dure trois jours. On y élit un roi, une reine, un porte-épée, un porte-drapeau. Dans chaque quartier, on allume des feux de joie.

ALLÈGRE (43)

29 km au nord-ouest du Puy, par N. 102, N. 106 et D. 13.

Bien que le bourg d'Allègre appartienne au Velay, les seigneurs d'Alègre (avec un seul L) avaient leurs fiefs en Auvergne. Famille maudite dont la plupart des membres connus périrent de mort violente. Yves fut tué à Ravenne en 1512. A la fin du XVIe s., un Alègre était gouverneur d'Yssoire et fort intime avec la marquise d'Estrées, mère de la fameuse Gabrielle, favorite d'Henri IV. Cette personne se faisait remarquer par ses toilettes insolentes et le fard dont elle se couvrait la figure et les mains. Apprenant qu'une bourgeoise de la ville l'avait traitée de « femme de plâtre », elle fit prendre et pendre son mari. La foule exaspérée envahit le palais du gouverneur, massacra Alègre et sa maîtresse, criant : « Nous avons tué le chien et la chienne. »

Du château, il ne reste qu'un pan de ruine en forme de gibet.

ALLEUZE (15)

14 km au sud de Saint-Flour, par la D. 40.

Dans une presqu'île due aux eaux du barrage de Grandval, se dressent les sombres ruines du château qu'occupa jadis Bernard de Garlan, le Méchant Bossu. Vue remarquable sur le fjord artificiel du barrage.

AMBERT (63)

Ville principale du Livradois, au milieu d'un bassin riant, sur les bords de la Dore et de ses affluents qui jadis faisaient marcher des moulins à papier. Il en reste un, tout à fait remarquable, le Moulin Richard-de-Bas (à 5,5 km au sud de la ville), restauré et remis en activité par l' « Association de la Feuille Blanche ». Suivant les techniques traditionnelles rigoureusement conservées, il fabrique les lourdes et belles feuilles sur lesquelles jadis on couchait les actes notariés. On y visite aussi le musée du Papier et la demeure d'un ancien maître papetier. Dans l'église Saint-Jean, de style gothique flamboyant, demandez à voir l'olifant de fer battu dont se sert le sacristain pour appeler aux offices durant le temps pascal, tandis que les cloches sont à Rome.

Ne pas oublier de faire trois fois le tour de l'hôtel de ville cylindrique, en souvenir des *Copains* de Jules Romains, venus semer le scandale dans cette pieuse cité du chapelet. Ambert est parfois appelée l' « Athènes auvergnate ». Elle a produit une quantité d'agrégés hors de proportion avec le nombre de ses habitants. Et quelques grands hommes : Emmanuel Chabrier, qui fit de la bourrée un poème symphonique ; Pierre de Nolhac, un agréable parnassien ; Henri Pourrat, l'Andersen français (à moins qu'Andersen ne soit le Pourrat du Danemark) ; Alexandre Vialatte, poète, humoriste, germaniste, romancier et une infinité d'autres choses. On admirera le monument à Pourrat sculpté par Jean Chauchard :

sorte d'énorme chapiteau d'où jaillissent les principales figures de *Gaspard des Montagnes*.

On peut manger à Ambert une excellente fourme d'Ambert, bien qu'elle soit généralement faite dans le Forez, autour de Montbrison, ou à Clermont-Ferrand.

ANJONY (15)

Entre Aurillac et Salers. N. 122, puis D. 160.

Le château dresse vers le ciel ses quatre tours fauves, si parfaites, si droites qu'elles ressemblent à des tours du jeu d'échecs. A l'intérieur, belles peintures murales. Celles de la salle des preux représentent les héros de la civilisation occidentale : l'antique (Hector, Alexandre et César), l'hébraïque (Josué, Judas Macchabée et David), la chrétienne (Arthur, Charlemagne et Godefroy de Bouillon). Tapisseries des Flandres et d'Aubusson. Beau mobilier du XVIe siècle.

La petite église de Tournemire, en tuf volcanique polychrome, abrite un précieux reliquaire contenant une épine de la couronne du Christ rapportée de Jérusalem par Rigaud de Tournemire.

ARDES-SUR-COUZE (63)

57 km au sud de Clermont, par N. 9, puis D. 214.

En bordure du Cézallier, Ardes domine la vallée profonde de la Couze, aux flancs ornés de vieux pigeonniers. Autrefois, capitale du duché de Mercœur. Il reste les vestiges du château et, au village de Fromental, la chapelle de Sainte-Agathe, creusée en partie dans le roc.

ARLANC (63)

A 16 km au sud d'Ambert, sur la N. 16.

Les dentellières ont disparu, excepté quelque archicentenaire, proche, qu'on maintient artificiellement en mouvement par le courant électrique, comme les grenouilles de Volta, en attendant que sorte une promotion du Conservatoire de la Dentelle, récemment créé au Puy.

Au Musée de la Dentelle, on trouve tout ce qui concerne cet art : les *carreaux ;* les images de saint Régis, protecteur de la profession ; les différentes espèces de dentelles avec leurs innombrables points ; le *delhi :* sorte de carafe que les femmes utilisaient comme une loupe afin de concentrer les rayons d'une seule lampe aux longues veillées d'autrefois.

AURILLAC (15)

Patrie de Gerbert, *alias* Sylvestre II, le premier pape français, dont on peut voir, à l'extrémité du cours Monthyon, la statue par David d'Angers. Enfant, il fut remarqué par les moines de l'abbaye Saint-Géraud tandis qu'il observait à la tombée du jour les astres à travers un tube creux : il avait presque inventé le télescope. De même, il inventa presque le paratonnerre, presque les mathématiques modernes en introduisant l'usage des chiffres arabes et du zéro, presque la sténographie.

Patrie de Paul Doumer qui, après avoir donné trois fils à la Patrie, perdit aussi la vie dans l'exercice de ses fonctions présidentielles.

Les chaudronniers d'autrefois ont disparu. L'église Saint-Géraud porte en guise de girouette un chef-d'œuvre de la profession : un coq de cuivre rouge dont chaque partie, chaque plume a été ciselée séparément.

Belles maisons des XVIe, XVIIe, XVIIIe s. dans la vieille ville. Notamment la maison consulaire. L'église N.-D. des Neiges contient une Vierge noire. Musée des Volcans. Musée du Vieil Aurillac, où le diorama montre la fabrication des fromages dans les *burons*. Le sommet des opérations était le moment où le vacher retroussait ses culottes et s'installait à genoux sur la *tomme*, afin d'en chasser jusqu'à la dernière goutte de petit-lait, qui est le poison du fromage. Tout cela aujourd'hui s'opère dans des fromageries luisantes comme des cliniques. Le *cantal* y a perdu un peu de sa saveur. Il y a perdu aussi ces poils de genoux humains qu'on trouvait parfois dans sa pâte et qui étaient une garantie d'origine.

AYDAT (63)

25 km au sud-ouest de Clermont, par N. 89 et D. 90.

Malgré une longue controverse, il ne fait guère de doute que ce lac de barrage doive son nom à celui d'*Avitacum* qu'habitait Avitus, préfet des Gaules, puis beau-père de Sidoine Apollinaire, enfin empereur à Rome pendant dix-huit mois. Un Arverne sur le trône de la Ville éternelle ! Quelle revanche pour Vercingétorix ! Le village actuel serait construit précisément sur l'emplacement de la villa gallo-romaine, ce qui empêche toute fouille. Dans l'église — intéressante, avec les six tours qui, depuis le XVe s., la flanquent à des fins défensives — est visible dans l'abside, côté gauche, une pierre qui dut jadis supporter une châsse ou un reliquaire, avec cette inscription : *HIC ST DUO INNOCENTES ET S SIDONIUS*, Ci-gisent deux innocents et saint Sidoine. Il était assez courant au Moyen Age d'ensevelir une personne (ici deux enfants) dans la tombe d'un saint afin de la placer sous sa recommandation. On ignore comment les reliques d'Apollinaire — enterré dans l'église Saint-Saturnin aujourd'hui disparue (entre Clermont et Beaumont) — sont remontées aux sources de son auvergnacité : c'est en épousant Papianilla, fille d'Avitus, que ce Lyonnais devint auvergnat.

Au-dessus du lac, près du village de Fohet, la « Pierre longue » est un ancien menhir couché, long de 4,75 m, d'un poids estimé à 250 tonnes.

BEAUREGARD-L'ÉVÊQUE (63)

21 km à l'est de Clermont, par N. 89, puis D. 4.

Depuis le XIIIe siècle jusqu'à la Révolution, ce fut la résidence d'été des évêques de Clermont. Guillaume Duprat la fit embellir et y tint une cour d'artistes et d'adulateurs. Parmi eux, le Florentin Gabriel Syméoni, se prenant à la fois pour Pétrarque et pour l'Arioste, chanta son protecteur en même temps que le site, italianisant le puy de Dôme en *Pidomo*.

Plus tard, Massillon se plaisait à y remanier ses sermons, en même temps que le tracé des rues. Du château, démoli en 1804, il ne reste que les terrasses.

Au sud du bourg, l'ancien couvent des Minimes, fondé par Duprat, a été transformé en ferme. On a muré les rosaces et les fenêtres, rempli de foin la chapelle, des moutons habitent le cloître.

BESSE-EN-CHANDESSE (63)

49 km au sud-ouest de Clermont, par N. 89, puis D. 5.

Une des treize « bonnes villes d'Auvergne », c'est-à-dire « villes fortes » qui s'étaient à leurs seuls frais munies de remparts. Il subsiste des restes de murailles ;

l'ancien château occupé aujourd'hui par la gendarmerie ; le beffroi, terminé par une lanterne ; de vieilles maisons couvertes de lauzes.

L'église, avec sa nef romane, abrite durant la mauvaise saison la Vierge noire de Vassivière. Le 2 juillet, accompagnée de ses fidèles, elle monte vers la chapelle qui protège les bergers et les troupeaux tout le temps de l'estive. Elle en redescend le dimanche de septembre qui suit la Saint-Mathieu : c'est la *devalade.* Sur les épaules des porteurs, elle part à la tombée du jour et arrive à la nuit noire, qu'éclairent au loin des guirlandes d'ampoules électriques, car c'est aussi le jour de la fête votive des Bessains, dans l'explosion des pétards, le vacarme des klaxons et des piqueupes. Et personne là-bas pour contenir l'énorme populo, par un C.R.S., pas un garde champêtre ! L'approche de la Vierge est signalée par un éclair, un éclatement sec : le premier coup de fusil, repris aussitôt par d'autres. Les cloches de l'église Saint-André se mettent en branle. Tout à coup, lorsqu'elle atteint le premier carrefour, les chevaux de bois s'immobilisent, les haut-parleurs cessent de parler, les autos tamponneuses ne se carambolent plus. La foule reflue des baraques et des manèges. Au-dessus des têtes, une immense girandole de feu tourbillonne, projetant autour d'elle des postillons lumineux, avec le sifflement du fer rouge qu'on trempe dans l'eau. La viergerette assiste au spectacle sous sa couronne incrustée d'améthystes, avec la politesse qui convient aux reines. Après quoi, la procession repart en direction de l'église. Aux fenêtres, les salves crépitent. Sitôt que la châsse s'est éloignée, la fête reprend son tintamarre. Au chevet de l'église, la Vierge de la montagne reprend sa place qu'avait occupée, durant son absence, une doublure de plâtre.

Si l'on remonte la Couze, on arrive au Pavin, le plus rond, le plus sombre, le plus profond, le plus mystérieux de nos lacs. Il est possible, assure-t-on, à certaines heures, d'y entendre sonner les cloches d'une ville engloutie. On y pêche l'omble chevalier et des truites grosses comme des saumons.

Si on la redescend, on arrive aux grottes de Jonas, la Capadoce auvergnate. Creusées dans le tuf, elles furent la résidence de divers troglodytes parmi lesquels les Templiers qui s'y réfugièrent après leur condamnation. On admirera l'agencement de ces pièces superposées et tout spécialement l'escalier en colimaçon, le four, la chapelle.

Par un chemin perpendiculaire (D. 36), on atteindra l'admirable vallée de Chaudefour, paradis des peintres, des botanistes, des géologues, qu'encadrent la pyramide de l'Aiguille, le puy Ferrand, la Crête de Coq et le rocher de la Rancune.

BILLOM (63)

25 km au sud-est de Clermont, par N. 89 et N. 497.

Au Moyen Age et avant Clermont, Billom fut une ville universitaire. Les jésuites y installèrent au XVIe s. leur premier collège, dont l'école d'enfants de troupe est la lointaine héritière.

La ville a gardé son caractère médiéval, avec deux portes de son ancienne enceinte, ses vieux logis à pans de bois, ses maisons qui se penchent l'une vers l'autre comme des chèvres pour se heurter du front, son élégant beffroi, son imposante église Saint-Cerneuf où se marient le roman et le gothique.

Quand on parle à un Billomois, il est prudent de se tenir à distance, car ce sont tous de redoutables consommateurs d'ail.

A proximité, on pourra visiter le château de Montmorin, berceau d'une des plus anciennes et illustres familles d'Auvergne, aujourd'hui partiellement restauré.

BLESLE (43)

35 km au sud d'Issoire, par la N. 9 et la D. 8.

Curieuse petite ville moyenâgeuse, blottie entre des hauteurs aux mille terrasses, toutes naguère garnies de vigne, à proximité des gorges de l'Alagnon. Il y eut ici autrefois deux puissances rivales : les barons de Mercœur et une abbaye de bénédictines. Les premiers durent reconnaître la suzeraineté des secondes. Il reste de leur château un donjon rectangulaire couronné de mâchicoulis : la tour aux Vingt Angles (ainsi nommée à cause de deux contreforts qui flanquent chaque face) et une fenêtre romane du XIIe, rue de la Vachoune, qu'un vigneron ramassa et incorpora dans sa maison, pour ne pas la laisser perdre. Les religieuses vivaient en semi-clôture, autour de l'église Saint-Pierre, chacune dans sa maison, avec ses domestiques. Elles furent dispersées par la Révolution qui, dans le même élan, abattit le clocher de leur église, remplacé depuis par un modeste porte-cloche. La seconde église, Saint-Martin, fut vendue comme bien national, et démolie pierre à pierre. Le clocher en fut sauvé par son horloge, qu'il fut impossible de placer ailleurs. En sorte que Blesle est riche aujourd'hui d'une église sans clocher et d'un clocher sans église.

Saint-Pierre est une église romane à laquelle les spécialistes trouvent le plus grand intérêt. Le chevet montre des chapiteaux extérieurs fort curieux. Notamment une femme allaitant (sans doute une déesse mère) un reptile et une grenouille, lesquels à leur tour nourrissent un homme et une femme. A l'intérieur du porche, on a conservé les portes du XIIe s.

Il reste des anciens remparts de très beaux vestiges le long du Vallat, ancien fossé. Et une tour de guet, à l'ouest, accrochée à la montagne : le Massadou.

BORT-LES-ORGUES (19)

85 km au sud-ouest de Clermont, par N. 89 et N. 122.

Au pied de ses très belles orgues volcaniques et de son barrage (cf. LANOBRE). Bort est bâti exactement sur la couture de l'Auvergne et du Limousin, en sorte que sa partie orientale, sur la rive gauche de la Dordogne, appartient au Cantal, l'occidentale à la Corrèze. On verra sa curieuse Halle au Blé, près de laquelle se trouve scellée la dalle mortuaire de Jean-François Marmontel, enfant du pays, très médiocre écrivain, auteur d'insipides tragédies, d'un roman et de *Mémoires* que personne ne lit plus, ex-secrétaire perpétuel de l'Académie française.

LA BOURBOULE (63)

55 km au sud-ouest de Clermont, par N. 89.

Quand on se promène dans La Bourboule, on rencontre mille silhouettes inquiétantes : coiffées d'un passe-montagne, même à la saison la plus chaude, le bas de la figure dissimulé jusqu'au nez. On a l'impression d'être tombé dans un nid de gangsters, grands et petits. En réalité, il s'agit de curistes de tous âges qui viennent de respirer les eaux minérales, particulièrement efficaces contre les maladies des poumons : asthme, bronchite, coqueluche, allergies.

L'église est une interprétation moderne (en meulière !) du style roman auvergnat.

On peut voir aux environs les cascades du Plat à Barbe et de la Vernière ; le plateau de Charlannes avec ses beaux sous-bois et ses paysages reposants ; la Roche Vendeix sur laquelle se dressait jadis le repaire du terrible Aymerigot Marcheix ; la Banne d'Ordanche, sorte de corne naturelle dominant un plateau herbeux, où l'on pratiqua longtemps le vol à voile, et d'où l'on jouit d'un magnifique panorama sur la vallée de la Dordogne et les montagnes environnantes.

BRIOUDE (43)

64 km au nord-ouest du Puy, par N. 102.

L'ancienne *Brivas* (dont le nom signifiait « pont » en langue celte) était nécessairement sur les rives de l'Allier, sans doute à l'emplacement de Vieille-Brioude.

La basilique de Saint-Julien — élevée dans sa première édition sur le tombeau du martyr qui jouit durant tout le Moyen Age d'une dévotion considérable — est la plus grande des églises romanes auvergnates. Son matériau de base est un tuf volcanique rouge et tendre. On le tranche à la scie à main aussi vite que le bois. Résultat : sans de nombreuses restaurations, la basilique ressemblerait à une motte de beurre. En hauteur, elle s'achève par des voûtes gothiques. A l'intérieur, des chapiteaux historiés traitent les thèmes courants de l'école auvergnate : l'avare, le démon encordé, l'âne musicien, le Bon Pasteur, les Saintes Femmes au Tombeau du Christ. En décapant les murs, on a découvert de curieuses fresques, où des diables verts et rouges torturent les damnés.

On verra aussi l'émouvant Christ lépreux du XVe siècle, héritage de la Bajasse, ancienne léproserie.

Récemment, sous les anciennes dalles, a été dégagé un admirable pavement en galets de l'Allier, disposés en rosaces et en rectangles aux motifs infinis. Au-dessous encore, sont apparues des mosaïques gallo-romaines prouvant l'existence antérieure d'un temple païen.

BURON (63)

4 km au sud de Vic-le-Comte, par D. 49.

Au pied du neck basaltique auxquels s'accrochent les ruines noires du château, Buron est un pittoresque village de vignerons, malheureusement fort délabré, ou restauré à coups de parpaings. La chapelle se vante de posséder la plus ancienne cloche d'Auvergne (1322). La voûte est ornée d'intéressantes fresques de Louis Dussour, racontant l'histoire ou la légende du seigneur Robert de Buron, puni de ses méfaits.

CARLAT (63)

16 km au sud-est d'Aurillac, par N. 120 et N. 590.

Le rocher de Carlat est formé d'une table de basalte, artificiellement partagée en deux blocs pour mieux assurer la sécurité du château qui jadis s'y dressait. Pendant la guerre de Cent Ans, il fut néanmoins pris et repris. Jacques d'Armagnac s'y réfugia, en guerre ouverte contre Louis XI. Carlat appartint aux ducs de Bourbon, passa aux mains de François Ier. Il dut sa démolition au séjour qu'y fit la reine Margot en 1585 et 1586, après avoir laissé tomber son mari, le duc de Navarre, sous prétexte d'aller faire ses Pâques. La forteresse ayant ainsi pris l'habitude d'abriter ainsi toutes sortes de révoltés, Henri IV la livra aux démolisseurs.

LA CHAISE-DIEU (43)

28 km au sud d'Ambert, par la N. 106.

L'abbaye bénédictine fondée par Robert de Turlande (plus tard saint Robert) au milieu du XIe s. comptait trois cents moines, sans parler de leurs clients et serviteurs. Ils avaient transformé le désert d'arbres où les fondateurs s'étaient établis, défrichant la forêt, pratiquant labourage et pâturage. Disproportionnée avec la modestie du village actuel, l'énorme basilique a été construite au XIVe siècle par le pape d'Avignon Clément VI, ancien moine de la maison. Elle fut saccagée pendant les guerres de religion. Les protestants s'acharnèrent tout spécialement sur le tombeau de ce même pape, détruisant les 44 statues qui à l'origine l'entouraient, portraits des membres de sa famille, tranchant la tête et les mains de son gisant. Celui-ci a été habilement restauré.

Le vaste édifice est du gothique de montagne, lourd, massif, renforcé. Toute la grâce est à l'intérieur : dans la large voûte, admirablement nervurée ; dans l'élégant jubé qui séparait l'église des moines de l'église du peuple ; dans les 144 stalles de chêne aux sculptures très diverses ; dans les belles tapisseries de Bruxelles et d'Arras. Au bas-côté gauche du chœur, la célèbre « Danse macabre » montre en trois panneaux la Mort invitant à la danse (elle lève un genou, comme pour une bourrée) les puissants de ce monde, les bourgeois, les artisans.

Du cloître, il reste encore deux galeries, dont une surmontée d'un étage qui contenait la bibliothèque.

Ne pas manquer de rendre visite à la salle de l'Echo, dans l'ancien hospice. Deux personnes placées à deux angles diagonalement opposés, et se tournant le dos, peuvent en chuchotant s'entendre parfaitement. Ce qui permettait, dit-on, de confesser sans risque les lépreux.

La tour Clémentine, accolée au chevet comme une ventouse, servait de refuge inexpugnable aux résidents, en cas d'attaque ennemie. Ainsi, en 1562, les moines assistèrent-ils aux destructions des huguenots, sous les ordres de Blacons, lieutenant du baron des Adrets.

Chaque été, des festivals sont donnés dans la basilique au profit de sa restauration, dont la vedette est le pianiste Georges Cziffra.

CHAMALIÈRES (63)

Entre Clermont et Royat.

Jadis petit bourg isolé, station thermale gallo-romaine, est aujourd'hui étroitement associé à ses deux voisins. L'église a été maniée et remaniée sans discernement. Son temple le plus vénérable est l'immense édifice de brique rouge où sont imprimés et signés les billets de la banque de France et ceux de nombreuses banques étrangères. On y brûle aussi les billets démonétisés dans des fours crématoires spécialement conçus. L'odeur de leur combustion, assurent ceux qui ont eu le privilège de la sentir, rappelle celle du bois punais.

CHAMBON-SUR-LAC (63)

Sur les bords du lac Chambon, à 47 km au sud-ouest de Clermont, par la N. 9, la N. 678 et la N. 496.

Le lac, peu profond, parsemé d'îlots, comporte une plage aménagée et de grands parkings. Dans un cirque de montagnes, il est dominé par un éperon rocheux dit la Dent du Marais. On raconte qu'une jeune bergère, poursuivie par un seigneur trop entreprenant, se jeta du haut du rocher après avoir évoqué la Sainte Vierge, et atterrit sans dommage à la base. Elle se vanta de sa prouesse auprès de ses compagnes qui refusèrent de la croire. Pour les convaincre, elle voulut répéter le saut. Cette fois, la Sainte Vierge laissa jouer les lois de la pesanteur.

CHAMPEIX (63)

A 13 km au nord-ouest d'Issoire, par la N. 496.

Vieux bourg dans la vallée de la Couze-Chambon, émissaire du lac homonyme, il est dominé par son « Marchidial » : ancien château du marquis, dont les ruines s'amoncellent, très pittoresques, sur les maisons vigneronnes. Tout en haut, une tour à horloge en forme de phare.

L'église Sainte-Croix montre au portail nord un tympan orné d'une représentation symbolique de la Trinité : le Pouce (*Pollex*) qui a modelé le ciel et la terre ; l'Agneau portant sa croix (*Pecus*) ; l'Esprit-Saint dans la Colombe (*Columba*).

CHANONAT (63)

13 km au sud de Clermont, par N. 89, D. 120 et D. 3.

Village de vignerons, de Portugais, d'ouvriers Michelin, devenu célèbre par la résidence des Giscard d'Estaing au château de la Varvasse. Cette ancienne maison forte fut construite par les Savaron, qui l'ont marquée de leur emblème, une rose : *VNA ROSA*, anagramme de Savaron. Sur la place, une fontaine avec ce quintil en l'honneur du poète Jacques Delille, qui vécut dans le bourg :

A notre illustre nourrisson,
A Delille, enfant d'Apollon,
Nous consacrons cette fontaine.
Ce sont les eaux de l'Hippocrène
Puisqu'elles coulent sous son nom.

CHANTEUGES (43)

6 km au sud de Langeac, par la N. 585.

Sur un promontoire basaltique surplombant les cours de l'Allier et de la Desges, s'élève l'église romane, reste d'une ancienne abbaye qui subsista jusqu'à la Révolution. La voûte de la nef, autrefois romane, fut refaite au XVIe siècle dans le style gothique, en arc surbaissé ; par la même occasion, les fenêtres furent garnies de meneaux flamboyants. Les stalles sont ornées de sculptures satiriques. Près de l'autel, une statue du XVe représente la Trinité : Dieu le Père, coiffé d'une tiare aux multiples étages, soutient son Fils crucifié, dont la croix porte une Colombe aux ailes éployées.

Le cloître a été habilement restauré. La chapelle de l'abbé, flamboyante, est riche de sculptures fort belles et très fouillées. On y voit, sur les bords du Rhône, sainte Marthe exorcisant avec un goupillon la Tarasque qui tient un enfant dans sa gueule ; l'ermitage de saint Gilles accueillant une biche pourchassée ; un rinceau ajouré garni de pampres et d'escargots.

CHATEAUGAY (63)

11 km au nord de Clermont.

Au milieu de coteaux viticoles, le bourg est dominé par la haute silhouette de son château.

Ce bourg portait, avant 1367, le nom de Vigosche et appartenait aux barons de Tournoël. Il comprenait un château fort que ruina la guerre de Cent Ans. Il passa aux mains de la famille de Giac. Une ordonnance de Charles V ayant prescrit de réparer toutes les forteresses auvergnates endommagées par l'invasion, Pierre de Giac, chancelier de France, construisit le manoir actuel qu'il appela Châteaugay. Cette demeure fut le théâtre d'événements tragiques. Pierre de Giac, deuxième du nom, y empoisonna sa femme, Jeanne de Naillac, moins parce qu'elle avait été la maîtresse de Jean sans Peur, duc de

Bourgogne, que parce qu'il voulait épouser la comtesse de Tonnerre. Plus tard, la belle Madeleine de Châteaugay se prit de passion pour Charles de Valois, bâtard du roi Charles IX, que la reine Catherine avait fait gouverneur de l'Auvergne. Cela ne le retint point de conspirer contre Henri IV qui, après avoir pardonné une fois, envoya une compagnie de chevau-légers pour l'arrêter. Madeleine le défendit pistolet au poing, abattit deux soldats, échappa à ses poursuivants. Elle envoya de tendres messages à son amant tout le temps qu'il demeura embastillé. A sa libération, il se détacha d'elle, qui périt sous le poignard de ses vassaux, durant une chasse à courre.

CHATEAUNEUF-LES-BAINS (63)

34 km au nord-ouest de Riom, par la D. 227.

Petite station thermale, dans la vallée de la Sioule, où l'on soigne rhumatismes, névroses, névralgies.

Bon point de départ pour visiter le barrage de Queuille et le viaduc des Fades : le plus court serait de remonter la Sioule à la nage ; les mauvais nageurs pourront passer par St-Gervais et St-Priest-des-Champs. Voir aussi le gour de Tazenat, lac aux eaux vertes enchâssé dans le plus septentrional de nos puys. Alexandre Vialatte se plaisait sur ses rives où il revenait chaque été. Dans un maillot de bain noir à bretelles, un peu flottant, il méditait sur le sable, une jambe repliée, le bec penché vers son reflet. Puis soudain, moitié poisson volant, moitié oiseau nageant — moitié homme, moitié ange — il ouvrait toutes larges ses ailes-nageoires, traversait les airs, disparaissait au fond du gour. De ses profondeurs, au bout d'un temps immesurable, il remontait émerveillé, les mains pleines de perles. Son couvert était mis en permanence à l'Auberge du Lac. Il y rencontrait une curieuse habituée : la foudre. « Elle y tombe sur la radio, passe sous la table entre les pieds de la clientèle, sort dans le jardin et descend jusqu'au lac, chassée par l'hôtelier qui secoue derrière elle une serviette en faisant *brrrou-brrrou,* comme pour effrayer une mouche bleue. »

CHATELDON (63)

17 km au sud de Vichy, par la N. 106 et la D. 59.

Au pied de coteaux naguère couverts de vignes, ce

bourg possède de très belles demeures ou boutiques à colombages du XVe et du XVIe siècle. Notamment le Vieux Logis et la maison de la Prévôté. Voir aussi la porte d'enceinte convertie en beffroi.

Le château, dont les origines remontent au XIIIe siècle, fut occupé jadis par l'effroyable brigand espagnol Villandro, au service des Anglais. Il appartient actuellement aux héritiers de Pierre Laval.

A proximité, Puy-Guillaume et ses verreries ; ruines de l'abbaye de Montpeyroux dont on ne peut voir que l'extérieur.

CHATELGUYON (63)

6 km au nord-ouest de Riom, par la N. 685.

Avec ses trente sources riches en chlorure de magnésium, Châtelguyon (Châtel pour ses familiers) est la providence des foies et intestins malmenés par l'Afrique, qu'il débarrasse de leurs parasites et germes colonialistes. Encore y faut-il une longue patience, proportionnelle à l'ancienneté du mal.

Au XIIe siècle, le château de Guy, ou Guyon, comte d'Auvergne, occupait la butte du calvaire. Il n'en reste rien. L'église Sainte-Anne a fait l'objet d'une décoration très moderne, comportant notamment des vitraux en cristal de Baccarat et des fresques d'inspiration byzantine par Nicolas Greschny.

A proximité, voir le château de Chazeron, dont la terrasse permet une belle vue sur la vallée du Sardon et la Limagne. Il eut pour hôte volontaire Paul Valéry et pour hôtes forcés Paul Reynaud, Daladier, Léon Blum et Gamelin en 1940. Il appartient aujourd'hui à un groupe d'architectes qui y organisent chaque été des expositions et des concerts.

CHAUDES-AIGUES (15)

31 km au sud de Saint-Flour, par la N. 121.

Cette station thermale est construite tout en longueur dans le pittoresque ravin du Remontalou. Elle doit son nom à ses eaux chaudes dont certaines, celles de la source du Par, atteignent 82° C. Un ingénieux système de chauffage central, très ancien, dessert gratuitement les maisons. Les habitants emploient aussi ces eaux pour la cuisine, la lessive, l'incubation des œufs. Elles sont efficaces contre les rhumatismes.

CHAVAGNAC-LAFAYETTE (43)

28 km au sud de Brioude, par N. 102 et D. 513.

Château où naquit Lafayette. Il appartient à l'association américaine *Lafayette Memorial* qui y a installé un musée. On y trouve la chambre natale et la bibliothèque du marquis, des souvenirs de la guerre 1914-1918.

CHEYLADE (15)

56 km au nord-est d'Aurillac, par D. 17, le pas de Peyrol et D. 62.

Bourg qui domine la Rhue, dans une large vallée herbeuse ou boisée. La vue est superbe au sud vers le puy Mary. L'église de Cheylade est une construction rustique et lourdaude, couverte d'énormes lauzes. Le plafond intérieur est surprenant : au XVIIIe siècle, un artiste italien l'a lambrissé de 1428 petits caissons de chêne, chacun orné d'un motif qui jamais ne se répète : fleurs, oiseaux, anges, animaux fantastiques, armoiries.

Deux belles cascades un peu au sud : celle du Sartre et celle de la Roche.

CLERMONT-FERRAND (63)

Quel que soit l'emplacement des anciennes *Gergovia* et *Alesia*, les Romains favorisèrent leur désuétude et leur ruine, au profit de nouvelles cités rendant hommage aux vainqueurs : *Augustonemetum* en Auvergne, *Augustodunum* dans le Morvan. Le nom même indique que la nouvelle capitale des Arvernes devait se trouver sur une éminence boisée. Les Wisigoths effacèrent la marque latine et lui rendirent un nom celte : *Arverna.* Au début du VIIIe siècle, les maisons se serraient autour d'une forteresse que les textes de l'époque désignaient sous l'appellation de *Clarus Mons,* le Mont Clair, parce qu'on la voyait de loin ; elle finit par se confondre avec la ville elle-même. L'édit d'union (1630), signé de Louis XIII, ordonna que Clermont et Montferrand ne fissent plus qu'une seule ville, appelée *Clermont-Ferrand ;* pour hâter la soudure, une grande voie fut tracée (l'actuelle avenue de la République) avec interdiction faite aux habitants des deux agglomérations de construire de nouveaux bâtiments ailleurs que le long de cette avenue. Il est possible que le nom de la ville soit encore changé un jour. Les habitants s'appellent « Clermontois » ; excepté ceux qu'emploie la grande entreprise Michelin, alias Bibendum, et qui sont les « Bibs ». Aussi, les gens pratiques verraient-ils de grands avantages à nommer désormais la cité caoutchoutière *Augustobibendum.*

L'histoire de la ville est jalonnée par quelques monuments, de valeurs artistiques inégales, dont l'ordre chronologique s'établit de la façon suivante :

— la statue de Vercingétorix, premier Résistant des Gaules, place de Jaude.

— le mur dit « des Sarrasins » (le peuple a souvent attribué aux Sarrasins toute construction étrange), rue Rameau, inclus dans les immeubles portant les numéros 6 et 8 ; il s'agit très probablement d'un vestige du temple à Vasso Galate, célèbre dans toute la Gaule au IIᵉ siècle et dont parle Grégoire de Tours.

— la statue d'Urbain II, place de la Victoire : en réalité, ce pape prêcha la première Croisade sur l'actuelle place Delille, où son estrade avait été dressée.

— la basilique N.-D.-du-Port : elle date en majeure partie des XIᵉ et XIIᵉ s. Une des glorieuses quintuplées de l'art roman en Basse Auvergne, avec les églises d'Issoire, Saint-Nectaire, Saint-Saturnin et Orcival. Le tympan de son portail, ses chapiteaux historiés sont particulièrement admirables. L'un d'eux, sur un phylactère vertical, est signé de leur sculpteur : *RTBTUS* (Rotbertus) *ME FECIT.*

— la cathédrale, commencée en 1248, terminée en 1884 par l'addition des deux flèches dessinées par Viollet-le-Duc. Si l'on a de bonnes jambes, on peut monter à la tour de la Bayette (250 marches) d'où l'on a une vue magnifique sur la ville et les environs. (Appuyer sur la sonnette de la sacristie, sur le premier pilier à gauche, au bas de la nef.) La crypte du Xᵉ s. est riche d'un très beau sarcophage gallo-romain.

— de nombreuses demeures du XVIᵉ au XVIIIᵉ, dans le Vieux Clermont. Entre autres, la maison de Savaron au nº 3 de la rue des Chaussetiers, avec une admirable cour à étages et à tourelle d'escalier. Les numéros 14 et 22 de la rue des Gras. Le n° 4 de la rue Pascal : hôtel particulier de M. de Chazerat, dernier intendant d'Auvergne.

— la fontaine d'Amboise, actuellement place de la Poterne, construite en 1515 par Jacques d'Amboise, évêque de Clermont.

— le Pont-Naturel, dans le quartier Saint-Alyre, auquel rendirent visite Charles IX et Catherine de Médicis.

— les souvenirs pascaliens : l'emplacement de sa maison, au pied des flèches de la cathédrale ; sa machine à calculer, la « pascaline », au musée du Ranquet, bel hôtel Renaissance dans la petite rue Saint-Pierre, en compagnie de l'appareil à mercure ayant servi à l'expérience du puy de Dôme. Deux statues : l'une en bronze sombre, dans le square homonyme ; l'autre, jadis en marbre blanc, de nos jours extrêmement bariolée, dans la cour du nouveau lycée Blaise-Pascal. Les élèves de cet ancien collège de jésuites entretiennent le bariolage en écrasant régulièrement sur la pierre des encriers multicolores. Ils expriment par là leur esprit contestataire. Pascal frémit d'aise à chaque encrier, lui qui contesta plus que personne. Voir aussi l'ancienne porte du château de Bien-Assis, dans le Jardin Lecoq. Pascal venait se mettre au vert chez sa sœur et son beau-frère Périer. Malheureusement, ce modeste château se trouvait implanté trop près des usines Michelin. Bibendum, habitué à boire l'obstacle, l'a bu sans effort. On en a conservé cet échantillon.

— la statue de Desaix, place de Jaude.

Le vieux Montferrand mérite une visite spéciale. Un gros effort de restauration se développe pour mettre en valeur ses vieilles demeures : la Maison de Lucrèce, au 28 de la rue Jules-Guesde ; l'hôtel Gaschier, au 20 ; l'hôtel de Lignat, au 18 ; l'hôtel de Fontenilhes, au 13 ; la Maison des Centaures, au 11 ; la Maison d'Adam et Eve, au 2 de la rue Kléber ; l'hôtel Regin, au 36 de la rue de la Rodade. Mais le clou de la visite reste la maison de l'Apothicaire, au n° 1 de la rue des Cordeliers. Par suite de l'abaissement du niveau de la rue, l'ancien rez-de-chaussée se trouve de nos jours au premier étage. Tout au sommet, d'un côté du pignon, on peut voir un petit apothicaire, sa seringue à la main, tandis qu'à l'autre bord le patient accroupi lui présente la partie adéquate de sa personne. Ces deux personnages humoristiques sont le Manneken-Pis de Montferrand et pourraient faire, comme leur collègue belge, l'objet d'une intéressante exploitation commerciale et culturelle : en dessus de cheminée, en chandeliers, en serre-livres, en presse-papiers, en porte-clés...

Les promenades autour de Clermont sont nombreuses et variées. Une est indispensable : jusqu'au sommet du puy de Dôme. On y grimpe aisément grâce à une route en spirale, sur laquelle se sont mesurés les plus illustres mollets : ceux de Robic, Bartali, Coppi, Merckx, Poulidor. Les intrépides peuvent aussi, du col de Ceyssat, faire l'ascension à pied par un chemin en zigzag dit « le chemin des ânes ».

CONDAT-EN-FÉNIERS (15)

58 km au sud de Besse, par la N. 678.

Au centre d'un bassin frais et vert, Condat est un des hauts lieux du fromage cantalien. La région est connue sous le nom de Terre Sainte, à cause de l'abbaye cistercienne de Féniers dont il ne reste que des vestiges. On a reconstitué récemment le lac artificiel que les moines, gros mangeurs de carpes, avaient creusé au XIIe siècle.

CORDÈS (63)

2 km au nord d'Orcival, par la D. 27.

Joli manoir des XIIIe-XVe siècles, avec de beaux parterres à la française dessinés par Le Nôtre. Dans la chapelle, pierre tombale du maréchal d'Alègre, tué à Ravenne en 1512.

COURPIÈRE (63)

10 km au sud de Thiers, par la N. 89 et la N° 106.

Petite ville en plein développement économique, faisant partie de la nébuleuse industrielle de Thiers. Fabriques d'articles en acier inoxydable, de voitures électriques. Sur les collines, culture de la fraise. L'église est de pur style auvergnat, surmontée d'un clocher gothique.

Aux environs, le château d'Aulteribe, ex-possession des La Fayette, contient un très beau mobilier et des peintures du XVIIe siècle. Tout à côté, une borne milliaire datée de 52 ap. J.-C.

Au nord, le château de la Barge, construit sur pilotis, est entouré de fossés encore en eau. La chapelle renferme une Vierge à l'Oiseau, thème fréquent en Basse Auvergne.

CUSSET (03)

Enclave auvergnate aux portes de Vichy. Eaux minérales. Il lui reste quelques belles maisons anciennes, cernées de H.L.M. Ainsi la maison Barathon ; la maison dite de Louis XI où aurait été conclue la paix entre le roi Charles VII et son fils, le futur Louis XI, en rébellion contre l'autorité paternelle.

DIENNE (15)

35 km au nord-ouest de Saint-Flour, par N. 126 et N. 680.

Dans la vallée de la Santoire, en bordure du plateau du Limon. Chapiteaux dont les thèmes sont traditionnels, mais dont la facture rappelle la sculpture inca.

Sur le plateau du Limon, on a retrouvé les ruines d'agglomérations gauloises ou préhistoriques, avec les traces d'une enceinte. Bâties sur un seul rang, sans ordre, presque toujours au nombre de sept, les cases sont séparées par une distance de vingt à trente pieds.

EBREUIL (03)

29 km de Vichy, par Gannat et la N. 698.

En 898, les moines de Saint-Maixent en Poitou, fuyant les Normands, vinrent chercher refuge à Ebreuil, trouvèrent la région plaisante, y bâtirent une église et un monastère. La belle église Saint-Léger, en pierre blanche, combine harmonieusement le préroman de la nef à plafond au gothique du chœur. A l'intérieur, à la tribune et sur un pilier à droite de la nef, de belles fresques figurent saint Austremoine, premier évangélisateur de l'Auvergne, la décollation de saint Pancrace, le martyre de sainte Valérie, saint Michel et le dragon, l'Annonciation. Dans les chapelles rayonnantes, inscriptions votives des XVIe et XVIIe siècles. L'une d'elles fut composée par un poète :

Le rosier du jardin flestrit
Quand le vent d'auter le moleste,
Mais votre rosaire céleste
Malgré tout vent toujours fleurit.

Derrière le maître-autel, superbe châsse de saint Léger (XVIe siècle) en bois recouvert de cuivre argenté.

A proximité, suivre les gorges sauvages de la Sioule qui sert ici de frontière entre Auvergne et Bourbonnais. Visiter le château de Chouvigny, restauré de façon très discutable en 1960-1965 (on admirera spécialement les encadrements en ciment de toutes les fenêtres !). Il appartient à l'Auvergne par ses premiers propriétaires, les La Fayette, et par un des derniers, le duc de Morny.

EFFIAT (63)

20 km au nord-est de Riom, par N. 9 et N. 684.

Le château actuel fut bâti par Antoine Coiffier-Ruzé, maréchal de France. Grand portail en lave de Volvic, décoré du blason du maréchal, surmonté d'un heaume entre des étendards. Le corps de logis central réunit deux pavillons. A l'intérieur, œuvres d'art et souvenirs historiques. Dans la salle des Gardes, une cheminée du XVIIe siècle dont le trumeau représente le port de La Rochelle. Mobilier ayant appartenu au maréchal. Dans le grand salon, une toile attribuée aux frères Le Nain le figure en Vulcain forgeron près de son épouse. Jardins à la française. Douves où barbotent des canards.

Dans l'église, tombeau du maréchal.

ENNEZAT (63)

9 km à l'est de Riom par D. 224.

Au centre du Marais, cette partie de la Limagne dont la terre est un tchernoziom, Ennezat possède une ancienne collégiale, fondée en 1061 par le comte d'Auvergne Guillaume VI. On l'appelle parfois la Cathédrale du Marais. Les parties claires, bâties en arkose, relèvent du pur style roman auvergnat ; les parties foncées, en lave de Volvic, sont gothiques. A l'intérieur, des fresques remarquables. Dans la partie supérieure, un ex-voto de 1420 représente la rencontre de trois Morts et de trois Vifs. Au-dessous, la famille des Vifs est en oraison devant la Vierge. En face, peinture à la cire du Jugement dernier.

FAVEROLLES (15)

6 km au sud-ouest de Garabit, par D. 13.

Des familles de ce village ont formé l'association « Les

compagnons du Bouffadou » qui fabriquent et vendent toutes sortes d'objets artisanaux. Leur spécialité est, naturellement, le *bouffadou:* bâton évidé qui sert à souffler dans le feu.

FONTANGES (15)

6 km au sud de Salers, par D. 35.

Village caractéristique de la Haute Auvergne avec ses belles toitures de lauzes. Le château, aujourd'hui ruiné, appartint à la favorite de Louis XIV (cf « les Heures royales »).

GANNAT (03)

25 km au nord de Riom, par la N. 9.

Le château du XIIe siècle, démantelé en 1566, servit plus tard de prison avant d'être aménagé en musée. On y voit un bel évangéliaire aux élégantes enluminures du Xe siècle.

GARABIT (15)

12 km au sud de Saint-Flour, par N. 9.

Cet élégant viaduc, construit de 1882 à 1884, est dû aux plans de l'ingénieur lozérien Léon Boyer. Eiffel en dirigea la construction (ch. « les Grandes Heures des Sources »).

ISSOIRE (63)

35 km au sud de Clermont, par N. 9.

Ancienne capitale protestante de l'Auvergne.

L'église Saint-Austremoine est le plus beau spécimen de l'art roman auvergnat, malgré le clocher et la façade refaits au siècle dernier. Le bariolage qui recouvre entièrement l'intérieur lui donne par endroits des airs d'établissement thermal. Il y a là un exemple de laideur d'une telle rareté qu'il mérite à lui seul le déplacement. On le doit à un certain Anatole Dauvergne qui, de 1857 à 1860, gaspilla 60 000 francs-or à ce badigeon dont les ans n'ont pas réussi à atténuer les couleurs violentes. Une curiosité extérieure : tout au long de l'abside, au-dessous des fenêtres des chapelles rayonnantes, sont sculptés les douze signes du zodiaque, car autrefois, l'astrologie et la théologie faisaient bon ménage. La série va du Bélier aux Poissons : l'année commençait alors en mars, et septembre en était réellement le septième mois.

Aux environs, le château de Parentignat (XVIIe siècle) contient un admirable mobilier, le portrait du Grand Dauphin par Rigaud, celui de Louis XV par Van Loo, une bibliothèque du plus haut intérêt.

A Périer, sous la coulée de basalte qui domine le village, habitations troglodytiques.

LANGEAC (43)

41 km au nord-ouest du Puy, par N. 590.

Petite ville très active avec une église gothique. On y voit une Mise au tombeau en bois polychrome du XVe siècle, derrière une belle grille en fer forgé du XIVe.

LANOBRE (15)

4 km au nord de Bort-les-Orgues (19), par la N. 122.

Village aux confins du Puy-de-Dôme, du Cantal et de la Corrèze. Belle église en roman auvergnat avec des chapiteaux typiques. Sur le territoire de la commune se trouve le château de Val, ex-propriété des d'Estaing. Par la vertu du barrage de Bort, la Dordogne est devenue un long doigt bleu fiché entre l'arbre auvergnat et l'écorce limousine. Et par un miracle de la nature, de l'histoire et de l'E.D.F. associés, Val a fourni la bague qui manquait à cet annulaire. Etabli avant 1949 sur l'abrupt versant oriental, il dominait la rivière dont le niveau, en s'élevant, non seulement l'épargna, baignant à peine son socle, mais multiplia le nombre de ses tours et clochetons au moyen d'un ravissant reflet. Confié à la ville de Bort, il abrite chaque été une exposition de peinture.

LAROQUEBROU (15)

25 km à l'ouest d'Aurillac, par N. 120 et N. 653.

A l'entrée des gorges de la Cère, rivière très poissonneuse, cette cité moyenâgeuse s'enorgueillit de son vieux château, d'une église et d'un pont du XIIIe siècle, d'un hôtel de ville du XIVe.

A proximité, Saint-Etienne-Cantalès, son fjord de barrage, son église avec clocher à peigne.

LEZOUX (63)

15 km à l'ouest de Thiers, par N. 89.

Centre très important de céramique à l'époque gallo-romaine. Saint Austremoine y travailla comme ouvrier potier. Le musée archéologique contient de belles pièces.

LE LIORAN (15)

10 km à l'ouest de Murat, par N. 126.

Station d'altitude au milieu de magnifiques sapinières. Deux tunnels superposés, le routier, au-dessus, long de 1 172 m ; le ferroviaire au-dessous, long de 1860 m. Un téléphérique permet de monter au Plomb du Cantal.

Remarquable point de départ pour les ascensions dans le massif cantalien, faciles à effectuer sans guide. Il est d'usage d'affirmer que le Lioran blanc est plus beau que le Lioran vert. Cela prouve qu'il offre des séductions en toutes saisons.

MARINGUES (63)

19 km à l'est de Riom, par D. 224.

D'anciennes tanneries reflètent dans la Morge leurs pilotis, leurs balcons-séchoirs, leurs poutres enchevêtrées. Eglise intéressante, romane et gothique. Voir l'original chapiteau du Minotaure.

MASSIAC (15)

30 km au nord de Saint-Flour, par N. 9.

Précédant la justice du roi, une jacquerie ravagea le château de Gaspard d'Espinchal, seigneur de Massiac. Les Grands Jours firent le reste : la forteresse fut rasée. Cependant, ayant obtenu le pardon de Louis XIV, Gaspard revint et construisit la demeure qu'occupe actuellement la mairie.

Intéressante Maison de l'Artisanat. Dans l'église, curieuse vierge-placard.

A l'est, comme deux sentinelles, deux chapelles veillent sur le bassin, perchées sur deux falaises vertigineuses : Sainte-Madeleine et Saint-Victor, la seconde fort ruinée.

MAURIAC (15)

30 km au sud de Bort-les-Orgues, par N. 122.

La basilique N.D.-des-Miracles est le principal monument d'art roman en Haute Auvergne. Le portail principal est un admirable morceau de sculpture. Le Christ y apparaît dans une mandorle au moment de son Ascension ; à ses pieds, la Vierge et les apôtres. Des traces de polychromie apparaissent çà et là. Malheureusement, les personnages sont décapités.

Maisons anciennes autour de la place de l'Hôtel-de-Ville.

MAURS-LA-JOLIE (15)

40 km au sud d'Aurillac, par N. 122.

La Châtaigneraie est un plateau granitique couvert de landes, entaillé de vallées vertes, tapissées de châtaigniers, de pâturages, de quelques cultures. Ici, l'Auvergne, dans le langage comme dans les maisons, prend l'accent du Midi. L'église de Maurs — centre principal de la région — contient le célèbre buste de saint Césaire, incrusté de cabochons, aux immenses mains bénissantes. Une niche dans l'estomac pouvait recevoir des reliques. (XIIIe siècle).

MAUZUN (63)

10 km au sud-est de Billom, par N. 597.

Ruines massives du château qui appartint aux évêques de Clermont. Massillon le fit démolir, faute de fonds suffisants pour son entretien.

MOISSAT (63)

6 km au sud-ouest de Lezoux, par D. 229.

Joli village limagnais perché sur un piton, parmi les champs d'ail, de betteraves, de choux à choucroute. A Moissat-Haut s'est établi le sculpteur Jean Chauchard (Monument aux *Morts et aux Vivants* de Rodez, monument d'*Henri Pourrat* à Ambert, buste de *Georges Pompidou* à Montboudif). Son art fruste et expressif s'apparente à celui de nos chapiteaux romans : il semble sortir tout droit de l'atelier de Rotbertus. (Cf. CLERMONT et SAINT-NECTAIRE.)

MONTBOUDIF (15)

6 km au nord-ouest de Condat, par D. 62.

Village de l'Artense, entre les Monts-Dore et le massif du Cantal. On peut y voir la maison natale de Georges Pompidou, et y entendre le proverbe local *Dura mas en clutchadou qu'en pompidou :* un mal fichu dure plus longtemps qu'un homme fort.

MONTPEYROUX (63)

23 km au sud de Clermont, par N. 9.

Ce petit village fortifié bâti sur un piton au bord de l'Allier et dominé par un haut donjon du XIIIe est devenu le St-Paul-de-Vence de la Basse Auvergne. Refuge d'artistes et d'artisans, et bien-refuge des personnes fortunées qui y investissent dans la restauration plus ou moins théâtrale des vieilles demeures.

LE MONT-DORE (63)

48 km au sud-ouest de Clermont, par N. 89 et N. 683.

Dans une vallée glacière très ouverte, que domine le massif du Sancy, c'est une station thermale et un centre de sports d'hiver. On monte jusqu'à l'épaule du Sancy au moyen d'un téléférique. Les fils cassent de temps en temps. Rarement. Juste assez pour ajouter le plaisir de la peur à celui de l'ascension.

MONT-MOUCHET (43)

34 km à l'est de Garabit, par D. 13, D. 4 et D. 41.

Le principal centre de la Résistance dans le Massif Central en mai et juin 1944. Monument national aux Maquis de France. A proximité, Ruynes-en-Margeride, village martyr.

MOZAT (63)

2 km à l'ouest de Riom.

Après avoir été une des plus puissantes du royaume, l'abbaye fondée au VIIe siècle par saint Calmin tomba en décadence. L'église, construite au XIIe siècle, fut détruite au XVe on ne sait en quelles circonstances, sans doute par un tremblement de terre, et reconstruite dans des dimensions plus modestes. On a dégagé les fondations des anciennes chapelles rayonnantes. Deux chapiteaux de l'église primitive sont déposés à l'entrée de la nef. Deux chefs-d'œuvre de la sculpture romane. L'un représente quatre vendangeurs. L'autre, les Saintes Femmes portant des vases de parfum, tandis que trois soldats en cottes de mailles dorment devant le sépulcre du Christ.

Dans le Trésor, voir la châsse de saint Calmin (en émail limousin) et celle de saint Austremoine ; des reliquaires ; le sceau de Pépin le Bref.

MURAT (15)

25 km au nord-ouest de Saint-Flour, par N. 126.

Murat le bleu, par ses toits d'ardoise, reçoit la protection de deux Vierges : une blanche, N.-D. de la Haute Auvergne, sur le rocher de Bonnevie ; et une noire, N.-D. des Oliviers, en bois d'olivier, dans son église gothique.

Ici, devant l'hôtel de ville, fut abattu par le maquis le sinistre capitaine S.S. Hugo Geissler, le 12 juin 1944.

A proximité, voir le château d'Anterroches où naquit en 1710 le véritable héros de Fontenoy, auteur de la fameuse réplique aux Anglais : « Messieurs, nous ne tirons jamais les premiers. Tirez vous-mêmes ! »

MUROL (63)

37 km au sud de Clermont, par N. 89 et D. 5.

Très beau château du XIIIe juché sur une butte, dans un cadre grandiose. A partir du XVe siècle, il appartint à la famille d'Estaing, devint repaire de brigands pendant la Révolution. Actuellement, tombe en ruine.

NOIRÉTABLE (42)

24 km à l'est de Thiers, par N. 89.

Dans un cadre de forêts et de paturages, Noirétable exploite l'industrie du bois et la coutellerie. Quelques passementières à domicile brodent des grenades pour écussons militaires : on les appelle « grenadières ».

A proximité, à 1 100 m d'altitude, monastère de L'Hermitage: lieu de séjour et de pèlerinage à la Vierge. Elle apparut, explique une fresque de l'église, à un criminel qui venait de tuer un homme au cours d'une querelle de jeu : « Repens-toi et va te confesser au Prieur de Noirétable ! » Il construisit sur ces lieux une cabane et y termina sa vie dans la pénitence.

OLLIERGUES (63)

23 km au nord d'Ambert, par N. 106.

Pittoresque village sur la Dore, avec de vieilles demeures du XVe et du XVIe siècle et les vestiges du château ayant appartenu à la famille de Turenne.

ORCIVAL (63)

27 km au sud-ouest de Clermont, par N. 141 A, D. 216 et D. 27.

Une des admirables quintuplées du style roman auvergnat. A l'intérieur, Vierge en majesté du XIIe siècle. Grand pèlerinage à l'Ascension. Depuis quelques années, les Gitans ont inclus N.-D. d'Orcival parmi leurs patronnes. Boucanés, farouches, ils ôtent un moment leur cigarette pour baiser la châsse et les brancards de la Vierge. Leurs vieilles, enveloppées de foulards blancs, mâchent des patenôtres. Ils se marient entre eux sans bénédiction ; mais ils croient au baptême et apportent des dizaines de nouveau-nés pour les présenter à l'eau lustrale.

PESTEILS (15)

15 km au nord-est d'Aurillac, par N. 126.

Près du bourg de Polminhac qu'elle surplombe, cette splendide demeure féodale contient un beau mobilier et des tapisseries d'Aubusson du XVIIe. Fresques du XVe dans le donjon.

PONT-DU-CHATEAU (63)

14 km à l'est de Clermont, par N. 89.

Le château fut habité par ce Montboissier-Canillac dont parle Fléchier (cf. les « Grandes Heures des Grands Jours »).

Au temps de la batellerie, la ville fut un port important. On voit encore les anciens quais avec les anneaux qui servaient à retenir les « sapinières ».

PONTGIBAUD (63)

23 km à l'ouest de Clermont, par N. 141 B.

Château des comtes de Pontgibaud ; Montaigne y fut reçu lors de son passage en Auvergne.

RAVEL (63)

5 km au sud de Lezoux, par D. 229.

Beau château qui appartint à la famille d'Estaing, et où naquit l'amiral en 1729.

RIOM-LE-BEAU (63)

15 km au nord de Clermont, par N. 9.

La Sainte-Chapelle, copiée sur celle de Paris, est le seul reste du château du duc de Berry. Beaux vitraux du XVIe siècle. A l'hôtel de ville, voir la lettre de Jeanne d'Arc, un buste d'Etienne Clémentel par Rodin, un Narcisse par Canova. Très belle maison des Consuls. Hôtel Guimoneau où les maîtres de maison vous attendent, penchés à leur fenêtre. Eglise N.-D. du Marthuret avec son exquise Vierge à l'Oiseau. Marie soutient de sa main droite aux doigts effilés les petits pieds de son enfant. Lui tend vers elle un oiseau tout palpitant de frayeur, les ailes ouvertes. Entre leurs deux sourires, entre leurs deux regards passe un courant d'infinie tendresse.

Au musée d'Art et de Traditions populaires, vous connaîtrez chaque moment de la vie de nos ancêtres : comment ils mangeaient, buvaient, s'habillaient, dormaient, se mouchaient, travaillaient, s'amusaient.

A proximité, visiter l'église de Marsat avec sa Vierge noire, aussi morose que celle du Marthuret est souriante, et sa roue de cire : en 916, il fut promis à la Vierge que, si Riom était épargné par les Normands, on lui porterait chaque année un cierge aussi long que les murailles de la Ville.

ROYAT (63)

2 km à l'ouest de Clermont.

Station du cœur et des artères.

Eglise fortifiée, entourée de mâchicoulis. Le donjon — pardon, le clocher — est du siècle dernier.

Dans la grotte des laveuses, les sources jaillissent encore, mais les laveuses n'y sont plus, depuis l'invention de la machine à laver.

SAINT-CERNIN (15)

22 km au nord d'Aurillac, par N. 122.

Au flanc d'une colline dominant la Doire. Eglise du XIIe et du XVe siècle avec clocher à peigne. Très belles boiseries de chaque côté du chœur.

A proximité, Saint-Martin-Valmeroux, localité célèbre par sa ganterie. Eglise gothique ; fontaine ancienne.

A Saint-Chamant, château du XVIIIe siècle, beau donjon.

SAINT-FLOUR (15)

73 km à l'est d'Aurillac, par N. 126.

Ville haute et ville basse, bien racontées par Marie-Aimée Méraville dans *Monastier-le-Double.* Entre les deux, la route est bordée de remarquables orgues basaltiques. Le plus somptueux monument est la Caisse d'Epargne, comme il convient au cœur de l'Auvergne. Après lui, vient la cathédrale, d'un style gothique sévère. A l'intérieur, le Bon Dieu noir : grand Christ en bois du XVe siècle ; une pietà de même époque. Musée de la Haute Auvergne, dans une aile de l'hôtel de ville, qui est l'ancien palais épiscopal.

Autrefois, sur la place d'Armes, se dressait un Bon Dieu en bronze, le flanc ouvert largement par le coup de lance. Chaque fois que le vent soufflait fort, il s'engouffrait dans la blessure comme dans un sifflet ; et le Bon Dieu se mettait à mugir pour tous les péchés et toutes les douleurs. Il a disparu. Sur son emplacement, se dresse aujourd'hui le monument aux morts, surmonté d'un soldat fourbu : il traîne son fusil par le canon, les genoux fléchis, la lèvre pendante, l'air harassé. Très fraternel du Bon Dieu disparu : il ne lui manque que le mugissement.

Aux environs, château des Ternes et du Sailhans, églises de Roffiac et de Villedieu.

SAINT-HIPPOLYTE (15)

7 km au sud de Riom-ès-Montagnes, par D. 3 et D. 49.

Dans l'église de Saint-Hippolyte, la Vierge de la Font-

Sainte a sa résidence d'hiver, où elle ne chôme pas, recevant des appels de tous les coins de France, et s'employant à les satisfaire. En été, elle s'établit parmi les bergers et les troupeaux, au milieu des nuages. Ils y ont leur pèlerinage le dernier jeudi d'août.

A proximité, ruines du château d'Apchon, repaire d'Amblard, dit le Mal Hiverné.

SAINT-NECTAIRE (63)

26 km à l'ouest d'Issoire, par la N. 496.

La plus petite des « quintuplées » est juchée sur le mont Cornadore. De magnifiques chapiteaux ornent la nef et le chœur. Les personnages qu'ils représentent sont d'étranges gnomes aux têtes hypertrophiées, aux traits épais, barbus, chevelus, campés dans des postures acrobatiques. Ce monde guignolesque grouille au-dessus des colonnes. Le Christ porte une mini-croix ; les anges soufflent dans des cors qui ressemblent à des bananes ; les soldats se contorsionnent pour pouvoir tenir dans l'espace exigu qui leur est assigné. Çà et là, des livres ouverts, des dépliants expliquent le sujet de la composition : Multiplication des pains, scènes de la Passion. Ces sculptures sont attribuées à Rotbertus, l'imagier de N.D.-du-Port à Clermont-Ferrand.

A proximité, sources pétrifiantes. Maison de Sailles où a été reconstitué exactement un intérieur auvergnat de jadis. Olloix, ancienne commanderie des chevaliers de Malte ; à la « Grange aux Ayres », veillées auvergnates, cuisine, danses, chants du pays.

SAINT-SATURNIN (63)

18 km au sud de Clermont, par N. 9 et D. 213.

Le château de Saint-Saturnin appartint aux La Tour d'Auvergne et reçut la Reine Margot dans ses chevauchées. Son chiffre, associé à celui d'Henri IV, marque le maître-autel en bois doré, provenant de la chapelle du château, actuellement dans l'église. Celle-ci, bâtie au XIIe siècle, exceptionnellement, ne comporte pas de chapelles rayonnantes.

Derrière l'église, sur la petite place, charmante fontaine Renaissance.

A proximité, abbaye N.-D. de Randol : construction bénédictine terminée en 1971, très moderne par son architecture et son ornementation.

SALERS (15)

80 km au sud-ouest de Riom-ès-Montagnes, par la D. 3 et la N. 680.

La route de Riom-ès-Montagnes à Salers, par le pas de Peyrol (1 589 m) et le col de Néronne est l'une des plus belles, des plus impressionnantes qu'on puisse suivre. Etroite, sinueuse, accrochée au flanc des montagnes, entre les cimes austères du puy Mary, du puy Violent, et les ravins où écument des torrents qu'on ose à peine regarder, elle inspire alternativement l'enthousiasme et l'épouvante. On arrive à l'étape ébloui, mais soulagé. Salers vous offre l'ensemble reposant, homogène, de ses maisons noires, couvertes de lauzes, de ses anciennes échoppes à arcades, de ses tourelles en poivrière, de ses fontaines ; on s'attend à y voir circuler des soldats porteurs de hallebardes. Même les transformateurs d'E.D.F. s'efforcent de prendre un air moyenâgeux. La lave sombre des demeures fait paraître plus intense le vert des pâturages. On peut admirer les maisons Bertrandi, Guarrigue, Lacombes, Sevestre et, dans l'église, une très belle Mise au Tombeau. La ville s'enorgueillit spécialement de son lavoir : là, Jacqueline Bouvier, future Jacky Kennedy, Onassis, etc. est venue un jour rincer son linge ; la photo en est exposée à la mairie, en bonne place.

Voir aussi le buste de Tyssandier d'Escout, inventeur de la race Salers, au sommet d'un tuyau d'orgue basaltique.

THIERS (63)

42 km à l'est de Clermont, par N. 89.

Capitale française de la coutellerie. Spécialisée dans la fabrication du couteau suisse, du couteau de Laguiole, du poignard corse. Construite sur le flanc abrupt d'une colline, c'est une ville qui ne convient pas aux asthmatiques, car elle compte beaucoup plus de montées que de descentes. Très belles maisons des XVe et XVIe siècles. Notamment le château du Pirou, la maison des Sept Péchés Capitaux, celle de l'Homme des Bois.

De la terrasse du Rempart, panorama splendide.

Naguère, l'émouleur travaillant à l'horizontale sur une planche au-dessus de sa meule était aussi une curiosité. De nos jours, l'émoulure se fait mécaniquement, par douzaines de lames à la fois. Cependant, le syndicat d'initiative tient à la disposition des touristes un ou deux hommes hirsutes et crasseux à souhait qui se couchent sur leur planche, à la demande. Quand la lame est affilée et luisante, ils la passent sous le nez du spectateur avec un certain air, en l'informant que le pourboire n'est pas obligatoire.

TOURNEMIRE (15)

Voir *ANJONY.*

Eglise romane en tuf volcanique polychrome, avec fresques, sculptures et Sainte Epine.

USSON (63)

47 km au sud-est de Clermont, par N. 9, N. 496 et D. 49 E.

Butte volcanique d'où émergent des orgues de basalte qui servirent à construire le château illustré par le séjour de la Reine Margot. Vers 1880, la municipalité décida de la couronner par une statue de la Vierge. L'opposition se prononça au contraire pour une statue de la République. Un référendum donna la victoire à la Mère de Dieu. Le sculpteur a mis dans la main de l'Enfant Jésus une javelle de blé. Si l'on en croit un ex-voto de la chapelle sous-jacente, N.-D. d'Usson est intervenue dans la Première Guerre mondiale en délivrant Vitry-le-François.

Dans la petite église du bourg, voir un curieux Christ chauve, en bois, de la fin du XVe siècle.

VIC-LE-COMTE (63)

22 km au sud de Clermont, par N. 9 et D. 225.

Ex-capitale des comtes d'Auvergne, Vic entra dans la famille des La Tour, puis, par mariage, devint possession de John Stuart, duc d'Albany, apparenté aux rois d'Ecosse. John Stuart fit construire la Sainte-Chapelle. Il ne reste rien de l'ancien château, et la chapelle a été englobée dans l'église paroissiale actuelle, dont elle constitue le chœur et le chevet. Remarquables vitraux du XVIe siècle.

Voir aux environs les ruines du château de Buron. Celles du château de Busséol ont été adroitement restaurées.

VIC-SUR-CERE (15)

20 km au nord-est d'Aurillac, par N. 126.

Patrie du Moine de Montaudon.

Près d'ici, sur la route de Mur-de-Barrez, Merle s'en revenait avec ses protestants et un convoi de mules chargées d'outres de vin. Tout à coup, ils tombent dans une embuscade de catholiques. Merle ordonna aux siens de fuir dans la montagne en abandonnant les bêtes. Au lieu de les poursuivre, les catholiques boivent le vin. Quand ils sont ivres morts, les protestants reviennent et les exterminent.

Maisons pittoresques autour de l'église. N'ayant plus à traiter de jeunes filles vierges, l'établissement thermal se rattrape sur tous les anémiques.

A proximité, monter au col de Cure-Bourse, dont le nom sonne comme un avertissement aux oreilles des touristes. Puis, au Rocher des Pendus, où se tenait jadis le gibet de justice. Très beau panorama.

Voir aussi le château de Cropières, où naquit Marie-Angélique de Scorraille, plus tard duchesse de Fontanges. (Cf. « les Grandes Heures royales ».)

VILLENEUVE-LEMBRON (63)

14 km au sud d'Issoire, par N. 9, D. 48 et D. 125.

Au début du XVIe siècle, Rigault d'Aurelle, après avoir servi Louis XI, Charles VIII et Louis XII, restaura le château familial. On peut y voir de magnifiques cheminées, de superbes plafonds, de belles boiseries. La galerie du rez-de-chaussée est ornée de fresques horrifiques qui traduisent la misogynie de Rigault. Deux monstres s'y font pendant : la Bigorne, grasse à crever, parce qu'elle se nourrit de maris soumis à leur femme ; et l'un de ces misérables commente :

Bien dois gémir et soupirer,
Car je ne saurais empirer
De femme, au demeurant du monde.
Si je dis nuf, elle dit nauf.
Si je dis buf, elle dit bauf.
Toute malice en elle abonde...

La Chiche-Face, au contraire, se nourrit de femmes obéissantes ; c'est pourquoi elle n'a que la peau sur les os et fait durer deux cents ans l'unique proie qu'elle a pu saisir. Quant à Rigault lui-même il s'est représenté en « vieulx maistre dostel »[1]. Après avoir, par une collection de cornes plantées aux murs, immortalisé ses déboires conjugaux, il immortalise ses déboires de courtisan en une ballade dont voici une strophe :

Vous devez bien considérer
Que la cour fault soudainement.
Ou par mort quand vous l'entendez,
Ou par trop y avoir de gent,
Ou par rapport fait faussement.
Mais quand la cour se restreindra,
Qui n'a logis, il est dolent,
Pour aller quand la cour fauldra...

VOLVIC (63)

10 km à l'ouest de Riom, par N. 686.

Ville de la pierre et de l'eau. La pierre est l'andésite sombre, du gris clair au noir fumée. Voilà pourquoi elle convient particulièrement aux monuments funéraires. Au cimetières, les sculpteurs travaillent le dimanche à leur futur tombeau, comme d'autres vont à la pêche. Un musée original, fermé le mardi, la Maison de la Pierre, s'est installé récemment dans une ancienne grotte d'exploitation. L'école de sculpture et modelage est curieusement accolée à l'église ; on y apprend à fabriquer les croix, les christs, les pierres tombales, les roses éplorées, à enjoliver et dorer l'au-delà comme une pilule.

1. Le maître d'hôtel était l'économe du palais royal.

L'eau jaillit en abondance du « goulet », au fond d'un tunnel long de 780 m. Filtrée par sept couches de pouzzolanes, elle se vante d'être la plus pure du monde. Air-France l'emporte à tous les coins de l'univers.

Voir à proximité le château de Tournoël, dont l'histoire est un roman d'alcôve, de cape et d'épée. Démoli par les uns, reconstruit par les autres, il est, en 1594, aux mains des ligueurs ; une salle du donjon montre des graffiti tracés par leurs prisonniers : *dieu veulle que je men alle... dieu me donne sa Grace... memento mori... Au non de dieu soit...*

LES GRANDES DATES DE L'AUVERGNE

5000 av. J.-C. : Les Ligures envahissent le territoire de l'Auvergne.

3000 av. J.-C. (?) : Civilisation de Glozel.

900-700 av. J.-C. : Les Celtes repoussent les Ligures dans les montagnes et hors de France.

400 av. J.-C. : Les Arvernes exercent une primauté politique sur l'ensemble de la Gaule.

381 av. J.-C. : Les Gaulois tirent la barbe des sénateurs romains.

280 av. J.-C. : Les Celtes arrivent en Grèce.

121 av. J.-C. : Le roi Bituit se fait écraser par les Romains à Isara.

52 av. J.-C. : César envahit la Gaule et se fait battre à Gergovie. Vercingétorix est lui-même battu à Alésia.

46 av. J.-C. : Vercingétorix figure à Rome au triomphe de César. Il meurt peu de temps après.

Vers 250 : Saint Austremoine entreprend l'évangélisation de l'Auvergne, avec l'aide de saint Mary son disciple.

256 : Les Alamans envahissent la Basse Auvergne, détruisent le temple de Vasso Galate.

406 : Invasion des Vandales.

410 : Invasion des Wisigoths.

456 : L'Arverne Avitus devient empereur à Rome.

470 : Son gendre Sidoine Apollinaire est élu évêque d'*Arverna*.
475 : Les Wisigoths deviennent les maîtres de l'Auvergne.
488 : Mort de Sidoine Apollinaire.
Vers 520 : Thierry, fils de Clovis, roi d'Austrasie et d'Auvergne, dévaste ses provinces pour les soumettre.
522 . D'après Grégoire de Tours, deux nuages de sauterelles se livrent un combat féroce au-dessus de Romagnat et se détruisent l'un l'autre.
524 : Une alouette éteint les cierges de la cathédrale.
761 : Pépin le Bref brûle la ville de *Clarmontus*.
764 : Il fait amende honorable à Mozat.
839 : Louis le Débonnaire assiège sans succès la forteresse de Carlat.
856 : Les Normands brûlent la collégiale de N.D. du Port.
864 : Le comte d'Auvergne Etienne est tué en combattant les Normands.
894 : Saint Géraud fonde le monastère d'Aurillac.
916 : Les Normands détruisent Clermont.
937 : L'évêque Etienne II entreprend de relever sa capitale et de reconstruire son église cathédrale, sur les plans de l'architecte Aleaume. Celui-ci dessine la première Vierge de Majesté.
962 : Naissance d'Odilon de Mercœur, le plus célèbre des abbés de Cluny.
960 : Guy, vassal du comte de Toulouse, prend le titre de comte d'Auvergne.
999 : Gerbert, né à Belliac, près d'Aurillac, devient, sous le nom de Sylvestre II, le premier pape français.
1043 : Saint Robert fonde le monastère de La Chaise-Dieu.
1048 : Fondation de Lavaudieu.
1055-1080 : Fondation des abbayes de Vic-sur-Cère, Chaumont, Montsalvy.
1095 : Le pape Urbain II prêche à Clermont la première Croisade.
1137-1219 : Fondation de Bellaigue, Féniers, Vauluisant, Port-Sainte-Marie...
XIIe siècle : Construction des églises romanes.
XIIIe et XIVe siècles : Construction des églises gothiques. Age d'or des troubadours.
1241-1271 : L'Auvergne est administrée par Alphonse de Poitiers, frère de Saint Louis, par l'intermédiaire

d'un connétable résidant à Riom. Le Haut Pays est confié au « bailli des montagnes », ce qui consacre la division de la Haute et de la Basse Auvergne.

1270 : Alphonse de Poitiers accorde aux Riomois la charte dite « l'Alphonsine ».

1271 : L'Auvergne est réunie à la Couronne.

1365 : Jean de Berry, fils de Jean le Bon, reçoit la Terre d'Auvergne érigée en duché. Rapace, violent, débauché, il protège toutefois les arts et laisse le souvenir de ses « très riches heures ». Il reste aussi de son règne la Sainte-Chapelle de Riom et la Vierge à l'Oiseau, dans l'église du Marthuret.

1380 : Mort de Du Guesclin à Châteauneuf-de-Randon.

1429 : De Saint-Pierre-le-Moûtier, Jeanne d'Arc écrit aux Riomois et aux autres villes d'Auvergne pour leur demander des secours.

1463 : Naissance à Issoire d'Antoine Duprat qui deviendra chancelier de France sous le règne de François Ier.

1465 : Les troupes de Louis XI s'enfoncent dans l'Auvergne pour mater la révolte de Jean II de Bourbon.

1471 : Second voyage de Louis XI en Auvergne.

1476 : Troisième voyage de Louis XI en Auvergne. Les consuls de Montferrand dépensent vingt livres pour sa réception.

1505 : Naissance à Aigueperse de Michel de l'Hospital, futur chancelier de Catherine de Médicis.

1527 : Après la rébellion du connétable Charles, duc de Bourbon, toutes ses terres auvergnates sont rattachées à la couronne.

1533 : François Ier traverse l'Auvergne pour aller attendre à Marseille sa jeune bru Catherine, âgée de quatorze ans, épouse du futur Henri II.

1562 : Blacons, lieutenant du baron des Adrets, saccage La Chaise-Dieu.

1565 : Dans le tour de France de trois années suggéré par Michel de l'Hospital, Catherine de Médicis et le jeune Charles IX visitent l'Auvergne. Ambroise Paré fait à Clermont l'expérience du bézoard.

1568 : A Cognat, les protestants écrasent les catholiques.
1575 : Le capitaine Merle s'empare d'Issoire.
1577 : La ville d'Issoire est occupée, puis entièrement détruite par les troupes catholiques.
1581 : Montaigne traverse l'Auvergne. Il expulse une grosse pierre en passant au pied du « Pui de Doume ».
1585 : Arrivée de la reine Margot en Auvergne. Elle y restera vingt ans.
1590 : A Cros-Rolland, les royalistes écrasent les ligueurs.
1623 : Naissance à Clermont de Blaise Pascal.
1629 : Voyage de Richelieu en Auvergne.
1630 : Edit d'union de Clermont et de Montferrand.
1633 : Richelieu fait raser les châteaux de Montaigut, Nonette, Usson, Vertaizon, etc.
1648 : Expérience du baromètre par Florin Périer, sur les directives de son beau-frère Blaise Pascal.
1656 : Parution de la première *Lettre à un Provincial,* par Montalte.
1662 : Décès de Blaise Pascal.
1665-1666 : Les Grands Jours d'Auvergne.
1676-1677-1687 : La marquise de Sévigné prend les eaux à Vichy.
1702 : Premier séjour de Rameau à Clermont.
1717 : Massillon est nommé évêque de Clermont ; il ne prend possession de son évêché qu'en 1719.
1715-1722 : Second séjour de Rameau à Clermont, où il établit les lois de l'harmonie.
1727 : Jean Soanen est exilé à La Chaise-Dieu.
1729 : Naissance du comte d'Estaing au château de Ravel.
1742 : Décès de Massillon à Beauregard-l'Evêque.
1753-1755 : Campagnes de Mandrin en Auvergne.
1755 : Naissance à Clermont-Fd de François Reynaud de Montlosier. Naissance à Orcet de Georges Couthon.
1757 : Naissance de La Fayette au château de Chavagnac.
1765 : La bête du Gévaudan sème la terreur aux confins de l'Auvergne et du Gévaudan.
1768 : Naissance au château d'Ayat du futur général Desaix, le « Sultan juste ».
1792 : Jean-Baptiste Milhaud, à la tête des gardes nationaux d'Arpajon, met le Cantal à feu et à sang.

1793 : Georges Couthon est nommé proconsul en Auvergne. Il organise la lutte contre la révolte lyonnaise.
1803 : Pauline de Beaumont séjourne au Mont-Dore, où elle ne réussit pas à guérir sa « langueur de poitrine ».
1805 : Premier voyage de Chateaubriand en Auvergne.
1814 : Naissance à Riom d'Eugène Rouher, futur ministre tout-puissant de Napoléon III.
1832 : Barbier et Daubrée fondent l'usine mère qui engendrera l'entreprise Michelin.
1836 : Auguste Demorny, dit de Morny, demi-frère de Louis-Napoléon Bonaparte, vient en garnison à Clermont-Ferrand.
1838 : Obsèques scandaleuses du comte de Montlosier. Second voyage de Chateaubriand en Auvergne.
1839 : Premier coup de pioche au tunnel routier du Lioran.
1840 : Grand banquet réformateur de Montaudoux.
1841 : Emeute du « recensement » à Clermont-Ferrand. Naissance à Ambert du musicien Emmanuel Chabrier.
1851 : Emeute à Thiers à l'annonce du coup d'Etat du 2 décembre. Naissance à Clermont de Fernand Forest, qui perfectionnera le moteur à explosion.
1852 : Le brigand Mornac est condamné au bagne perpétuel.
1854 : Fondation de la faculté des sciences de Clermont, avec un seul professeur : Henri Lecoq.
1855 : Clermont est relié par chemin de fer.
1857 : Naissance à Aurillac de Paul Doumer, futur Président de la République.
1862 : Voyage officiel de Napoléon III et d'Eugénie en Auvergne. Refus du volcan puy de Dôme de participer aux manifestations bonapartistes.
1866 : Emile Duclaux est nommé professeur de chimie à la faculté de Clermont. Il aura pour élève Emile Roux.
1870 : De Parieu, né à Aurillac, devient président du Conseil d'Etat. Agénor Bardoux est élu maire de Clermont-Ferrand.
1871 : Pasteur étudie à Chamalières les maladies de la bière.

1876 : Naissance à Latour-d'Auvergne de Joseph Malègue, le futur romancier.

1877 : Agénor Bardoux, député de Clermont, est nommé ministre de l'Instruction publique, du Culte et des Beaux-Arts.

1881 : Naissance de Pierre Teilhard de Chardin à Sarcenat, près d'Orcines.

1882-1884 : Construction du viaduc de Garabit.

1883 : Henri Bergson est nommé professeur de philosophie au lycée Blaise-Pascal, à Clermont-Ferrand.

1885 : Naissance à Saint-Cernin (Cantal) d'Henri Mondor, qui sera membre de trois Académies. Premier séjour de Maupassant à Châtelguyon.

1887 · Naissance à Ambert d'Henri Pourrat. Le général Boulanger est nommé à la tête du 13e Corps d'Armée à Clermont-Ferrand.

1888 : Naissance à Chamalières d'Amélie Murat, poète maudit.

1895 : La félibrée d'Arsène Vermenouze.

1896 : Naissance à Aurillac de Robert Garric, futur fondateur des « Equipes Sociales ».

1901 : Au sommet du Sancy, éclate le scandale du préfet et de l'âne débridé. Naissance à Ambert d'Alexandre Vialatte.

1902 : Naissance à Garret-de-Condat de l'écrivain Marie-Aimée Méraville.

1911 : Eugène Renaux et son mécanicien Senouque atterrissent au sommet du puy de Dôme.

1919 : Création du journal *La Montagne.*

1922 : Premier Congrès de vol à voile au puy de Combegrasse.

1922-1931 : Parution de *Gaspard des Montagnes.*

2-10 juin 1944 : bataille du mont Mouchet.

1949 : Michelin invente le pneu X.

1952 : Pour la première fois, le Tour de France fait étape au sommet du puy de Dôme.

1969 : Georges Pompidou, né à Montboudif (Cantal), est élu président de la République.

1974 : Valéry Giscard d'Estaing annonce de Chamalières sa candidature à la succession de Georges Pompidou.

BIBLIOGRAPHIE

PERIODIQUES

Almanach de Brioude, Aurillac.
Almanach de la « Gazette d'Auvergne », Clermont-Fd.
Ami de la Charte, Clermont-Ferrand.
Ami de la Patrie, Clermont-Ferrand.
Auvergne littéraire, Clermont-Ferrand.
Bulletin historique et scientifique de l'Auvergne, Clermont-Ferrand.
Cahiers du Bourbonnais, Moulins.
Cahiers d'Auvergne, Clermont-Ferrand.
Gazette d'Auvergne, Clermont-Ferrand.
Mémoires de l'Académie des Sciences, Belles-Lettres et Arts de Clermont.
Région du Centre, Clermont-Ferrand.
Revue d'Auvergne, Clermont-Ferrand.
Revue de la Haute Auvergne, Aurillac.
Vieux Clermont, Clermont-Ferrand.

ETUDES DIVERSES

P.G. Aigueperse : *Biographie ou dictionnaire historique des personnages d'Auvergne illustres ou fameux par leurs exploits, leurs écrits, leurs vertus,* Clermont-Fd, 1834.
P.F. Aleil : *Le Jansénisme à Riom,* De Bussac, Clermont-Ferrand, 1951.
J. Ajalbert : *Les Troubadours d'Auvergne,* dans Mercure de France, 1920.
Ch. Andrieux : *Marie-Angélique de Scoraille duchesse de Fontanges,* Amitiés foréziennes et vellaves, Saint-Etienne, 1923.
Jean Anglade : *Histoire de l'Auvergne,* Hachette, 1974.
Joseph Anglade : *Les Troubadours,* Armand Colin, 1908.
Anthologie des troubadours, E. de Boccard, Paris, 1927.
S. Apollinaire : *Œuvres complètes,* trad. E. Baret, Didot, 1887.
J. Archambaud : *A propos de Marcellin Bompart, médecin humaniste clermontois,* 88e Congrès national des Sociétés savantes à Clermont-Fd, 1963.

P. BALME : *Rameau, organiste de Massillon,* Bulletin hist. et scientif. de l'Auvergne, 1942.
Mornac, L'Auv. littéraire, 1944.
Une demeure historique : Effiat, L'Auv. littéraire, 1945.
Clermont révolutionnaire, de Bussac, Clermont-Fd, 1962.
A. BARDOUX : *La Comtesse Pauline de Beaumont,* Calmann-Lévy, 1884.
J.B. BELMONT : *La Belle Journée, Desbenoit,* Le Puy, s. d.
BONNARD et PERCEPIED : *La Gaule thermale,* Plon, 1908.
M. BOY : *Ambert et son passé, Volcans,* Clermont-Fd, 1974.
P. de BRANTÔME : *Les Vies des dames galantes.*
Chan. F. BRIGAUD : *Maringues,* Auv. littéraire, 1972.
J. BRUGERETTE : *Le comte de Montlosier et son temps,* U.S.H.A., Aurillac, 1931.
A. BRUSTEL : *Les Montmorin-Saint-Hérem,* Almanach de Brioude, 1951.
BUREL : *Chroniques du Velay et du Gévaudan.*
R. CASANOVA : *Montlosier et le parti-prêtre,* R. Laffont, 1970.
J. CÉSAR : *Commentarii de Bello gallico,* Hatier.
J. CHAMPOMIER : *Massillon,* Debresse, 1942.
P. CHASSANG : *Saint-Flour,* S.A.E.P., Colmar, 1973.
M. CHAULANGES, A.-G. MANRY et R. SÈVE : *L'Histoire vue de l'Auvergne,* de Bussac, Clermont-Fd, 1955.
R. CORTAT : *L'Auvergne chez elle et à travers le monde,* Aurillac, 1938.
A.M. COUDERT : *Splendid-Guide du Mont-Dore et de La Bourboule,* Clermont-Fd, 1879.
A. COULAUDON : *L'Auvergne et ses histoires,* Volcans, Clermont-Fd, 1967.
R. CRÉGUT : *Le Concile de Clermont en* 1095, Clermont-Fd, 1895.
E. DIARD : *Coups d'ailes,* Imprimerie Industrielle, Saint-Etienne, 1930.
J. DESAYMARD : *Henri Bergson à Clermont-Fd,* Bellet, Clermont-Fd, 1910.
J. DUSSOURD : *Moulins d'hier,* Cahiers du Bourbonnais, Moulins, 1967.
Le Bourbonnais, Volcans, Clermont-Fd, 1975.
M. ESCHOLIER : *Port-Royal,* R. Laffont, 1965.
E. FLÉCHIER : *Mémoire sur les Grands Jours d'Auvergne,* Hachette, 1856.
Abbé FLEURY : *Randan mon beau pays,* imp. Wallon, Vichy, 1959.
H. FONTENILLE : *Thiers et son passé,* Clermont-Fd, 1933.
F. FUNCK-BRENTANO : *Mandrin,* Hachette, 1908.
J. GALUP : *Les Thermes du Mont-Dore au temps de Michel Bertrand,* Clermont-Fd, 1942.
Le Mont-Dore et ses fantômes, Aurillac, 1948.
E. GISCARD d'ESTAING : *La Maison d'Estaing,* de Bussac, Clermont-Fd, 1950.
R. GRAND : *Anjony,* A. et J. Picard, Paris, 1921.

GRÉGOIRE DE TOURS : *Histoire des Francs,* Renouard, 1838.
A. GUÉRINOT : *Maupassant et la composition de Mont-Oriol,* dans Mercure de France, 1921.
A. IMBERDIS : *Histoire des Guerres religieuses en Auvergne.*
H. INGRAND : *Libération de l'Auvergne,* Hachette, 1974.
H. JACQUETON : *Etudes sur la ville de Thiers,* Picard, 1894.
M. JARDONNET : *Une pédagogie révolutionnaire avant la lettre,* dans Bulletin historique de l'Auvergne, 1963.
Michel de l'Hospital, ibidem, 1964.
H. JOUBART : *Vic-sur-Cère,* Gerbert, Aurillac, 1965.
Chan. JOUBERT : *Scènes de la Révolution dans le Cantal,* U.S.H.A., Aurillac, 1972.
Commt JUILLARD : *Violences et rébellions en Haute Auvergne au* XVIIIe *siècle,* Revue de la Haute Auvergne, 1930.
J. LARAT : *Panorama des lettres en Auvergne,* de Bussac, Clermont-Fd, 1965.
A. LAURAS-POURRAT : *Guide de l'Auvergne mystérieuse,* Tchou, 1973.
LEGRAND D'AUSSY : *Voyage fait en* 1787 *et* 1788 *dans la ci-devant Haute et Basse Auvergne,* Paris l'an III de la République française.
H. de LÉOTOING D'ANJONY : *Le Château d'Anjony,* de Bussac, Clermont-Fd, 1967.
F. LEQUENNE : *Riom,* de Bussac, 1962.
Cl. LÉVY et F. CORDET : *A nous Auvergne !* Presses de la Cité, 1974.
LE VRAY : *Discours de l'Assiette et Siège tenu devant la ville d'Yssoire en Auvergne. Ensemble de la prise d'icelle par Monsieur, frère du Roy.* A Lyon, par Michel Joue et Jean, s.d.
M. LEYMARIE : *Un centenaire oublié,* dans Revue de Haute Auvergne, 1964.
A. LONGY : *Histoire de la ville d'Issoire,* Mont-Louis, Clermont-Fd, 1890.
G. MAIRE : *Bergson mon maître,* Grasset, 1935.
A.-G. MANRY : *Histoire d'Auvergne,* Volcans, 1965.
Histoire de Clermont, Volcans, 1976.
J. H. MARIÉJOL : *La Vie de Marguerite de Valois,* Hachette, 1928.
J. MAZIÈRES : *Arsène Vermenouze et la Haute Auvergne de son temps,* Les Belles Lettres, 1965.
A. MAZURE : *Tableau historique de l'Auvergne depuis le commencement de l'invasion des Anglais jusqu'à leur entière expulsion de cette province au* XIVe *siècle,* Clermont-Fd, 1844.
F. MÈGE : *Chansons politiques et satiriques en Auvergne pendant la période révolutionnaire,* Mont-Louis, 1888.
Les troubadours, poètes et écrivains de langue d'Auvergne, dans Revue d'Auvergne, 1897.
Les Populations de l'Auvergne au début de 1Z89, Bellet, 1901.

Le Puy-de-Dôme en 1793 et le proconsulat de Couthon, Aubry, 1897.
Y. MERLE : *Saint Mary, apôtre de la Haute Auvergne,* Gerbert, Aurillac.
MONTLOSIER : *Souvenirs d'un émigré,* Hachette, 1951.
B. MOUILLARD : *Le Recrutement de l'armée révolutionnaire dans le Puy-de-Dôme,* Clermont-Fd, 1926.
R. NELLI et R. LAVAUD : *Les Troubadours,* Desclée de Brouwer, 1965.
M. NOGUÈRES : *Histoire de la Résistance en France,* Laffont, 1976.
G. PÉRIER : *Vie de Blaise Pascal,* édition des *Pensées,* Hachette, 1936.
L.-H. PARIAS : *Histoire du Peuple français,* F. Sant'Andréa, 1960.
A. POITRINEAU : *Clermont-Ferrand,* S.A.E.P., Colmar, 1972.
A. POURRAT : *Traditions d'Auvergne,* Marabout, 1976.
H. POURRAT : *Histoire des gens dans les montagnes du Centre,* Albin Michel, 1959.
L. PRUGNARD : *Le Duc de Morny et l'Auvergne,* Clermont-Ferrand, 1911.
T. RENUCCI : *Un aventurier des lettres au* XVIe *siècle : Gabriel Symeoni.* Didier, 1944.
F. RIBEYRE : *L'Empereur et l'Impératrice en Auvergne,* Paris, 1862.
A. RUDEL : *Sources merveilleuses,* Volcans, 1974.
J. SAVARON : *Les origines de la ville de Clairmont,* 1667.
R. SCHNERB : *Les Débuts de la Seconde République dans le Puy-de-Dôme,* Delaunay, Clermont-Fd, 1927.
Rouher et le Second Empire, Armand Colin, 1949.
G. SYMÉONI : *Description de la Limagne d'Auvergne,* 1561.
A. TARDIEU : *Histoire de Clermont-Ferrand,* Moulins, 1870-1872.
TIMON : *Défense de l'évêque de Clermont,* Pagnerre, Paris, 1839.
Commt de TOURNEMIRE : *Les Tournemire et les Anjony à Tournemire. Vérités et vraisemblances,* Félix Moncho, Rabat, 1953.
R. VALLERY-RADOT : *La Vie de Pasteur,* Hachette, 1900.
J.-Ch. VARENNES : *Les Très Riches Heures du Bourbonnais,* Perrin, 1975.
P. VARIN : *La Vérité sur les Arnauld,* Poussielgue-Rusand, 1847.
L. DE VILLEBOIS : *Rerum in Alvernia gestarum, praecipue in Amberti et Yssoduri urbium obsidionibus anno* 1577. *Luctuosa narratio. Recenter instituta et in lucem edita per Lodoicum Villebois.* Neoburgi, per Toussanum du Pré, MDLXXVII.
P. WIRTH : *Aurillac,* S.A.E.P., Colmar, 1973.
D. WROTNOWSKA : *Pasteur et ses disciples en Auvergne,* 88e Congrès national des Sociétés savantes à Clermont-Ferrand, en 1963.

TABLE DES MATIERES

Cet ouvrage reproduit par
procédé photomécanique
a été imprimé par **Bussière Camedan Imprimeries**
à Saint-Amand-Montrond (Cher)

Achevé d'imprimer en septembre 1997

N° d'éditeur : 1252. N° d'impression : 1/2259.
Dépôt légal : mars 1997.
Imprimé en France